Language Education
in an Era of Globalization :
Critical Perspectives

グローバル化社会と言語教育

クリティカルな視点から

久保田竜子【著】
奥田朋世【監訳】

Kurosio くろしお出版

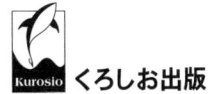

はしがき

　日本における外国語教育の必要性が「国際化」や「グローバル化」ということばとともに語られるようになってから久しい。さらに世界的にも外国語教育はグローバル化の波の中で重要視されてきており，特に言語使用の基盤となる文化と社会に対する深い洞察が，教師，学習者，そして研究者に求められている。海外の応用言語学研究に目を向けると，1990 年代からロバート・フィリプソンの『言語帝国主義―英語支配と英語教育』(訳書：三元社) などを筆頭に，言語教育における権力やイデオロギーの関わりがさまざまな論理的枠組みから論じられてきた。しかし，日本の外国語教育や日本語教育に関する研究では，指導効果や学習過程に焦点が当てられがちで，言語教育のはらむ政治性やイデオロギー性に注意が払われることはまだ少ないようだ。筆者は，1990 年代からアメリカとカナダの大学で日本語教育・第二言語教員養成および教員研修・応用言語学研究などに携わりながら，北米と日本の外国語教育の諸相をクリティカルな視点から研究してきた。特にポスト構造主義やパウロ・フレイレらが推進してきた批判的教育学に基づき，ことばの学習・指導・使用がいかに権力構造に関わりながら人々の意識や社会的経済的不平等を産み出しているのかを探求してきた。本書は著者が 2002 年から 2012 年までに英語で出版した学術雑誌論文および編集本の章の中から，グローバル化社会における日本の言語教育と北米での日本語教育のクリティカルなアプローチを論じたものを選び，日本語訳した。

　本書は 2 部から成る。第 1 部「多様性社会における英語」では，近年のグローバル化言説の中で，日本における英語学習や英語指導がどのような意味を持ち，どのような問題提起をしているかを論じている。第 1 章「グローバル化が日本の言語教育に及ぼすインパクト」(2002 年出版)はグローバリゼーションと言語教育に関する編集本の中で発表された論文である。今回，政府発表のデータなど，内容の一部をアップデートした。第 2 章「『国際語としての英語』をめぐる政治―英語とその他の言語を媒介とした越境コミュニケーションに向けて―」(2012 年出版)は，英語の多様性を理論化する「世

界英語：world Englishes」という概念をはじめ，英語を多元的にとらえる見方を紹介しながら，それらが結局は英語至上主義，または英語＝国際語という考えを追認してしまっている問題点を指摘している。そして英語のみにとらわれず，批判的認識を育む「越境コミュニケーション」教育を提唱している。続く4つの章，すなわち第3章「日本における移民・多様性・言語教育―英語教育のグローカルアプローチにむけて―」（2011年出版），第4章「言語道具主義への問い―英語，新自由主義，日本における言語テスト―」（2011年出版），第5章「余暇活動と消費としての外国語学習―楽しみ・願望・ビジネス英会話を考える―」（2011年出版），そして第6章「グローバリゼーションと日本の地方における語学学習―地域の言語エコロジーの中での英語の役割―」（2009年出版）は，「葉州市」と仮に名づけた地方の中規模都市で2007年に行った英会話学習についてのフィールドワークをもとにまとめた論文である。外国籍ニューカマーが数多く生活するこの地域で，ごく普通の生活を営む日本人にとって英会話学習はどんな意味合いを持つのか調査したかった。これらの章では，新自由主義的教育政策やメディアで強調される英語の必要性と現実との乖離，そして実践的言語力を身につけるというより趣味や余暇活動としての価値を持つ英会話学習などをテーマに論じながら，言語学習の社会的・個人的意義を探っている。

　第2部「日本語教育のクリティカルなアプローチ」では，日本語教育に焦点を当てている。第7章「批判的アプローチによる日本語・日本文化の指導」（2008年出版）は，日本語・日本人・日本文化について，おのおのの概念の歴史的・言説的意味をひも解き，クリティカルな教育実践を促している。第8章「戦争の記憶―被害・加害関係の視座を問う批判的内容重視の日本語教育―」（2012年出版）は，筆者がカナダの大学で新設した（超）上級日本語講座を教えるに当たって集めた教材の内容について論じている。それらの教材は，アジア太平洋戦争における被害と加害の複雑な関係に焦点を当て，教育への示唆を与えている。なお，日本語教育における文化の扱いについては，佐藤慎司・ドーア根理子（編著）『文化，ことば，教育―日本語／日本の教育の「標準」を超えて』（明石書店）に拙論が2章収録されているので，それも参考にしていただければ幸いである。

　本書は，クリティカルな視点に注目しているが，何をクリティカルと定義するのか，その見方は政治的であり一枚岩ではない。そしてクリティカルな

概念をさらに批判的に検証することも，固定観念に陥らないために重要である。筆者は2012年以降，本書に含まれた論文で論じた視点をさらに新たな方向から再考しようとしている。たとえば，第8章で紹介した批判教育学の理念に基づいた教材を実際に教室で扱う場合，教師がよしとする見解の一方的な押しつけになりがちで，教室内での自由闊達な意見交換が阻まれてしまうかもしれない。学習者の中には，教師が教え込みたい見解とは反する信念を抱いている者がいるかもしれないからだ。抑圧からの解放をめざした批判的教育学に関しては，その良心的目標に反して，方法論が父権的な押しつけであるとして，すでに1990年代にフェミニズムの観点などから異議が申し立てられ論争が巻き起こっている。解決策のひとつは，ポストモダン的立場からの多様性の重視だったが，相対主義や多様性にも疑問のまなざしを向ける必要があるのではないだろうか。というのも，ポストモダン的な可変性や境界の曖昧さなどの概念は，権力に抵抗するグループの結束を弱めてしまうかもしれないからだ。また，最近海外の応用言語学でもてはやされている多言語主義や言語使用に見られる雑種性は，新自由主義のもとで資本の拡大をめざす多国籍企業が掲げるダイバーシティ（多様性）の推進と重なるところがあるのではないか。言語に関する多様性の推進は明らかにモノリンガル的発想からの転換を試みる改革的意図がある。しかしその反面，経済格差を助長する新自由主義のイデオロギーとの親和性も指摘できる点で検証が求められる。このような状況の中で，クリティカルな言語教育はどのようなビジョンを構築していくべきなのだろうか。まだ答えが出ていない。

　最後に，本書は数多くの方々や機関からの支援の賜物である。まず，経済的支援を与えてくれた勤務先のブリティッシュコロンビア大学教育学部ならびに言語・リテラシー教育学科，そして「葉州市」での研究をサポートしてくれた国際交流基金に感謝したい。また，本書は世界各地で活躍する大学院生や大学教員の献身的な翻訳協力によって出版にこぎつけた。仕事や勉強の合間を縫って翻訳に協力して下さった次の方々に心から感謝したい。青山玲二郎さん，片山晶子さん，鬼頭夕佳さん，佐野香織さん，芝原里佳さん，瀬尾匡輝さん，瀬尾悠希子さん，竹井尚子さん，塚田英恵さん，寺沢拓敬さん。さらに本書のアイディアを提案して下さったプリンストン大学の佐藤慎司さん，ならびにココ出版の吉峰晃一朗さん，出版に向けて尽力して下さったくろしお出版の岡野秀夫さん，池上達昭さん，斉藤章明さん，そして最後

に，翻訳，編集，ならびにプロジェクトのコーディネートに献身して下さったブリティッシュコロンビア大学の奥田朋世さんに深く感謝したい。なお，他の拙論にさらに興味のある読者は，本書と同時に出版される翻訳書，久保田竜子(著)『英語教育と文化・人種・ジェンダー』(くろしお出版)も参考にされたい。

目 次

はしがき iii
キーワード xi

第 1 部　多様性社会における英語

第1章　グローバル化が日本の言語教育に及ぼすインパクト　3

はじめに 3
1. 日本における民族と言語の多様性 5
2. 国際化の言説 7
3. 1980年代と1990年代における国際化と教育改革 8
4. 日本の学校における外国語教育 10
5. 他言語話者に対する日本語教育での日本文化と言語 18
6. 英語化に対する抵抗と批判 20
7. 結論 21

第2章　「国際語としての英語」をめぐる政治　23
　　　　—英語とその他の言語を媒介とした越境コミュニケーションに向けて—

はじめに 23
1. 規範主義に対する挑戦—「国際語としての英語」への多元的アプローチ— 24
2. 反規範的パラダイムに対する批判 28
3. 「国際語としての英語」を疑問視する 31
4. 英語と多言語を媒介とした越境コミュニケーションの教育に向けて 33
5. 結論 37

第3章　日本における移民・多様性・言語教育　39
　　　　—英語教育のグローカル・アプローチにむけて—

はじめに 39
1. 「英語＝グローバル・リンガフランカ(共通語)」言説 41

  2. 日本における多様性 49
  3. 言語的ニーズ―葉州そして海外での経験から― 52
  4. 「英語教育のグローカル・アプローチ」に向けて 56
  5. 結論 61

第4章　言語道具主義への問い　　　　　　　　　　　63
―英語・新自由主義・日本における言語テスト―

  はじめに 63
  1. 新自由主義的言説・人的資本・スキル 64
  2. スキルという需要の構築―言語政策とテスト業界― 66
  3. 単なる言語道具主義を超えて 68
  4. 調査地と方法 70
  5. もがいて，もがき続ける―カズオの場合― 73
  6. 矛盾する職場での英語の役割―ダイチの場合― 74
  7. 英語と経済的損失―ミサキの場合― 77
  8. どの程度英語は使われているのか，そして必要なのか―熟練社員たち―79
  9. 「行けばなんとかなる」―管理職の視点― 82
  10. 議論 85
  11. 結論―言語教育に向けて― 89

第5章　余暇活動と消費としての外国語学習　　　　　91
―楽しみ・願望・ビジネス英会話を考える―

  はじめに 91
  1. 想像の共同体と投資としての言語学習 92
  2. 余暇活動と消費としての言語学習 93
  3. 研究目的・調査地・データ収集方法 96
  4. 英会話授業の概要 98
  5. 趣味としての言語学習 99
  6. 恋愛的「あこがれ」としての言語学習 103
  7. 英会話・白人性・ネイティブスピーカーの商品化 110
  8. 考察 112

第6章　グローバリゼーションと日本の地方における語学学習　　115
　　　　　—地域の言語エコロジーの中での英語の役割—

　はじめに 115
　1. 英語の役割を再考する 117
　2. 調査地とその背景 120
　3. 考察 137
　4. 本研究が示唆すること 141

第 2 部　日本語教育のクリティカルなアプローチ

第7章　批判的アプローチによる日本語・日本文化の指導　　147

　はじめに 147
　1. 「間違って発音されている日本語の単語」 148
　2. 批判的応用言語学 150
　3. 批判的教育学 152
　4. 日本語を再考する 154
　5. 「日本人」を再考する 160
　6. 日本文化を再考する 164
　7. 批判的教育学と批判的応用日本語学への視座 166

第8章　戦争の記憶　　169
　　　　　—被害・加害関係の視座を問う批判的内容重視の日本語教育—

　はじめに 169
　1. 本章のテーマと目的 171
　2. 被害・加害関係 173
　3. 内容重視の日本語教育：批判的省察の可能性 174
　4. 原爆と加害 176
　5. カナダの原爆をめぐる加害責任 180
　6. 福島の原発事故 184
　7. 教科書の中の戦争と平和 186

8. 授業のアイデア 189
9. 結論 191

　　参考文献 193
　　翻訳協力者紹介 208
　　著者・監訳者紹介 209

キーワード

> 本書に登場する専門用語のうち，内容理解に特に役立つであろうと思われるものを以下にリストアップした。

クレオール化（creolization） 1章，3章
　ある言語が異なる言語的バックグラウンドを持つ多様な話者によって使われることによって，混交状態になること。狭義には人々の接触によってできる混成語であるピジン言語が，次世代に受け継がれて定着していく現象を指す。

言説（discourse） 1章，2章，3章，4章，5章，6章，7章，8章
　ポスト構造主義で用いられる用語。特定の意味を産出させる言語や記号などの情報の形態・体制で，一定の権力関係や自己の主体性を構築，強化，または転覆させたりする。

行為主体性（agency） 7章
　個人がある社会状況の中で行動を起こすことのできる能力。ポストコロニアル理論などで論じられる。下記の「主体性」の概念では，個人の行動が自己の意志だけに基づくというより，自由意志以外のものにも規定されているという見方であるが，「行為主体性」は個人の行動可能性に焦点を当てている。

構成主義（constructivism） 7章
　新しい知識の形成は，固定的な知識総体の上意下達的な伝達によるものではなく，自己の持つ体験や既存知識を土台に，学習によって新しい枠組みに構成していく営みであるという考え方。

主体性（subjectivity） 2章，4章，5章，6章
　ポスト構造主義における「主体性」は，自己の有り様に関する意識で，個人を取り巻く言説によって構築され個人の思考や行動を一定の方向に促す。その一方で，権力の作用を可能にさせる言説を占有（下記参照）したり，それ

に対抗したりする意志の発現との両局面があると考えられる。主体性は，時間的・空間的に固定的なものではなく，流動性を持つと考えられる。

占有（appropriation） 2章，3章，7章
　ある目的で編み出された考え・表現・表現方法などを，他の目的達成のために利用すること。たとえば，支配者の考えや言語表現などを，被支配者が抵抗や変革の目的で転用すること。

想像の共同体（imagined community） 5章，6章，7章
　政治学者のベネディクト・アンダーソンが，近代国民国家の編制にナショナリズムがどのように関与したかを論ずる中で用いた概念。ある国家の中で，遠く離れて暮らし直接的な相互関係を持たない人々が，言語の標準化や国旗などの制定を通して，同じ共同体に帰属しているという仮想を持つことを意味する。

中心円・外周円・拡張円（inner circle, outer circle, expanding circle） 1章，2章，3章，6章
　応用言語学における「世界英語」（world Englishes）を構成する英語変種の分類を指す。1980年代からブラジ・カチュルらによって議論されてきた。カチュルによると，世界で使用されている英語の変種は大きく分けて中心円・外周円・拡張円の3種類に分けられる。「中心円」はイギリスからの人口移動で広まった英語で，アメリカ合衆国，イギリス，カナダ，オーストラリア，ニュージーランド，アイルランド英語などが含まれる。「外周円」は植民地主義によってアフリカやアジアに広まった英語で，ナイジェリア，ケニア，インド，マレーシア，シンガポール英語など。公用語のひとつであることが多い。「拡張円」はそれ以外の国で，英語は公用語としての地位はなく，外国語として学ばれている。「世界英語」の概念は，特に「外周円」の英語の正当性を認めているが，英語の特徴を国単位に分類することの問題も指摘されている。

プロセス・アプローチ（プロセス・ライティング） 7章
　ホール・ランゲージ・アプローチに付随する作文教育の方法。以前の作文

教育では，書く作業の終着点である文章，つまりプロダクトの質だけが評価されていたが，意味表出を重視する立場から，プロセス（書く過程）が指導・評価の対象となる。プロセスは題材や内容の構想から始まり，下書き，指導者または他の学習者（ピア）からのコメント，推敲のサイクルを何度か経て文章を仕上げ，それをさまざまな形の発表を通して読者と共有することで完結する。意味表出を重視することから，年少者の作文には，厳格な文法やスペリングを強要せず，自由なスペリングなどを許容した。

本質主義（essentialism）・**本質化する**（essentialize） 1章, 2章, 3章, 6章, 7章

さまざまな事物には変化しない本質的な実体が潜在的に存在しており，それがその事物の性質を規定しているという考え。ある集団の特徴を固定的に捉え，その本質は不変であると見なす。文化・民族・ジェンダーなどが固定的に解釈され，本質視される，つまり本質化される傾向がある。

ESL 対 EFL（English as a second language vs. English as a foreign language） 6章, 7章

ESL 教育は，英語圏の国で英語以外の母語を話す学習者に英語を教える活動であるのに対して，EFL 教育は，英語圏以外の国で，外国語として英語を指導することをさす。

第 1 部

多様性社会における
英語

グローバル化が日本の言語教育に及ぼすインパクト[1]

はじめに

　グローバル化は，物資や情報が迅速に流通していくことは勿論のこと，文化の違いを越えた人たちの交流が盛んになることにより，それぞれの地域が多様化していくことも示唆している。日本もその例に漏れない。法務省の統計によると，1999年には1600万人以上の日本人が出国し，そして500万人近くもの外国人が日本に入国した。2013年にはそれぞれ1747万人，1036万人と増加している。日本で暮らす外国人も過去にはなかったほどの数に増えている。また，エスニックブームを反映し，日本各地でさまざまなエスニック料理を食べることもできるようになった。

　しかし，グローバル化は多様化のイメージを映し出す一方で，世界の経済活動が標準化されていったり，文化的な産物が世界の中心から周縁地域に流れたりすることにより文化が同一化していくことも示唆している。この傾向はアメリカ化とも言われ，「アメリカの価値観，商品，生活スタイルの世界への拡散」とも捉えられる (Friedman 1994: 195)。日本の街角にはアメリカのチェーン店やファーストフードレストランが立ち並び，人々のアメリカ人 (特に白人) のようになりたいという欲求を駆り立てている。この欲求は日本マクドナルドの社長兼最高経営責任者であった藤田田が1970年代に残した発言にはっきりと言い表されている。藤田は「千年もマクドナルドのハンバーガーとポテトを食べ続ければ，我々の背は高くなり，肌は白くなり，髪は金髪になるだろう」と述べたという (Love 1986: 426)。さらに，アメリカ化は国際化もしくは「インターナショナリゼーション」の言説により促進されている。藤田田は1980年代半ば，ハンバーガーは「国際商品」であり，日本人はハンバーガーを食べることにより国際化を進めることができると言っている。ハンバーガーを食べることにより肌や髪の色が変わるというのは滑稽に聞こえ

---

[1] 本章は，次の原著に基づき，久保田竜子，奥田朋世が加筆した。
Kubota, R. (2002). Impact of globalization on language teaching in Japan. In D. Block and D. Cameron (Eds.), *Globalization and language teaching* (pp. 13-28). London: Routledge.（翻訳協力：塚田英恵，竹井尚子）

るが，実際，金髪の若い日本人男女を街角でよく見かけるようになった[2]。

　グローバル化のもうひとつの側面は国家主義の高揚にある。現に，グローバル化に伴い，公の場で日本国旗をより多く目にするようになった。また，1998年のベストセラー，小林よしのりのコミック本『戦争論』や修正主義歴史観は日本帝国主義時代の日本軍のアジアでの暴力を正当化している。このような矛盾したグローバル化の性質はグローバル化論者の間では認識されており，たとえば，Appadurai(1990: 295)は「世界レベルでの交流が繰り広げられる中で問題の核心となるのは，文化の同一化と多様化が緊張した関係に置かれることにある」と述べている。また，Friedman(1994: 102)も同様に，「世界の現実は，民族や文化の拡散と近代主義的な同一化 …(中略)… という2つの動きにより構成されている」と述べている。

　本章では，次の3つの要素を三角形の頂点として捉え，グローバル化が日本の言語学習と教育にもたらす緊張関係について論ずる。(1)地域のコミュニティにおける民族的，言語的，文化的な多様性，(2)英語の流布，(3)言語的および文化的本質主義が推し進める国家主義。これら3つの要素はさまざまな形で捉えることができる。まず，第一と第二の側面が国民的なアイデンティティを脅かすと見られ，英語化や多様化に抵抗するために第三の側面である国家主義が推し進められることが考えられる。また，第一の側面は既存の常識からの逸脱を示す一方で，第二と第三の側面はある一定の常識への収斂を示している。さらに，これら3つの側面にはそれぞれ矛盾もある。たとえば，地域の多様化は 人々が多元主義を受け入れることを必要とし，アメリカの常識に合わせることと相反する。また，後述するように，国家主義的な見方は教室の中で西洋的なコミュニケーションを取り入れることによって促進されることもある。しかし，これらの矛盾を解く鍵は，国際化の言説にある。国際化とは1980年来，経済的，政治的，文化的なスローガンとして流行し，教育改革にも影響を与えてきた言説である。つまるとこ

---

(2) しかし，文化の変化は，アメリカや白人の規範に収斂していくばかりではなく，それぞれの地域の特性に合わせたり，混成したりしていく過程を含む。Ritzer(1998)が言うように，実際，マクドナルドは商品や店の雰囲気をそれぞれの地域に合わせている。また，髪を茶色やブロンドに染めたり，男性が体毛を剃ったりするような，最近日本で流行している身ごなしは，必ずしも白人になりたいという願望の表れだとは言い切れないところがある(Miller 2002)。これらの社会現象は，1つの視点だけから理解することはできないものの，アメリカ化が影響を及ぼしていることは間違いない。

ろ，国際化は，コスモポリタン的な多元主義を促進する動きというより，西洋化と国家主義を合わせて推進する動きであると言える。言い換えるならば，国際化は文化や言語が多種多様に広がっていくことよりも，既存の常識に合わせていくことを推進する傾向があると言えるだろう。

本章は，日本における言語教育に焦点を当て，これら3つの側面の緊張関係を国際化の言説と関連づけて議論していく。まず，日本で広まっている民族や言語の多様性を示す人口データを提示する。次に，国際化の言説と教育改革の概要を紹介し，さらには外国語としての英語教育と他言語話者に対する日本語教育を批判的に検証する。そして最後に，英語化への抵抗と批判をまとめる。

1. 日本における民族と言語の多様性

一般的に考えられているより，日本は民族的にも言語的にも多様性に富んだ国である(Noguchi & Fotos 2001 参照)。少数民族のアイヌや沖縄人たちは日本国民であり，また19世紀の末期から大日本帝国敗戦に至るまでの帝国主義のもとでは，多数の朝鮮人や中国人が日本に移り住み，その多くは戦後も日本での定住を余儀なくされた。そして，特に1980年代以降，グローバル化により多くの外国人労働者や学生が日本に来るようになった。法務省のデータによると，1970年代から登録されている外国人の数は，増加の一途をたどっている。また，同データは，その数が1999年には155万6113人にまで増え，日本の全人口の1.2%，2013年には1.6%に達したことを示している。表1.1と1.2に出身国の内訳を見ることができるが，アジア(特に中国・韓国)と南アメリカの出身者が大部分を占めている(法務省 2014 参照)。

表1.1 　出身地域別在留外国人数　2013年(法務省 2014)

地域	人数	割合
アジア	1,676,343	81.1
南アメリカ	243,246	11.8
北アメリカ	62,749	3.0
ヨーロッパ	59,248	2.9
オセアニア	12,694	0.6
アフリカ	11,548	0.6
その他(国籍不明)	617	0.0
合計	2,066,445	100.0

表 1.2　国籍・地域別在留外国人数　2013 年（法務省 2014）

国	人数	割合
中国	649,078	31.4
韓国・朝鮮	519,740	25.2
フィリピン	209,183	10.1
ブラジル	181,317	8.8
ベトナム	72,256	3.5
米国	49,981	2.4
ペルー	48,598	2.4
台湾	33,324	1.6
その他	302,968	14.7
合計	2,066,445	100.1

　留意すべきことは，上記の数は，日本における民族の多様性の一部を示しているにすぎないということである。前述のように，アイヌや沖縄人は日本の少数民族であり，帰化した朝鮮・韓国出身者など他のマイノリティはこの数値に含まれていないのである。

　さらに，表 1.3 は，公立学校における民族と言語の多様化を示している。特に 1995 年から 1997 年の 2 年間に，日本語の指導を必要とした児童生徒の数が 46.5％も増加したことがわかる。またその内訳は，表 1.4 を見てもわかるように，上記の出身国同様，アジアと南アメリカ出身者がその大半を占めている。

　このようなデータを見るだけでも，日本における民族と言語の多様性は明らかであり，多様化がさらに進んでいることも明らかである。しかし後述するように，このような日本の民族や言語の多様性は実際の教育現場に反映されていないのが，残念ながら現状である。

表 1.3　日本語指導を必要とする日本人以外の児童生徒数と学校数
（文部科学省 2013a，清水 1999 を基に久保田が作成）

	小学校		中学校		高校		中等教育学校		特別支援学校		合計	
	児童数	学校数	生徒数	学校数	生徒数	学校数	生徒数	学校数	児童生徒数	学校数	児童生徒数	学校数
2012	17,154	3,489	7,558	1,844	2,137	375	24	1	140	55	27,013	5,764
1995	8,192	2,611	3,350	1,237	264	73	—	—	—	—	11,806	3,921
1997	12,302	3,402	4,533	1,659	461	148	—	—	—	—	17,296	5,209
1995~1997 の増加率	50.2%	30.3%	35.3%	34.1%	74.6%	102.7%	—	—	—	—	46.5%	32.8%

表 1.4　母語別に見る小学校，中学校，高校における
日本語指導を必要とする児童生徒数(文部科学省 2013a)

言語	学生数	割合
ポルトガル語	8,848	32.8
中国語	5,515	20.4
フィリピン語	4,495	16.6
スペイン語	3,480	12.9
ベトナム語	1,104	4.1
英語	644	2.4
韓国語・朝鮮語	624	2.3
その他	2,303	8.5
合計	27,013	100.0

2. 国際化の言説

　国際化の言説は，1980年代，日本が経済力を強めるとともに広まっていった。国際化は，そのことばが示すように，社会的・文化的・教育的なさまざまな機会を通して，国際社会に暮らす人々や文化をよりよく理解することを目的としている。また，国際化していく世の中に対応できるよう，社会や組織の慣習を変革していくこともめざしている。1990年代になると，国際化はグローバル経済や情報技術の促進によって，国境が取り払われることを意味するグローバリゼーションもしくはグローバル化ということばに取って代わられるようになった(中村 1999)。ただし，今も「国際」という用語は広く使われている。日本における国際化の特記すべき点は，その理想に反して，西洋諸国，特にアメリカを強く意識し，教育の場において国家主義的な価値観を推進していることである(Kubota 1998a, 1999; 久保田 2015; 第1章参照)。また，国際化は英語を国際語と見なす言説とも並行しており，日本の外国語教育に影響を及ぼしている。これらの点を明らかにするためには，まず日本の国際化がどのような政治，経済背景のもとで生み出されたのかについて説明しておく必要がある。

　1980年代に日本の経済発展がピークに達すると，日本と西洋諸国との貿易不均衡が指摘されるようになり，日本に対する批判が強まっていった。日本政府や大企業は，国際投資を通してさらなる経済発展を推し進める一方で，諸国との経済摩擦や国際社会での孤立を避ける必要性に迫られたのだ。

そこでとられた方策は，西洋諸国からの抑圧に抵抗して独自に経済的支配力を築くのではなく，欧米の先進工業国の仲間入りをするものだった。このような妥協策は，アメリカに対して軍事的に従属関係に置かれていた戦後の日本の立場を考えると，必然的な策だったと言える。

しかし，それは一方的な西洋社会への同化を意味するのではなく，日本人としてのアイデンティティ維持や日本独特の視点を世界に広めようとする動きとも並行していた。国際市場への積極的な投資を進めると同時に日本のアイデンティティも守っていこうという試みは，日本人の海外駐在者や旅行者向けに書かれた数々の「異文化交流マニュアル」に見ることができる（Yoshino 1992; 吉野 1997）。これらのマニュアルは日本語と英語で書かれており，西洋と比較して日本独特と見なされる社会的，文化的な特徴が列挙されている。それは，日本文化や日本人のユニークさを強調する「日本人論」の言説を反映しており，さらにその言説を助長するものであった（Sugimoto 1997）。

つまり，日本における国際化とは，西洋化（特に英語化）を通して国際社会に日本の力を示し，また，日本国内の民族や言語の多様性よりも，日本独特のアイデンティティを確立しようという試みであったと言えよう。これを前述の三角形にあてはめると，国際化は，英語教育の推進と国家主義の奨励という二者の緊張関係のバランスを取る機能を果たしてきたと言える。ただし，英語化と国家主義の推進に執着した日本の国際化は，アジア人や南米人などが日本に持ち込む文化の多様性をないがしろにしたものであり，それは，以下に述べるように，言語教育の政策やその実践に表れている。

3. 1980年代と1990年代における国際化と教育改革

国際化の言説のインパクトは1980年代に臨時教育審議会によって進められた教育改革に特に顕著に見られる。臨時教育審議会は教育改革に関して1985年から1987年の間に4つの報告書を出したが，それらの報告書は，端的に言えば，日本人のアイデンティティを保ちつつ，日本的な思考を明確に表現し説明することを目的として，西洋，特に「英語的」コミュニケーションの修得を促している（森田 1998; Kubota 1998a, 1999, 2002b; 久保田 2015 第1章）。この傾向は現在も続いている。

国際化に影響を受けた教育改革は，国語教育の目標を「理解力」より「表

現力」に置いただけではなく，コミュニケーションを目的とした英語学習を通して自己表現力を養うこともめざした。さらに，国際コミュニケーションにおいて必要だと見なされる論理的思考力も重要視されるようになった。学習指導要領に明記されているように，論理的思考力は，国語教育の中では，段落に分けて論理的に書いたり，内容を論理的に組み立てて話したりすることによって習得されると考えられた。また，英語教育においては，論理的思考は書くことと異文化理解によって培われるとされた。和田(1999)は，近年批判を受けているにもかかわらず(Kubota 1997, 1998b; Pennycook 1998)，Kaplan(1966)の図式を用い，英語が直線的な論理展開をするのに対し，日本語は渦巻状の間接的論理であると説明し，日本人の学生は英語の論理に沿った考え方を学ぶ必要があると主張した。また，英語の書き方の原則が日本語にも応用できると考えられ(渡邉1995)，英語教育によって日本語での論理的思考も培われると考えられた。さらに，他の教科の指導にも西洋の教育で用いられているディベートが取り入れられるようになるなど，自己表現と論理的思考の育成が組み込まれるようになっていった。

　しかし，明確な自己表現と論理的思考は，日本人としてのアイデンティティと引き換えに強調されたわけではない。これらの教育改革が推し進めた英語的コミュニケーションの修得は，日本特有の伝統と生活様式を世界の人々に伝えることを目的としていたのである。このように，自己表現と論理的思考は国家主義的な価値観の強調と並行して推進されたのである。また，教育改革では，国際社会において愛国心と日本人としてのアイデンティティの自覚を育むことの大切さも強調された。1989年の学習指導要領では，帝国主義・国家主義を象徴する国旗掲揚と国歌斉唱が，批判にもかかわらず，学校行事において事実上義務づけられた。

　1990年代における教育改革も似たような道をたどることとなり，1998年に改訂された小中学校学習指導要領も日本語で自分の意見を論理的に表現する力の重要性が強調されている。また，外国語，特に英語教育が重視され，戦後初めて中学と高校の教育課程で外国語が必修科目となった。中学校の学習指導要領では，外国語は英語と特定され，さらには，次節で述べるように，小学校で外国語会話(英会話)を指導する選択肢も設けられた。また，1990年代には，国旗と国歌が法的地位を得るなど，国家主義はさらに強化された。

　また，国家主義は歴史教育改革の動きにも見られる。一部の学者や評論家

たちは，帝国日本軍によるアジア太平洋侵略を正当化する自由主義史観を推進する「新しい教科書をつくる会」を結成した（新しい教科書をつくる会 1998）。しかし，西洋のコミュニケーション形態であるディベートを用いて国家主義的な考え方を教え込もうとする方法には，グローバル化の中で国家主義を進めることの矛盾が見られる（Kubota 2002b）。

　2000年代にはさらに資本のグローバル化とともに，国際共通語としての英語言説が強まり，2002年には文部科学省が「『英語が使える日本人』の育成のための戦略構想」を発表。英語によるコミュニケーション能力の育成を，スーパー・イングリッシュ・ランゲージ・ハイスクール，小学校の英会話活動，教員の英語力アップなどを通して推進する計画が打ち出された。小学校5，6年生の外国語（英語）活動はその後，2011年から必修となり，2020年までには教科とすることが予定されている。2014年からは高等学校の英語の授業は原則英語で行うことになり，中学校でも2018年から同様の方針が段階的に実施されることになっている。また，2006年には教育基本法が戦後初めて全面改正され，愛国心や道徳教育が全面に押し出された。

　以上のことから，国際化は，一連の教育改革において，西洋化と国家主義の間にある緊張関係を解消する役割を果たしてきたと言える。しかし，前述の三角形の3つ目の角である国内の多様化は，これらの改革の主な原動力となることはなかった。1980年代半ばに現れた多文化教育の概念は，日本の教育研究に紹介されたものの（藤原 1995），自己表現，論理的思考，そして英語学習の推進は，日本国内にいる多様な民族や世界の人々と交流する必要性から生まれたものではなかったのだ。次節では日本における外国語教育の近年の傾向を詳しく検証する。

4．日本の学校における外国語教育

　国際化の言説は，あいまいさを避けかつ論理的に意見を述べる能力が国際社会で必要であると想定し，外国語，特に英語の指導や学習を強化させてきた。つまり，国際社会でのコミュニケーションは，特に経済力と軍事力を保持しているアメリカを相手に行われるものであると考えられた。英語は，国際言語と見なされ[3]，英語学習は常に外国語教育の中心に置かれてきた。そ

---

(3) 国際言語の「ひとつ」としての英語（English as *an* International Language [EIL]）という方がより広く受入れられた用語かもしれないが（Pennycook 1994, 1998参照），「唯一の」

のような動きの中で，日本の国際化は次のような前提を築き上げてきた。(1)「外国語」とはすなわち「英語」である。(2)モデルとされる英語とは，北米の標準英語とイギリス英語である。(3)英語学習は国際理解および異文化理解につながる。(4)日本人としてのアイデンティティは英語学習を通して育成される。これらの前提は，日本人としてのアイデンティティを維持しつつ，英語，特に標準英語，そして英語圏の文化に収斂していく一方で，言語と文化の多元主義の推進がないがしろになっていることを示している。以下，これらの前提を検証していく。

4.1 検証1―外国語すなわち英語―

日本では，国際化，インターネット，さらには「英語は国際言語」という言説の影響により，「英語」と「外国語」は同意語と考えられるようになった(大石 1990)。英語以外の外国語も教えようという動きも見られるものの，結局のところ，英語教育を重要視する傾向は依然として強まるばかりである。その傾向は次の3つの点に見られる。(1)高校での外国語教育 (2)小学校での外国語教育の取り組み (3)外国語指導助手。

第一に，表1.5(文部省 1999，文部科学省 2013b，清水 1999)が示すように，英語以外の外国語を教える高校はドイツ語を除いて1999年より増加している。しかし実際には，高校では英語のみが外国語科目の選択肢である場合がほとんどである。たとえば，2012年の公立，私立高校の全在籍者数が334万6994人(文部科学省 2012)であることからすると，英語以外の外国語を学習している高校生の数は全体のおよそ1%しかいないことになる。しかし，今後，地域や世界レベルで言語が多様になっていくにつれ外国語教育にどのように反映されていくのかは興味深いところである。

表1.5 英語以外の外国語科目を開設している高校の数 2011年
(文部科学省 2013b)(括弧に示される数は1999年のもの)

言語	公立		私立		合計	
	学校数	生徒数	学校数	生徒数	学校数	生徒数
中国語	407 (251)	12,870 (9,684)	134 (121)	9,179 (8,757)	541 (372)	22,049 (18,441)

国際言語としての英語(English as *the* International Language)と言った方が日本における英語への傾倒のほどを正確に表していると言える。

韓国語・朝鮮語	247 (84)	8,585 (2,361)	71 (47)	2,856 (1,611)	318 (131)	11,441 (3,972)
フランス語	137 (113)	3,707 (3,942)	83 (93)	5,220 (5,982)	222 (206)	8,927 (9,923)
ドイツ語	61 (60)	1,600 (1,515)	44 (49)	1,739 (2,931)	106 (109)	3,339 (4,446)
その他	127 (75)	2,715 (1,870)	37 (37)	804 (1,410)	164 (112)	3,519 (3,280)

　第二に,「外国語」すなわち「英語」という考えは,外国語教育を小学校に導入した2002年施行の学習指導要領に見て取ることができる。その学習指導要領では,「外国語会話」は,国際理解を教えるための選択肢のひとつでしかなく,また,国際理解も,新科目として設けられた「総合学習」のひとつの選択肢にしかすぎない。そして,それが「英会話」でなければならないという記載も一切ない。それにもかかわらず,実際には,文部省が作成した教師用の「英会話」指導ガイドにもあるように,外国語は「英語」とされている。また,この教育施策は一般にも,外国語教育導入というよりも,英語教育の導入と見なされている(樋口1997)。

　第三に,1987年にJET(Japan Exchange and Teaching)プログラムが開始され,公立の学校で海外の若者が外国語教育のアシスタントとして採用されるようになった。初年度には,アメリカ,イギリス,オーストラリア,ニュージーランドからの848人がAET(Assistant English Teachers)として採用された。AETというタイトルは,英語一辺倒の意味合いを弱めるためにやがてALT(Assistant Language Teachers)に変更されたが(McConnell 2000),1998年時点において5096人いたALTのうち,98%は英語教師であった(清水1999)。また,2013年には,アメリカ,カナダ,イギリス,オーストラリア,ニュージーランド,アイルランドからの英語のALTは全体の93%を占め,他の英語使用国,南アフリカ,シンガポール,ジャマイカ,バルバドス,トリニダードトバゴなどを含めると99%にのぼった[4]。

　このように,「外国語すなわち英語」という考えは,英語は国際言語であり,国際コミュニケーションに役立つという考えが根底にある。そして,教科書でも,国際コミュニケーションにおける英語の有用性を唱えるテーマが取り上げられている。それは,英語が世界に広まっていくことは,ごく自然

---

(4) http://www.jamaica.emb-japan.go.jp/en/JET.html 参照。

で，中立的または有益なことであるという言説を反映しており(Pennycook 1994)，また，英語を「最高の言語」と持ち上げるような植民地主義的な言説にも表れている(Pennycook 1998)。

国際言語として浸透していく英語の象徴的な力は，英語はどの言語よりも卓越したことばであるというような考えを生んでいる。それは，英語と日本語のバイリンガルの子どもがもてはやされるのに対して，ポルトガル語と日本語のバイリンガルの子どもは一向に注目されないという現実にも見て取ることができる。(パーメンター・富田 2000a)。また，Matsuda(2000)の日本の高校生を対象としたエスノグラフィでは，日本の高校生の多くが英語は「かっこいい」もしくは「ファッショナブル」なことばだというポジティブなイメージを持っており，また，「外国」とは西洋，つまり，ヨーロッパや北米，特にアメリカのことを指すと考えていることが明らかになっている。それは，外国語とはすなわち英語であるという概念や，学校や地域に存在する言語や文化の多様性に目を背けた英語偏重の外国語教育の表れであると言えよう。

4.2　検証 2―モデルとされる英語は，北米とイギリス英語の標準英語―

外国語教育が英語中心であるのと同様に，日本の英語教育では，世界に存在するさまざまな英語ではなく，中心円(inner circle)，特に北米とイギリス英語のみをモデルとする傾向がある。この傾向は，前述の ALT の教師出身国を見ても明らかである。1998 年に登録された 5096 人のうち 48.8% はアメリカ出身，続いて 21.2% がカナダ，そして 16.2% がイギリスの出身で，これらの国々だけで全体の 86.1% も占めていた。他の出身国を見ても，5.8% がオーストラリア，4.4% がニュージーランド，1.6 % がアイルランドというように，ALT の大多数が英語圏の中心円の出身者であったことがわかる。2013 年には，56.7% がアメリカ，11.7% がカナダ，9.4% がイギリス，7% がオーストラリア，6% がニュージーランド，2.4% がアイルランド出身で，前述のようにこれらの中心円の国が 93% を占めている。2000 年に初めてシンガポールから 8 人の ALT が受け入れられたが，ALT の出身国がまだ中心円に偏っていることは数字からも否めない事実である。したがって，国際化や異文化交流の謳い文句で進められている英語教育ではあるが，結局それは生徒たちが英語圏の中心円以外の人たちと幅広く交流できる機会にはつながっていないのである。

このことは，英語のネイティブ話者をことばや文化の正しい知識を有して

いる完璧でかつ理想的な教師と考える、いわゆる「ネイティブスピーカー神話」に通じるものがある(Amin 1999; Auerbach 1993; Canagarajah 1999b; Phillipson 1992 参照)。そして「ネイティブスピーカー神話」は、北米英語やイギリスを中心とするブリティッシュ英語の卓越性を強調することにもつながっている。たとえば、前述のMatsudaの研究では、日本の高校生はアメリカ英語を「純粋」で「本物」の英語と考え、中心円以外の国の英語についてあまり興味を示さなかった。また、日本の高校15校のカリキュラムを調べたKachru(1997)の研究でも、取り上げられている文学作品がアメリカやイギリスの白人中産階級出身の作家のものに偏っており、中心円以外の国や非白人作家の作品が含まれていないことが指摘されている。

さらに、中心円内の英語に限って見ても、地域や民族の英語変種に偏見が向けられている。たとえば、北米、イギリス以外からのJETプログラムのALTたちは、言語的に不公平な扱いをされている。オーストラリアからの参加者が、アメリカ英語のテープを聞いてアクセントを直すように日本人教師から促されたり(Juppé 1995)、教室内ではアメリカ英語を話すよう要請されたりする(McConnell 2000)というのがその例である。また、JETプログラムには「白人偏重」があり、特にプログラム開始から間もない頃は、非白人の参加者たちが人種偏見を受けることが多かった。たとえば、あるアフリカ系アメリカ人教師は日本人教師から「英語を話せますか」とたびたび聞かれたという(McConnell 2000: 80)。白人の英語教師を偏重する傾向は1970年代からすでに指摘されており、ラミス(1976)は、成人向けの英会話学校の人種差別的な雇用、給与、そして広告を批判している。また、ネイティブの英語教師はアメリカ人またはイギリス人という思い込みへの批判が他からも上がっている(津田 1990、大石 1990, 1993)。

以上、日本の英語教育では、モデルとされる英語は中心円の標準語で白人が話すものであると考えられている傾向があることを述べてきた。地域コミュニティや世界に存在する言語の多様性や国際化とは裏腹に、限られた地域や人種の英語だけがモデルとなっているのである。

4.3 検証3—英語学習は国際理解および異文化理解につながる—

もうひとつの単純化された見方として、「英語学習」と「国際理解」もしくは「異文化理解」との同一視がある。英語話者であればだれもが国際理解

できるというのは虚構であるにもかかわらず(大石 1993, 津田 1990), 英語はさまざまな文化をつなぐ国際言語であるから, 世界と文化の多様性を理解するために英語学習が必要だという考えが流布している(堀部 1998)。

しかし, 中心円諸国の白人中産階級者が話す英語のみを学ぶことが国際理解につながるとは言えない。むしろそのような英語学習は, 世界の文化に対する視野を狭めるばかりか, 中心円の国々と日本の本質主義的なイメージを植えつけることになりかねない。実際, 教育現場では, 中心円における英語が「本物」の英語と思い込まれているため, 英語圏の国々と日本の間の文化の違いだけに着目した国際理解, 異文化理解の教育が行われがちである。中には, さまざまな文化を学ぶことは大切であるものの, すべての文化を学ぶことは不可能であるため, 英語教育を通した国際理解教育では, 世界中の文化を学ぶことよりも, 偏見を持たない態度や異文化コミュニケーション能力を育てることに主眼を置くべきだと論じる教育者もいる(和田 1999)。しかし, このような教育論に沿った実践で引き合いに出される例の多くは英語圏中心円の文化であり, それが日本人論に見られるような型にはまった典型的な日本文化のイメージと比較対照される傾向にある。

その例として, 英語の授業での国際理解の教え方の手引き書がある(和田 1999)。その手引き書には, 日本と英語圏の文化の違いとして,「社会的序列主義」対「平等主義」,「個人主義」対「集団主義」,「高文脈文化」(high context culture: 以心伝心的文化)対「低文脈文化」(low context culture: 説明主義文化)[5]などの対比のほか, そのような文化的差異をふまえたコミュニケーションの練習課題や学習評価の仕方も盛り込まれている。その手引き書にあるハナコと Betty という 2 人の登場人物の会話はそのよい例であろう。日本に住んでいる Betty は新しいステレオを買った。ハナコに「上の階に住んでいる人が,『ゆうべ, いい音楽が聞こえてきたね』と言っていたから, 彼女はステレオが気に入ったんだと思う」とハナコに話すが, ハナコは「それは誤解だと思う」と言う。その会話は,「日本にいるなら, そういうことには気をつけるべきよ」というハナコの一言で終わっている。

---

(5) 異文化コミュニケーションの分野でエドワード・ホールがあみだした概念。「高文脈文化」では, 文化の成員が背景知識や体験を共有する度合いが高く, 間接的なコミュニケーションで意思疎通が足りるのに対して,「低文脈文化」では知識・体験の共有度が低いので, 直接的な言語表現で意思疎通が行われる傾向があるという考え方。

この会話例の後には，生徒たちがこの会話の続きを想像して話してみるという練習課題がある。そして，評価の項目には，Bettyがハナコに「そういうこと」とはどういう意味か尋ね，ハナコはBettyに日本では婉曲的な表現の方が好まれるのだ(つまり，Bettyの近所の人は遠回しに苦情を言っていたのだ)と説明するのがよい例として書かれている。このように，文化的差異は，まるで正解がある客観的な事実であるが如く扱われているのである。

このような二項対立的な文化的差異の理解の仕方は，大学入試においてさらに強化されているようである。和田(1999)は，1998年におよそ50%の国立大学と45%の私立大学が英語の入試問題に文化に関する読解問題を出題していることから，大学入試には異文化の知識が必要であると主張している。

以上見てきたように，英語学習は，コスモポリタン的な多元主義や批判的多文化主義という意味での「国際理解」(Kincheloe & Steinberg 1997)ではなく，むしろ本質主義的な文化観や，日本と英語圏という文化の二分化につながっている。JETプログラムを研究したMcConnell(2000)が言うように，日本での「国際理解」とは，個人の間の国境をなくすことではなく，決して埋めることができない本質主義的な文化の違いを持つグループ間の理解を深めることを指しているのである。すなわち，国際化の言説は英語化を促進する一方で，自己と他者の間に固定した文化の壁を構築することにより文化ナショナリズムを推進しているのである。

4.4　検証4—日本人としてのアイデンティティは英語教育により培われる—

「国際理解」を教えることを通して本質主義的な日本人らしさを築こうとすることは，英語学習を通して日本人としてのアイデンティティが育まれるという前提に通じている。この前提は，生徒たちが国際社会において日本人としての自覚が持てるような英語の教材が望ましいとする中学・高校の学習指導要領に表れている。その指導要領の裏にある考えは，1998年に発表された教育課程審議会の最終報告書に見て取れる(文部省1998)。同報告書は，国際化時代の教育は，文化や習慣の違う人たちと偏見を持たずに交流し共存していける能力を養うことを目標として掲げているが，その目標に到達するためには，まず自国の歴史，文化，伝統に対する誇り，愛情，そして理解を育むことが第一歩であると述べている。このように日本人としてのアイデンティティを強調することは，日本人のものの考え方を世界に広く知らしめよ

うとする国際化の動きと重なる。それはまさに，アジアや世界の視野を取り入れたさまざまなアイデンティティのあり方を考えるのではなく，単一的なアイデンティティの形成をめざしていることの表れであると言えよう(パーメンター・富田 2000b)。この傾向は，2013 年に文部科学省が発表した「グローバル化に対応した英語教育改革実施計画」にも鮮明に表れている。

　以上 4 つの検証から，英語化と国家主義を主軸とする国際化の言説がいかに外国語教育に反映されてきたかを述べてきた。まず，英語化は，他の言語よりも英語を重視し，とりわけ北米の白人中産階級者の英語や文化を教える傾向に見ることができる。そして，国家主義は，単一的な日本人としてのアイデンティティを育成させるような国際理解教育に表れている。こうして日本の外国語教育は，ある一定の言語や文化，そして単一的な国民的アイデンティティを正当化する国際化の言説の流れと一体となっているのである (Hashimoto 2000)。すなわち，このような外国語教育は，多文化主義，多言語主義，そして日本や世界各地に存在する多民族からなる人口構成を無視したものであると言える。

　本章で触れてきた JET プログラムは，生徒たちに異文化コミュニケーションや理解の機会を与え，学校における国際化を推進する目的で始められた。しかし，異文化コミュニケーションや理解というものは，一方的に成り立つものではなく，教える立場にある ALT 自身も異文化理解を深めていく双方的なプロセスでなければならない。そもそも，JET プログラムは，Japan Exchange and Teaching という名のとおり，「Exchange」つまり「交流」の意味合いがある。ところが，JET プログラムは，プログラム開始から 5 年間，ALT たちに日本語学習の機会を提供していなかった。その後，参加者たちが帰国後日本語教師になれるよう日本語の指導が行われるようになったが，まともに日本語会話のクラスが提供されるようになったのは，1999 年と随分後になってからのことである (McConnell 2000)。これは，ネイティブ英語話者には，英語話者としてのアイデンティティをそのまま保ってほしいという，ネイティブ英語話者を崇拝する日本人の複雑な思いを象徴していると言える (中村 1989，津田 1990，大石 1990，1993)。また，同時にそれは，「他者」としての白人英語話者たちに純粋な日本人らしさを汚されたくないという日本人の懸念の表れとも受け取れる。次節で述べるように，日本人らしさを外部の影響から守ろうとする動きは，日本語を外国語として教育する

場においてもよく見受けられる傾向である。

5. 他言語話者に対する日本語教育での日本文化と言語

　1980年代の日本の経済力と国際化の推進は，第二言語としての日本語教育と日本語学習の人気に拍車をかけた。英語の場合と同様に，日本語の世界への拡散は日本語がクレオール化(creolization)したり，他言語と混合したりする可能性を示唆している。しかし，実際の日本語教育は，学習者を理想化された常識に合わせるために，本質主義的に捉えた日本文化や日本語を教える傾向がある。このような傾向は，教室や教員養成の場において日本文化がどのように描写されているかを見れば明らかである。実際，日本語教育で教えられている文化の概念は，本質化された日本文化のユニークさを強調する日本人論を反映したものである。

　吉野(1998: 38)は異文化間コミュニケーションの流行により広まった文化的国家主義を批判する中で，日本人論のもととなる前提を次の5項目にまとめている。(1)集団主義，(2)非言語的，超論理的性，(3)社会の同質性・単一性，(4)文化の民族的所有，(5)風土と稲作。これらの前提は実際に日本語の指導や学習教材に表れている。吉野(1997, 1998)によると，東京のとある大学の上級日本語の読み書きのクラスでは，中根(1967)や土居(1971)などによる典型的な日本人論に関する文献が教材として使われていたという。

　日本人論は日本語教師向けの日本文化を紹介するテキストにも見られる。たとえば，松井(1991)は，日本論(日本人論の同意語)の歴史や主要な著書について述べ，日本人は社会との調和，あいまいさを好むというような，日本人独特であるといわれる特徴を提示している。また，松井ら(1994)による日本語教員養成のためのテキストでは，文化的，国民的特徴をステレオタイプ化してしまうことの危険性に言及しているものの，これらの知識は日本語教育能力検定試験に合格するために必要であり，また，学習者に日本の言語や文化に興味を持たせるためにも有用であると結論づけている。同様に，1997年出版の検定試験対策本も日本文化に関する短い章を設け，「高文脈文化」対「低文脈文化」(high context culture vs. low context culture)，「集団主義」などの概念や代表的な日本人論の文献に関する知識を問う問題例を載せている。このように，日本語学習の教科書・授業・教員養成の中で，日本文化は，複雑な現実を反映するものというよりも，あたかも想像上の既成事

実から成るものであるかのように，批判的な視点を欠いたまま伝えられている(川上 1999)。

本質化されているのは日本文化だけではなく，日本語も然りである。たとえば，日本人は年齢差や男女の役割を重要視するという考えは，敬語の使い方や，終助詞に見られる男女の話し方の違いを規範的に捉える指導方法を正当化してきた。しかし，さまざまな社会的地位や職業に就く日本人男女の言語使用を観察した Okamoto(1997, 1999)は，実際には日本語のテキストに載っている使い方とは異なった敬語や性別によることばの使い分けがいくつもあることを指摘した。敬語や男女のことばの使い方は，そのことばが話される文脈におけるさまざまな社会的な要因，そして話者の意図や態度などによって異なり，社会的地位や性別のみによって決定づけられるものではないのだ(岡本 2008)。

このように，先に述べた日本人に対する外国語教育と同様，他言語話者に施す日本語教育は，日本文化や言語の多様性や可変性には目を向けず，日本らしさを象徴するような文化的，言語的な特徴を教えることに重きを置いている。この共通した傾向は，学習者が実社会でどのような言動を取るべき自ら考えることを妨げていると言えよう。言い換えるならば，恒常化された文化や言語の概念を教えることによって，学習者を想像上の理想化された日本社会に同化させると同時に，実際の日本社会の一員として受入れることを阻んでいるとも言えるのではないだろうか。このように矛盾した教育は，Tai(1999)によって詳述されている日本の植民地教育政策と似ており，日本の植民主義の思想が今日にわたって継続していることを示している。

このような還元主義的に単純化された日本文化や言語の見方を批判する声はすでに上がっている。川上(1999)は，文化のクレオール化や，雑種性(hybridity)などのポストモダンなパラダイムを紹介する中で，日本文化を静態的でなく動態的に捉えて教える新たな可能性を提唱している。しかし残念ながら，このような少数派の声は，文化や言語を普遍的で固定されたものとする見方に圧倒されてしまっているように見える。次節では，本質主義のもうひとつの側面である「英語化」(Anglicism)について論じ，英語化に傾倒した外国語教育に対する批判と抵抗について述べる。

6. 英語化に対する抵抗と批判

　日本で外国語教育における英語化が進む中，それに対する抵抗や批判の声も上がってきている。たとえば，1990年代以来，日本における英語が持つ支配的な力は数々の論文の中で批判されている（これらの議論の要旨はKubota 1998a, 津田 1998 を参照）。これらの論客たちは，Phillipson(1992) や Pennycook(1994) のような英語圏の学者たちに共鳴し，「英語は便利で有益な言語である」という既成概念を問題視している。彼らは，英語偏重のコミュニケーション，英語が日本人のアイデンティティや「他者」の捉え方にもたらす影響，さらにはネイティブスピーカーの理想化を批判している。また，英語教育専門機関においてネイティブ以外の英語教師が不平等に扱われていることも指摘している(Oda 1999)。

　2000年代初頭には政治面でも英語化を進める動きが見られるようになった。小渕首相の私的諮問機関は，すべての日本人が英語でコミュニケーションできるようになる具体的な教育目的を設定すること，さらには英語を日本の第二公用語にすることも提案した。この提案に関しては教育者だけでなく大衆の間でも加熱した論議が巻き起った。

　このような中，鈴木(1999)は英語化に傾倒する言語教育や政策を批判し，日本人の外国語教育への姿勢は外国文化に対する劣等感によるものであり，その結果，自らを植民地化したりアメリカ化したりする方向に向かわせていると論じている。そしてこのような現状を打開するには，英語学習で自己表現力を身につけ，世界に日本文化を説明できる能力を培わなくてはならないと主張している。さらに，英語圏の文化は，英語ではなく，社会科の授業で学ぶ方が効果的だとも述べている。鈴木は英語教育と「国際理解」を切り離し，英語教育では日本のみを題材とした教材を使うことを提唱したのである。このような主張は一見リベラルで，アメリカの社会文化的規範を世界共通と捉える自己植民地化に抵抗しているように見える。さらに鈴木は英語がクレオール化された混合言語であることを認め，英語以外の言語を学習する重要性も主張している。しかし，この意見も英語(もしくは他言語)で「日本文化」を世界に説明することを強調する点で，国際化言説の国家主義的傾向と一致している。それに対して，堀部(1995)は，英語の支配的な勢力に対抗するには言語と文化の多元主義を推進すべきだと主張している。これらの議論は，英語化への抵抗には，国家主義とコスモポリタン的な多元主義とい

う2つのアプローチがあることを示している。そしてこの2つのアプローチは，前述した三角形の3つの側面間の緊張関係を一層不安定で予測しづらくしているのである。

7. 結論

　グローバル化時代の日本における言語教育は，英語化と国家主義という2つの側面を兼ね合わせた国際化の言説に影響されてきた。国際化の1つ目の側面である英語化は，世界および日本に存在する言語的，文化的な多様性に着目せず，白人中流階級者の話す英語や英語圏の本質化された文化を中心に国際理解や異文化理解の向上を推し進めてきた。その一方で，文化ナショナリズムを推し進める国際化の側面は，日本人としてのアイデンティティの育成や，英語圏文化と対照的な存在として本質化された日本文化や日本語のイメージを強調してきた。したがって，どんなに多文化共生や多文化主義が唱えられても，日本の国際化は，日本の伝統，本質化された文化，そして日本人としてのアイデンティティの推進が必ず付随すると述べた小関（1999）のコメントは的を射ている。つまるところ，英語化・国家主義・多様性という緊張関係にある三角形は，実は2辺がもう1辺を強力な力で引っ張る二等辺三角形のようであると言える。なぜなら，国際化やグローバル化で言語と文化の多様化が進んでいるにもかかわらず，結局のところ，三角形の強力な2角，つまり英語化と国家主義が，言語や文化の理解を本質化の方向に引っ張っているからである。それにもかかわらず，日本における言語教育は，地域や世界で広がり続けている民族的・言語的多様性に十分目を向けていない。また，日本人，日本に暮らす民族的，言語的マイノリティの人々，そして文化言語背景の異なる地球市民が民主的に共存していくことの大切さも十分に教えていない。しかし最後に，英語以外の言語を学校で学ぶ高校生が増えているという，期待が持てる傾向があることもつけ加えておきたい（山崎 2013）。このような動きが進んでいけば，やがて英語化や国家主義に対抗する力になりうるのではないだろうか。

「国際語としての英語」をめぐる政治[1]
－英語とその他の言語を媒介とした越境コミュニケーションに向けて－

はじめに

　英語は世界中の多様な言語を話す人々をつなぐ国際語であるという考えのもと，現在多くの国で英語教育が重要視されている。それらの国ではたいていアメリカ英語やイギリス英語(中心円の英語)が学習指標とされている(Matsuda 2003)。しかし英語を国際語と見なす考えには，英語という言語をどう捉えるか，そしてどう教えるかという論点から，多くの異論が唱えられている。事実，最近の学術研究では主流の標準英語を規範とすることが問題視されており，代わってクリティカルな視点から英語の多様性が提唱されている。これらの研究は英語の複数性やイデオロギー性に焦点を当てながら，規範を前提とする考え方に疑問を投げかけているのである。

　これらの議論によって，世界における英語の役割に関する理解が深められた反面，「英語は世界の共通語である」と当然視されてしまっている。実際，規範主義に批判的な学術研究でさえ，英語のみを研究対象にすることによって，英語が国際語であるという想定を強めてしまっている。世界中で台頭している多言語主義の立場からでさえ，この想定を疑問視する声はめったにあがらない。また，英語力を獲得するために必要な文化資本や経済資本(Bourdieu 1991)は，世界のすべての人々に等しく分配されているわけではないという点に触れた議論もまれである。そう考えると，英語＝国際語という見方は，真実というよりはむしろ言説であると考えられる。つまり英語＝国際語とする言説が，人々の意識や社会の慣行，および組織の政策を形成し，現在の世界規模での英語教育偏重を生んでいるのである。したがってこれからの英語教育では，規範に対抗する視点を取り入れて英語や英語話者に対する学習者の視野を広げるだけでなく，英語以外の言語使用も視野に入れ

---

(1) Kubota, R.(2012). The politics of EIL: Toward border-crossing communication in and beyond English. In A. Matsuda (Ed.), *Principles and practices of teaching English as an international language* (pp. 55-69). Bristol, UK: Multilingual Matters. (翻訳協力：青山玲二郎，芝原里佳)また，本章の一部は The 19th International Symposium and Book Fair on English Teaching, Taipei, Taiwan の予稿集に収録されている。

た取り組みも必要である。

　本章では，クリティカルかつ多元主義的視点から，英語の国際語としての役割を理論化している反規範主義の緒論を概観する。その際，英語だけに注目しているという問題も含め，反規範主義の議論が呈する限界を検討する。そして，最後に「越境コミュニケーション」の教育を代わりに提案する。「越境コミュニケーション」の教育は，英語に付与されている特権に対して学習者が批判的な意識を持ち，互いの異質性を肯定しながらコミュニケーションに取り組み，英語のみならず多言語を媒介としたコミュニケーションを行うためのストラテジーを獲得することをめざしている。

1. 規範主義に対する挑戦—「国際語としての英語」への多元的アプローチ

　英語指導の規範を英語圏の伝統的な中心円に属する母語話者とすることについては，さまざまな視点から見直しが行われている。以下では英語教育に焦点を置きながら，言語規範主義および言語(英語)の覇権を問題視し，言語的多様性を提唱する学術論議を 5 つの視点から簡単に紹介する。その 5 つの視点とは，世界英語(world Englishes)，リンガフランカ(共通語)としての英語(English as a lingua franca)，言語帝国主義(linguistic imperialism)，マルチコンピテンス(多元能力)(multicompetence)と非母語話者，そして雑種性(hybridity)である。

1.1　世界英語(world Englishes)

　世界英語の研究は，英語学研究や英語教育において前提とされてきた英語の伝統的な規範を見直し，英語の諸変種を国ごとに調査，記述する。英語の諸変種が使われている地域は，中心円・外周円・拡張円という 3 つの同心円に分類され，それらの諸変種は音韻・語彙・構文・語用・談話・文学における創造性などの分野で研究されてきた(Kachru et al. 2006 参照)。

　世界英語の研究分野は，英語を均一的な存在とする見方に異議を唱え，代わって英語の多様性に注目しており，その視点は重要な教育的示唆を与えている。第一に，英語(に限らずすべての言語)には変種が存在し，それらが歴史的・経済的・政治的過程を経て発達してきたものであることを学習者は理解しなければならない。第二に，世界英語は，中心円の英語，特に主流の標準アメリカ英語・イギリス英語の支配的地位に異議を申し立てている。学習

者自身の英語も含め，主流英語以外の変種もコミュニケーションのための正統な媒体として価値を認められるべきだからだ。第三に，ビジネス，旅行，学習，その他の目的で，多様な言語を話す人々と今後ますますグローバルにコミュニケーションを取らなければならないという現実の中で，学習者は英語の諸変種を聞いて理解でき，同時に相手にも自分を理解してもらう能力を身につけなければならない。この「相互理解可能」という概念が，次の「リンガフランカ(共通語)としての英語」というパラダイムの重要な焦点となっている。

1.2 リンガフランカ(共通語)としての英語(English as a lingua franca)

　Jenkins(2000, 2009)やSeidlhofer(2004)は，英語によるグローバルコミュニケーションの多くは，非母語話者だけが関わっており，非母語話者が(主流英語の)母語話者とは異なる方法で意味交渉を行っているという現状に着目した。そこで，リンガフランカとしての英語に関する研究では，母語の異なる話者同士が互いに意味を理解するのに必要不可欠な音韻・語彙・文法的特徴が調査された。つまり，リンガフランカとしての英語は世界英語と同じように，英語圏の中心円の規範に基づく伝統的な指導に異議を唱えていると言える。しかし，リンガフランカとしての英語が世界英語と異なる点は，母語の異なる話者たちの間に見られる言語使用の新しい特徴を見つけ出し，意味の明瞭さや話者のアイデンティティがどのように構築されるかを探っていることである。

　英語の非母語話者同士による会話を分析した研究では，従来の教育で強調されてきた音韻・語彙・文法的な規則の中には，当事者の相互理解に影響を与えないものがあることが判明している(Jenkins 2000, 2009)。つまり，リンガフランカとして英語を用いて意思疎通する場合，従来の母語話者による規範や正確さは無関係なのである。このことは，指導の焦点を意味の明瞭さや以下のようなコミュニケーション・ストラテジーにシフトする必要性を示唆している。たとえば，意味を尋ねる，繰り返してもらう，言い換える，相手が言い終えるまで待つ，賛成や反対を示す，発話の順番をうかがう，間を置くなどである(McKay & Bokhorst-Heng 2008)。リンガフランカとしての英語の初期の研究は従来の規範に代わる新たな規範を模索したため，それ自体は言語的多様性を促しはしなかったが，世界英語と同様，多様な言語話者や言

語使用を認めている。

1.3 言語帝国主義（linguistic imperialism）

　以上の2つのパラダイムは社会言語的現象として英語が拡散している現状を踏まえ，代替的な言語規範を記述，あるいは創出している。一方，言語帝国主義という考え方は，政治とイデオロギーの観点から，英語が波及することを批判している（Phillipson 1992, 2009b）。たとえば，政府，非政府機関，出版社，娯楽産業などの経済・文化・教育的活動によって，いかに英語が覇権的な地位を保ち続けているかを精査するのである。英語の言語帝国主義は，英語と英語話者の優越性を正当化するイデオロギーによって築かれており，支配と従属という不平等な関係を生み出していると研究者たちは指摘している。

　Phillipson（1992, 2009b）は英語教育のイデオロギーを形作っているいくつかの誤信を挙げている。たとえば英語は英語で教えるのが最もよいという見解や，理想の教師は母語話者だという思い込みである。単一言語主義に基づき授業を英語だけで教える教授法が一般化しているが，それはバイリンガリズムやバイリンガル教育理論の観点から疑問を投げかけられている（Cummins 2007 参照）。また母語話者信仰は，次に述べるマルチコンピテンス（多元能力）（multicompetence）の視点や非母語話者英語教師（non-native English speaking teachers）に関する研究から異論が唱えられている。

1.4 マルチコンピテンス（multicompetence）と非母語話者

　第二言語習得の研究や指導では，多くの場合，母語話者の言語能力に到達することが目標とされている。しかしこの目標はたいてい達成不可能であり，第二言語話者を母語以外の言語の有能な話し手としてではなく，永遠の第二言語学習者，もしくはネイティブスピーカーになり損なった者として位置づけてしまう。Cook（2007）はそのような見方に対抗し，第二言語使用者を，「熟達度に個人差はあるが，独自のコミュニケーション能力を駆使して多様な目的を達成することのできる者」と定義した。さらにマルチコンピテンスという概念を用い，複数言語をあやつれる者は，個々の言語に付随する知識を別々に持っているのではなく，複数の言語に付随した知識が融合した状態で思考すると論じた。第二言語使用者は単一言語話者と違い，言語に関するメタ認識が高く，翻訳やコード・スイッチングのような独自の能力を

持っているのである。

　このようなマルチコンピテンスと第二言語使用者の概念は，言語学習の最終目標が母語話者のようになることだという想定，そして母語話者が理想の教師だという想定に疑問を呈している。前者に関しては，母語話者のようになるという非現実的な目標をめざすのではなく，学習者の置かれた文脈に沿う，より達成可能な目標を探ることが必要である。また後者に関しては，非母語話者英語教師に関する学術的議論で問題視されている(Moussu & Llurda 2008 参照)。

　非母語話者英語教師に関する研究では，非母語話者英語教師が学習者のよい模範となること，明示的な文法説明や学習ストラテジーを提供できること，学習者に共感できることなど肯定的な属性が着目されている。非母語話者英語教師を肯定する主張の核心となっているのは，母語話者中心主義とはひとつのイデオロギーであり，それが非母語話者に対する偏見と差別を正当化しているという認識である(Holliday 2008)。後で論じるように，このイデオロギーは言語についてだけではなく，人種とも深くつながっている。

1.5　雑種性(hybridity)

　世界の英語，リンガフランカとしての英語，そしてマルチコンピテンスの視点は，多様な英語話者が話す言語には，これまで想定されてきた言語的境界がもはや引かれていないことを暗示している。むしろ言語は，対話する人々の母語や文化的背景，やりとりの文脈によって影響を受け，雑種的な言語表現が実用的に使われている。雑種性の理論は，文化や言語には境界があって，その内側には何らかの本質が存在するという従来の見方を改め，それらは境界上に位置する可変的な第三の空間なのだとする。そして，個人内で複数のアイデンティティが複雑に共存し，変遷していくことの可能性を探っている(Kramsch 2009)。

　興味深いのはリンガフランカ(共通語)英語(Lingua Franca English)の議論だ(Canagarajah 2007b)。リンガフランカ英語(LFE)はリンガフランカとしての英語(ELF)と異なり，多様な場面で英語が共通語として使われる時の，実用的な特徴に重点を置いている。一方リンガフランカとしての英語は，初期の研究段階では，コミュニケーションのために必要な文法および音韻的特徴を考察している。リンガフランカ英語の使用者は，母語の語彙や構文や談

話の体系を利用したり，他言語の体系を借用したり，他にも相手のことばの間違いをそのままにするなど，さまざまなストラテジーを使い会話を円滑に進めている。リンガフランカ英語は目的達成志向で，そのために活用できるリソースは何でも取り込むため，「自然と言語形式が雑種的になる」(Canagarajah 2007b: 926)。また教育において雑種性を認識していれば，学習者はコミュニケーションにおいて創造性を発揮することができる。学習者が自分の持っている言語的文化的リソースを駆使し，コミュニケーションの目的を達成するストラテジーを見つけられるよう促すこともできる。リンガフランカとしての英語と同じように，学習者にさまざまな交流場面に対応できる柔軟さを身につけさせ，対話者間の語用論的差異や言語的差異に敏感になるよう促すことができる。

要約するとこれまで論じた5つのパラダイムは，言語学習の目標とは何か，どのようにその目標に到達できるか，という問いに関する規範主義を問題視している。これらのパラダイムは，多様な話者が関わるグローバルな文脈における英語や英語話者，そして英語の学習と教育についてのさまざまな視点を提供している。

2. 反規範的パラダイムに対する批判

以上で論じてきた反規範的パラダイムは，言語や文化を本質化せずに，その複雑性を理解しようとする視点から規範的パラダイムを問題視している。さらに，グローバル・コミュニケーションを本質化せずに理解しようとすれば，英語が国際語であるという根本的な前提をも再考する必要がでてくる。以下，その観点から反規範的パラダイムの落とし穴を検証する。

2.1 世界英語とリンガフランカとしての英語への批判

世界英語は英語の多様な言語形式に注目してきたが，国単位で英語の諸変種を記述するため，ひとつの国の言語や人々を同質でまとまったものとして捉えてしまうという点で限界を抱えている(Bruthiaux 2003)。この捉え方は言語的多様性を唱える本来の目的と明らかに矛盾している。また世界英語は，それぞれの国のマジョリティの言語集団を研究対象にしているが，その集団を含む社会における権力関係には触れない。英語の諸変種について記述するだけでは，そのような変種を生み出す英語の波及の背後に，権力やイデ

オロギーの問題があることを見落としてしまう。また，言語研究の近代主義パラダイムにおいて政治的視点を欠いた相対主義や規範主義を維持する結果にもなってしまう(Pennycook 2001)。

さらに，世界英語のモデルを国別に提示することで，言語使用に付随する文化がますます本質化されてしまうだろう。たとえば，日本人のコミュニケーション・スタイルの特徴は間接的で帰納的であるとよく論じられる。しかし，そのように本質化してしまうと，言語使用の複雑さや，東洋と西洋の不均衡な権力関係によってもたらされる言語と文化の変遷を見過ごしてしまう(Kubota 2010; Kubota & Lehner 2004; Kubota & Lin 2009; 久保田2015 第5章，第7章，第8章)。

同様に，リンガフランカとしての英語に関しても，リンガフランカの特徴を追究することは結局単一モデルを提示することであり，言語の多様性を認知する意図と矛盾しており傲慢でさえあるとの批判がある(Rubdy & Saraceni 2006)。リンガフランカとしての英語のもうひとつの問題は，学習者の多様な願望や欲求をないがしろにしてしまう点にある。たとえば，リンガフランカとしての英語は，英語の非母語話者を母語話者から遠く離れた周縁化された存在として位置づけてしまいがちである(Holliday 2005)。つまり，ここでも英語話者間の階層的な関係が引き継がれている。結論を言うと，ことばは単なる言語体系ではなく，文化，社会そして自己と他者のアイデンティティに関する信念を包含するものなのである(Seargeant 2009)。だが，リンガフランカとしての英語によるコミュニケーションの概念は，この問題を十分吟味していない。

2.2 言語帝国主義と非母語話者性の落とし穴

言語帝国主義は，英語の波及が国家やその他の機関によって強権的に行われるものだと断定されてしまっているという批判を受けている。つまり，歴史上，英語の波及は帝国主義者あるいは植民者が強制した結果だけではなく，むしろ，現地の人々が権力を象徴することばとして受け入れた結果でもあるという見方である(たとえばBrutt-Gliffler 2002)。このことは，英語の権力が母語話者といった特定のグループに本質的に付与されているのではなく，その他の話者が抵抗の手段として独自の意味や主体性を表現するために占有されうることを示している(Canagarajah 1999a)。

非母語話者英語教師に関する研究の問題点は，言語面だけに研究の焦点を置いているため，教師の人種が，遭遇する経験にどのような影響を及ぼしているかを見逃していることである(Kubota & Lehner 2004; Kubota & Lin 2009; 久保田 2015 第 5 章，第 7 章)。当然，非母語話者だけでなく母語話者にも多様な人種が存在し，それが人々の教育・学習・研究における経験に影響を及ぼしている(Kubota & Lin 2009; 久保田 2015 第 5 章など)。よって，(非)母語話者性だけが個人の経験を構築するのではない。むしろ，性別・人種・階層・年齢・性的アイデンティティなどの社会的カテゴリーが交差し合い，個人の経験や主体性を形成するのである。そのため，母語話者のような英語力を身につけたいと願う学習者がいたとしても，その能力を獲得した結果得られる象徴資本(すなわち特権・名誉・地位)(Bourdieu 1991)の重みは，個人のハビトゥス(人種・性別・階層・その他の属性によって獲得され具現化された心的傾向の総体)によって異なる。そして英語習得の結果ハビトゥス自体が組み立て直され，文化資本(すなわち知識・技術・教育レベル)を構成していくのである(Luke 2009)。(非)母語話者性を本質化せずその複雑性を知ることは，権力を批判的に理解するために不可欠なのである。

2.3 雑種性の再考

　雑種性の概念は，文化の本質主義的理解に対するポストモダン的懐疑主義から生まれたため，本質主義に異論を唱えているかのように見える。しかし，この概念もまた問題をはらんでいる。第一に，雑種性の概念は，あらゆる文化・言語がつねに差異を内包しており，文化の混合を経て進化してきた事実を見過ごしている。第二に，雑種性理論は，民族グループに一元的なアイデンティティを付与することを本質主義的で排他的であるとして問題視しているのだが，人々が自集団のアイデンティティに訴えて政治行動を起こすときに，本質主義が戦略的に使用されうることを見落としている(Spivak 1993)。May(2009)は，ポストモダンのグローバル化した世界の中でアイデンティティは，個人内では複合的であるものの，一般的には雑種的というよりむしろ単一で集団的なものであると述べている。このことは，少数民族らが掲げる多数の集団要求から見て取ることができよう。同じことは，継承語教育のカリキュラムや教科指導においてナショナリズムが喚起・再生産されていることについても言える(Blackledge & Creese 2010 参照)。第三に，こ

れは前述したポイントと関係しているが，雑種性の概念は，アイデンティティの随意の混合としてのみ捉えられるべきではなく，流動的なアイデンティティと固定したアイデンティティの両方が互いに矛盾しながら共存する複雑な場として捉えられるべきである。このことは，Otsuji and Pennycook (2010)で取り上げられている，日本語と英語のバイリンガルでいかにも国際的な女性がフランス語話者について本質主義的なコメントをするケースからも見て取れる。第四に，雑種性はさまざまなものが混合・交差し，革新的な第三の空間に行き着くという概念を喚起するが，実際の異種混合は，結果としてそのうちの支配的要素の永続化をもたらすのである。言い換えると，AとBの言語を混ぜ合わせても，Cという全く新しい言語が生まれるわけではなく，支配言語であるAがわずかに変化した状態で維持されるのである。このことは，英語が他の言語との混合を経ても，結局は支配的なままであることを示唆している。

　概して雑種性の概念は，賞賛され美化されているものの，実際は非現実的な第三の空間という固定化されたカテゴリーとなる傾向がある。May(2009)はFriedman(1997)を引用し，雑種性理論とはおしなべて自己賛美的で，実証研究に基づくものではなく，コスモポリタン主義論者たちが持つ知的権力によって他者のアイデンティティを定義づけるものであると批判している。さらに，雑種性理論を含むポストモダンの言説はことばの響きのよさに執着しすぎており，政治的・道徳的文脈を「単に美学を追求することばのゲーム」に変貌させてしまっている(May 2009: 40)。では，だれが言語的にも文化的にも雑種になりえるのだろうか。だれが第一言語と英語のバイリンガルになりうるのだろうか。そして，英語ははたして多様な第一言語を持つすべての人々をつないでいるのだろうか。

3. 「国際語としての英語」を疑問視する

　拡張円に属する国々において，海外旅行や留学など越境コミュニケーションを経験する余裕がある個人の多くは，社会的にも経済的にも特権階級に属している。英語が毎日のコミュニケーションで使われることのない拡張円の国々では，英語力獲得の機会は多くの場合，エリートにのみ与えられている。つまり，英語力獲得へのアクセスはだれに対しても公平に分配されているわけではない。したがって，学習者の社会的・経済的背景が異なれば，英

語力や英語へのあこがれの度合いにも格差があると推測できる。

　移民の増加によって，多くの地域社会で人口分布に変化が起きていることも指摘しておくべきだろう。外国人住民の多くは労働者階級に属しており，必ずしも英語が話せるわけではない。たとえば日本でいわゆるニューカマーと呼ばれる移民の多くは，中国・ブラジル・フィリピン・ペルーから来た人々で，これらの人々の出身国の主流言語は英語ではない。これらの移民の中には英語を話す人もいるかもしれないが，大多数は話さない。教育政策は，国際化の言説や地域コミュニティにおける多言語の状況から影響を受け，その中で英語教育が重視されているが，現実への対応としては矛盾している (Kubota & McKay 2009; Kubota 2011a，本書第 3 章，第 6 章)。拡張円の国々では英語は決して日々のコミュニケーションの手段ではない。外周円の国々でさえ，流暢な英語話者の割合の平均は 2 割にとどまる (Mufwene 2010)。概して，世界人口の 4 分の 3 以上は英語話者ではないと推計されている (Graddol 2006)。このことは，世界のあらゆるコミュニケーションの場で英語がリンガフランカとして機能しているわけではないことを示している。

　英語は国際語だという議論が盛んになされているが，英語の実用性は過大視されている。実際，英語＝国際語という見方は言説として機能しており，英語＝国際語という先入観を真実に変える働きをしている (Pennycook 2007b)。この言説が維持されているひとつの要因は，先に議論した 5 つの反規範的パラダイムで見たように，研究や教育学の議論において英語が過剰に注目されていることである。英語学研究や英語教育に関する議論の対象になるのは常に英語なので，英語への注目は止むを得ない。しかし，ますます多様化する私たちの社会では，国際語としての英語の教育は，英語のみを規範として教えるのではなく，多言語事情にもっと注意を払うべきである。そのためには地域社会および世界で増大している多言語主義への意識を高め，英語教育を世界および地域の多言語主義の中に位置づけなければならない。国際語としての英語教育は，唯一の規範として英語にのみ注目するのではなく，英語を越えて，越境コミュニケーションに必要な意識・態度・技能をどのように育むのかを模索しなければならない。同時に，国際的なコミュニケーションの場における権力の問題への批判的省察も不可欠である。

4. 英語と多言語を媒介とした越境コミュニケーションの教育に向けて

　越境コミュニケーションとは，多様な民族・人種・言語・社会経済間の差異を越えて，積極的に，批判的に，内省的に行われるコミュニケーション活動である。越境コミュニケーションは，英語を共有の言語として用いたやりとりを含む。英語はさまざまなコミュニケーションの場でリンガフランカとして重要な役割を果たすことは否定できないからだ。この章で議論したパラダイムを支える反規範的で多様性を志向する視座は，越境コミュニケーションがめざすものに含まれる。だが，これらのパラダイムを取り入れる際，教師と研究者はその概念の限界を認識しておくべきである。外国語としての英語教育は，英語がリンガフランカの役割を果たす世界の文脈の中だけで行われているのではない。英語話者とは限らない外国籍市民を受け入れる地域コミュニティという文脈においても，外国語としての英語教育が行われているという現状を念頭に置く必要がある。越境コミュニケーションは批判的意識や寛容な態度，そしてコミュニケーション・スキルを養うことを通して達成することができるだろう。

4.1　批判的意識

　権力や特権に対する批判的意識は，越境コミュニケーションを行うのに必要不可欠である。言語帝国主義への批判について見てきたように，権力は社会の支配グループから被支配グループに押しつけられるだけではない。社会の中で循環して行使されることもあり，複雑でときには矛盾した支配・従属の関係，そして抵抗勢力を生み出す。世界英語のパラダイムは別の問題点も提示する。つまり，英語教育における従来の言語規範を疑問視し，それに抵抗する国別の新しい規範を代わりに打ち立てたとしても，その新しい規範，つまり権力を持つもうひとつの言語変種を持ち上げることによって，国内の言語的多様性を無視してしまうのである。

　このように言語能力はある場面においては特権として働き，人々を階層化する。たとえば台湾では，女性外国人家事労働者たちが言語背景によって階層化されている。英語話者であるフィリピン人女性は家政婦として働き，雇用主や雇用主の子どもたちと英語でやりとりをする傾向がある。一方，インドネシアの女性は中国語が堪能な者がいるにもかかわらず，病人や老人の介護という厳しい仕事を与えられがちである(Loveband 2006)。階層化は人種

に対するステレオタイプにも映し出されている。そのステレオタイプとは，フィリピン人女性は欧米化されていて知的で自主的に働くが，インドネシア人女性は従順で単純でのんびりしているという先入観だ。このステレオタイプによって，インドネシア人女性は「イスラム教の因習がある村に縛りつけられたおとなしい女性」であり，休暇なしの重労働に向いているというイメージが作り出されている(Lan 2006: 77)。つまりここでは，英語力は文化資本であり，それを所有していることは欧米化された人間であることを意味する。その結果，フィリピン人女性は特権を与えられ，同時に人種・民族による階層化がより進んでしまうのである。

　言語に関する人種化は英語教育の場においても深く織り込まれている。最も顕著な例として，白人性という権力が学習者の好む教師像に影響を与えているという問題がある(Curtis & Romney 2006; Kubota & Lin 2009; 久保田 2015 第 5 章)。言語教育は異文化理解と交流を促進するはずだが，多くの場合，人種的偏見と差別を永続させてしまっている。英語を外国語として学ぶ学習者は英語を第二言語として使用する者でもあるのだから，人種差別や言語差別に対する意識を高め，その認識に基づいて行動する必要がある。まず，学習者は教師の人種的・言語的出自から指導力を判断するべきではない。また，話し相手の人種的・民族的・言語的出自で交流の価値を判断すべきではない。さらに学習者は自身が特権を持っているからこそ，さまざまなリソースにアクセスすることができ，その結果として英語話者になれるのだということを理解するべきである。これらの目標に到達するよう学習者を導くために，教師自身が人種差別への批判的意識を高め，それらの問題と対峙する必要がある。

4.2　寛容な態度

　越境コミュニケーションは，たとえ共通のことばがなくても，人種・民族・言語・階層の違いを越えて交流しようとすることを促す。先に述べたように，多くの社会的場面において英語はリンガフランカとして機能していない。学習者は差異を越えて交流することに肯定的で寛容な態度を養う必要がある。それは，話し相手の違いを肯定し，新しい言語や文化，そして人生経験を相手から学ぶことに興味を持つ態度である。拙速な判断を控え，敬意をもって積極的に交流する必要がある。

違いを認めつつ，どの文化も等しく正当だという文化相対主義に基づく意識が，肯定的で寛容な態度の重要な部分を担っている。しかし，文化相対主義の限界をも認識するべきだ。複数の視座を尊重することが，その影に隠れた政治やイデオロギーを批判的に理解する努力を削いでしまうことが多いのである。実はそのような政治性やイデオロギーによって，多様な人々は権力の上下関係の中に位置づけられてしまっているのだ。そのため，歴史的・政治的・思想的な文脈におけるさまざまな視座を理解し，権力の不平等な関係を疑問視することが大切だ。同様に，文化相対主義を支えるリベラル多文化主義も，他者を本質化し，既存の権力関係を維持させてしまう(Kubota 2004，久保田 2015 第4章)。ここでもまた権力と政治を批判的に認識することによって，自分が置かれている状況の中でどうすれば倫理的に差異に対処できるかを考えることができる。

4.3 コミュニケーション・スキル

越境コミュニケーションを行うときに，リンガフランカとしての英語のパラダイムの中で提案されているストラテジーが応用できる(McKay & Bokhorst-Heng 2008)。学習者は相手と交流するために，状況，目的，そして相手の言語的レパートリーに合わせて，自身の能力を調整し，意味を交渉する術を学ばなければならない(Canagarajah 2007b; Seidlhofer 2004)。

リンガフランカとしての英語やリンガフランカ英語は英語で交流することを想定しているが，越境コミュニケーションは英語がリンガフランカとして機能しない状況も考慮しており，他言語での交流を含んでいるところが根本的に違う。英語学習者は，英語話者ではないが学習者自身の母語を第二言語として話す相手と出会うかもしれない。その際，学習者は親身に耳を傾け，交流を可能にするために自分のことばを調整する必要がある。他の場合では，相手と通じる言語がないときもある。このような場合に適応するための技能やコミュニケーション・ストラテジーには，言語以外の方法も含まれる。たとえば，ジェスチャーや絵で言いたいことを表現する，相手の言語レパートリーを察する，相手の話を親身になって聞く，視線を合わせる，簡易な表現や言い換えを用いる，ゆっくり話すなどである(Seidlhofer 2004参照)。これらは前述した権力に対する批判的な認識や寛容な態度を補う。

4.4 授業のアイデア

　越境コミュニケーションを教室で実践する規範的方法論はない。批判的教育と同様に，越境コミュニケーションは，指導のチャンスをうまく捉える，つまり「可能な瞬間を静かに探る(Pennycook 2004b: 342)」ことによって，より深い理解へと学習者を導くことができる。

　たとえば，英語の授業で言語の多様性について考えることができるだろう。筆者は地方の小学6年生を対象に，ボランティアの英語指導者と協力して言語の多様性について90分の授業を行った[(2)]。その学区には，中国，ブラジル，ペルー，タイ出身のいわゆるニューカマーがいる。授業では，パワーポイントを使ってさまざまな人々の写真や世界地図などの視覚教材を見せた。以下はその授業の目標である。

- 英語で簡単な挨拶をする。
- 英語が使用されている国名（中心円と外周円の国々）をいくつか挙げながら，英語の多様性を認識する。
- アメリカの家庭で話される言語の統計を見て，アメリカ国内の言語の多様性を認識する。
- 統計を見て，日本国内と生徒の住む地域における言語の多様性を認識する。
- 地域で話されているいくつかの言語で簡単な挨拶を言ってみる。

　この授業で生徒たちは挨拶を交わしたり，世界地図を見ながら国を確認するという経験をした。また多様な人種の人々の写真も見た。この授業の意外な成果のひとつとして，タイ人の母親を持つ生徒が日本語で次のような感想文を書いてきた。「アメリカの事とか学んで私は外国に行きたくなりました。とくにタイ。お母さんはタイ人だから小さいころにいったことあるけど，あんまりおぼえてないからもう一度。女の人は（サワディ：「こんにちは」の）最後に「カッ」だけど男の人は，「クラップ」です。すこししゃべれるけど，タイに行ってもっと学びたいなあーとおもいました。」

　他の授業案として，同じ地域に住んでいながら文化も言語も違う人をゲスト

---

(2) 授業実践は2007年に行われた。当時の小学校のカリキュラムでは英語は必修とされていなかった。

スピーカーとして招き，多様性に関する情報や個人的な経験について話してもらうこともできる。ゲストは多言語話者が好ましいが，英語が達者でなくても構わないだろう。教師がゲストスピーカーと協力してうまく計画すれば，学習者の母語，英語，そしてゲストスピーカーの話す言語を比較しながら，単語やフレーズについて言語横断的な分析を行い，学習者のメタ言語意識を高めることができるだろう。また，教師とゲストスピーカーが協力して，地域の外国籍市民との交流に役立つ簡単な会話を生徒に練習させるのもよいだろう。

5. 結論

　グローバル化する世界で，多言語間による交流が広がっている現在，国際語として英語を教えるにあたり，従来の単一言語主義的・規範主義的な志向から離れなければならない。また，単一言語主義は，世界および地域社会で高まる越境コミュニケーションの需要に機能的に対応しきれないだけでなく，英語話者と非英語話者との権力関係も温存してしまうので理念的にも好ましくない。英語教育への反規範主義的アプローチは，英語やその使用，そして英語話者についての理解を多様化させることに貢献した。しかし，その反規範主義的アプローチでさえグローバルなコミュニケーションで何が本当に必要とされているかが見落とされており，英語が世界中の人々を結びつけるという規範的仮説が強化されてしまっている。

　私たちはグローバル・コミュニケーションへのアプローチとして単一言語のみに依存することを乗り越える必要がある。そして，権力に対する批判的な意識，ことばの違う人とも積極的に交流しようとする開かれた態度，越境コミュニケーションのためのコミュニケーション能力を，学習者が身につけるよう手助けする必要がある。この過程において教師と学習者は常に自らを批判的に振り返り，既存の仮説への批判さえも問い直す必要がある。地域社会や世界で広がる多様性を肯定しそれに対応するには，そのようなアプローチこそ社会的にも倫理的にも望ましい方法だと言えるだろう。

日本における移民・多様性・言語教育[1]
―英語教育のグローカル・アプローチにむけて―

はじめに

　2007年の肌寒い，ある木曜の夜，時刻でいうと9:30ごろ，私は葉州市のファミレスにいた。葉州市は，日本の中規模の地方都市で，当時，ブラジル人・中国人・ペルー人を主とした出稼ぎ労働者が急増しつつあった。向かい合って座っているのが，私のインタビューに参加してくれたサオリとカズオだ[2]。サオリは20代の女性，カズオは30代の男性で，ふたりとも英会話レッスンのすぐ後にここに来てくれていた。ここでカズオとサオリにインタビューするのは，これが2度目である。

　ふたりが自身の英会話経験について話してくれていたとき，見るからにアジア系ではない中年男性が私たちの席にやってきて，こう言った。「モリーンさん。」その男性は，モリーンというアメリカ人女性を探していたのだ。英語のネイティブスピーカーであるモリーンは，地元の教会の牧師であり，英会話講師でもあった。サオリとカズオが受講している英会話クラスの講師がモリーンだった。彼がデニーズに来たのはモリーンを待つためだったのか，私たちはそう気づいた。私たちが店を訪れたときにもそう言えば彼は店の前にいたし，何週間か前のカズオのインタビュー時にも，私はその男性をここで見かけていた。あのとき，男性は私たちの席の反対側でモリーンと話していた。

　ただ，残念なことに，その夜のモリーンは他の用事があった。英語の授業も他の講師が代講していた。アルフレードという名のその男性は，モリーンが現れないことも知らず，彼女を一時間半も待っていたのだった。

---

[1] Kubota, R. (2011). Immigration, diversity, and language education in Japan: Toward a glocal approach to teaching English. In P. Seargeant (Ed.), *English in Japan in the era of globalization* (pp. 101-124). London: Palgrave Macmillan.（翻訳協力：片山晶子，寺沢拓敬）

[2] 第3, 4, 5, 6章は，同一の質的研究プロジェクトに基づいているため，説明の重複が多少ある。また，インタビューなどの手法を使って人を対象とする研究を行うにあたって，筆者が所属していた大学の定める倫理規準に従う必要があった。そのため，個人名，地名などの固有名詞はすべて仮名で表した。また，エスノグラフィの手法を取り入れたこともあり，調査地の様子が詳しく描写されている。

「イチジカンサンジュップン！」片言の日本語で彼が言った。「ニチヨウビ，ワタシケッコンシキ，セイショ，ナイネ。」彼は続けた。このことばを，「自分は日曜に結婚式で牧師をするのだが，聖書がない」という意味だと私は解釈した。この「聖書」とは，たぶんローマ字で書かれた結婚式用の日本語原稿のことだろう。

モリーンの都合が悪いことを私たちが伝えると，彼は「キョウ，ナイ？…サムイ，イマ，シンパイ，…シンパイね？　プレオクパサォン」と言った。

この「プレオクパサォン（preocupação）」はポルトガル語だと彼がすぐに教えてくれた。そして，彼はものすごくおしゃべりだった。それから1時間，アルフレードは私たちに矢継ぎ早に話しかけてきた。といっても，ペラペラおしゃべりをしたというわけではない。日本語はほとんどが名詞で少しだけ修飾語も含む程度，そこにポルトガル語の単語がいくつか混ざり，あとは，紙に描いた絵や数字に頼るという限られた伝達手段だった。しかし，アルフレードの話は，西暦1500年のポルトガル人のブラジル初上陸，植民者によるインディオの虐殺，そしてインディオの原始的な生活にまで及んだ。サオリもカズオも私も，彼が何と言おうとしているのか理解するのに四苦八苦した。しかし，これだけ言語リソースが少ないにもかかわらず，多くのことが理解できたのは驚くべきことだった。

モリーンの知人ということで，アルフレードは教会関係の仕事に従事していて，英語話者なのだろうと私は思い込んでいた。この憶測のうち，1つ目のほうは正しかった。アルフレードが自分の教会の場所を教えようとしたからだ（そして，その数週間後にモリーンに確認すると，アルフレードはブラジルで聖書学を修めた正規の牧師だということだった）。しかし，2つ目の思い込みはまったくの誤りだった。アルフレードは英語話者ではなかったのだ。

では，アルフレードとモリーンはいったい何語で会話していたのだろうか。この私の疑問に対するアルフレードの答えは，「ワタシ，ハナシ，スペイン語ダケ。スコシ，モリーン，デキル」だった。モリーンから後で聞いたところでは，アルフレードは英語がまったくできないため，スペイン語と日本語を交えてコミュニケーションをとっているという。

このエピソードで示したかったのは，かつて「単一民族国家」と思われてきた日本という国のある田舎町でさえ，上記のような言語的・文化的・民族的な

多様性が見られるということである。また，このエピソードは，英語が人々をつなぐ言語だという考え方にも再考を促している。言語の異なる人々のコミュニケーションが常に英語で可能になるわけではないからである。しかし，この「英語＝共通語」観は，人々の意識や，学問の言説，そして近年の教育政策の根底に横たわっている。その結果，日本やその他の拡張円（expanding circle）に属する国々では，英語学習の必要性がますます高まっている。本章では，英語に関するこうした考え方が現実を正確に映していると捉えるのではなく，むしろひとつの「言説」であるとして批判的に検討したい。本章で依拠するデータは，筆者が2007年に葉州市で行った質的調査である。この調査は，正規の教育機関以外の場所で英語を学んでいる成人男女を対象に，彼ら彼女らの考え方や経験を調査したものである。そして，この調査の分析を踏まえて，外国語として英語を教えるための「グローカル」なアプローチを提案する。このアプローチにより，英語だけでなく多言語を媒介としたコミュニケーションが可能になり，ひいては，批判的な気づき・態度・スキルを根底に置いた越境コミュニケーションが実現できるはずである。

1.「英語＝グローバル・リンガフランカ（共通語）」言説

英語が世界的に使われている言語だということに疑いはない。事実，国際的な意思疎通の手段として英語が利用されている場面は，商業・教育・技術・マスメディア・エンターテインメント・運輸など多岐にわたる（Crystal 1997）。そうした状況もあり，学術研究の分野でも，英語の国際的役割をめぐってさまざまな議論が行われている。たとえば，「リンガフランカとしての英語」「グローバル言語としての英語」「世界語としての英語」などの用語が提案されている（Seidlhofer 2004）。こうした用語によって喚起されるのは，英語は世界のあらゆる場所で多数の人々に使われているというイメージである。そしてこのイメージが，英語の地位に対して私たちが持っている特定の知識を構築するのである。このような「世界の英語」言説は，学術界でも教育政策でも容易に見つけられる。

1.1 世界の英語をめぐる，学問上の言説

英語の世界的な拡大については，すでにさまざまな観点から議論がなされている。そのひとつのアプローチが，英語が世界中に拡散していく状況を

自然的・中立的・有益的なものとして記述するものであり，その代表作がCrystal（1997）である（この考え方に対する論評としては，Pennycook 1994, 2007a を参照）。一方，これとは異なるアプローチもある。それは，世界の諸英語（world Englishes）に注目し，英語の地域変種の多様性を記述するアプローチである（Kachru 1986; Jenkins 2003）。また，近年現れてきたアプローチとして英語をリンガフランカとして見る立場が挙げられる（Jenkins 2000; Seidlhofer 2004）。これは，非ネイティブスピーカー同士のコミュニケーションはどのようにすれば達成されるのか，その理解可能性に大きく注目したアプローチである。このアプローチが解明をめざすのは，非ネイティブスピーカー間のコミュニケーションを成立可能にする音韻・語彙・文法的特徴である。つまり，ネイティブスピーカーが用いているルール・規範の研究ではなく，リンガフランカとして機能しうる中核的な言語規範を明らかにすることを目標としているのである。さらにもうひとつの見方として，現在の英語の拡散状況を言語帝国主義の観点から批判する立場が挙げられる。この立場によれば，英語の拡散は英語と他の言語の間の不平等を永続化させ，ひいては英語話者とそれ以外の人々の間の不平等を固定化してしまうという（Phillipson 1992, 2009a）。さらにもうひとつは，絶滅危惧言語，言語生態学，マイノリティ言語をめぐる言語権などの見地から，英語（および他の強大な言語）の拡散に対して批判する立場である（Nettle & Romaine 2000; Skutnabb-Kangas 2000）。しかしながら，こうした「英語の拡散」の問題性を検討するアプローチに対する批判も存在する。Brutt-Griffler（2002）やPennycook（1994, 2001, 2007b）は，これらのアプローチが過度の決定論・本質主義・普遍主義に傾いていることを問題視している。そうした問題意識から，英語を内側に閉じた首尾一貫したシステムとして見るのではなく，ダイナミックな有機体として捉えるアプローチが提案されている。この立場に立つと英語とは，パフォーマティブな行為やハイブリッドな形式を通して多様な意味やアイデンティティを表現する媒体なのである（Canagarajah 2007b; Pennycook 2007b）。

　こうした活発な議論のおかげで，「世界の英語」に対する学術的知見はいっそう深まってきた。しかし現在，議論の関心の中心は英語のみであり，英語以外の言語が果たす役割に注目が集まることは少ない。しかも，多言語化が進むローカルおよびグローバル共同体では，英語以外の言語がコミュニ

ケーション手段として用いられているという現実があるにもかかわらず，である。学術的議論で英語が過剰に注目されるのは，「英語は共通語である」という，実態と乖離した概念が浸透していることと無関係ではないだろう。もちろん，他の言語に関する研究が存在しないわけではないし，また，英語だけが，世界中で教えられている言語というわけでもない。しかし，英語が世界の至るところに拡散しているというイメージが，英語関連の研究の急増につながっているということも否めない。この結果，世界の英語や英語教育の役割に関する研究が拡大し，「英語は世界のリンガフランカである」という言説がさらに正当化されるのである。

1.2 日本の英語教育政策の言説

英語は世界のリンガフランカであるという考え方は日本の政策の根底にも横たわっている。近年の日本では経済的競争力の向上の必要性が叫ばれており，こうした背景から英語教育を以前よりもいっそう重視した政策が生まれている。たとえば，政府は，2000年代前半，英語教育に関するいくつかの提言を示したが，そうした提言が結実したものが2003年に打ち出された「『英語が使える日本人』の育成のための行動計画」である（文部科学省 2003）。ここでは次のように述べられている。

> 英語は，母語の異なる人々の間をつなぐ国際的共通語として最も中心的な役割を果たしており，子どもたちが21世紀を生き抜くためには，国際的共通語としての英語のコミュニケーション能力を身に付けることが不可欠です。

英語教育を重視する根拠として挙げられているものは，国際的な相互依存関係の深化や，世界規模の経済競争・地球環境問題・グローバルコミュニティへの参画などである。中でも経済に関わる根拠には英語教育に対する財界の要求が色濃く反映されている。日本の財界は長らく教育政策に大きな影響を及ぼしてきたが，その勧告・提言が増加するのが1980年代である（斎藤 2004）。英語教育に関連して言えば，日本経団連の前身のひとつである経団連が2000年に示した意見書がある。同意見書の中で経団連は，労働者に対し，グローバル化に対応可能なさまざまな能力の育成を要求しており，そ

のうちのひとつが英語のコミュニケーション能力である（経団連 2000）[3]。具体的には，小学校への英会話教育の導入，英語教員採用試験における TOEFL・TOEIC の活用，英語のネイティブスピーカーの教員増員，大学入試におけるリスニングテストの実施などである。これら経団連の提言内容は，前述の文部科学省の「行動計画」の内容と酷似しており（水野 2008），経団連の意向が英語教育政策に大きく反映されていたことがわかる。また，同意見書は次のように英語は世界語であると明確に述べている。

> グローバル化の進展，インターネットの普及等に伴い，国際会議やビジネス等の場において，英語は国際共通語となった。とりわけ，英会話力をはじめとするコミュニケーション能力が求められている。

また，別の企業組織である経済同友会も，1999 年に国家政策に関する提言を行っており，その一連の提言に英語教育政策に関するものも含まれている。同提言の要望は，小学校に英語教育を導入することで，義務教育終了時までに日常会話が可能な英語力を身につけさせるというものである。さらに，英語は「グローバルなコミュニケーション・ツール」であるとも記述されている[4]。

学術的な言説と同様に，これら政策文書も「英語はグローバル・リンガフランカだ」という考え方を前面に出しており，これがさらなる英語教育推進の根拠として用いられている。実際，これらの提言はすでにさまざまな教育段階で実現されている。たとえば，中等教育における「英語」の必修化（戦後ながらく外国語科で何語を教えるべきかの指針はなかったが，近年になってから原則として英語と規定された）や小学校への英語教育の導入がこれにあたる（Butler 2007; Gottlieb 2008 参照）。さらに，近年の高等教育では英語で授業を行う教育機関が増加している。文部科学省によれば，「英語による授業」を実施した大学・大学院は 2006 年にはそれぞれ 26%・27% だったが，2007 年にはそれぞれ 27%・30% へ増加している[5]。

水野（2008）が論じているように，近年の英語教育政策は財界の要求に大

---

[3] これ以外では，テクノロジーや創造性，高等教育への「競争」の導入，基礎学力の維持・向上などに関して提言がなされている。
[4] http://www.doyukai.or.jp/policyproposals/articles/1999/990630a.html 参照。
[5] http://www.mext.go.jp/b_menu/houdou/21/03/1259150.htm 参照。

きく影響を受けている。この財界の要求とは、実用的な英語力―つまり、リスニングとスピーキングのコミュニケーション能力―を持った新卒社員の雇用である。しかしながら、英会話力だけが仕事で必要であるという主張には何ら根拠はないし、そもそも仕事一般に英語力が必要であるという主張も疑わしい。むしろ、私が葉州市で行った調査は、英語の仕事上の必要性が実際よりも過大に見積もられていることを示唆している。海外に工場ないし営業所(あるいはその両方)があるメーカーの社長4名にインタビューしたところ、4人とも主たる英語使用はEメールの読み書き程度だと述べていた。また、「日常的に仕事で英語を使う社員」はどのくらいいるか4人の印象を尋ねたところ、最小が1.5%、最大で20%、平均が9.5%だった。これらの企業はいずれも世界的な展開をしているにもかかわらず、この程度の割合だった。雇用一般ではどうだろうか。2007年10月に職業安定局(ハローワーク)の求人情報サイトを調べたところ、英語力を必要とする求人は、葉州市で0.6%、東京でも1.4%とごくわずかだった。もちろんこうした数値に仕事における英語使用の実態が必ずしも反映されているわけではない。しかし、英語の必要性を称揚する言説と実際の必要性の間には、大きな乖離があることはわかるだろう。

1.3 「グローバル・リンガフランカとしての英語」言説が生む真理効果

　ここまでで見てきたとおり、英語がグローバル・リンガフランカであるという考え方は、学界レベルでも政策レベルでも常識的なものになっている。もちろん、ここで述べたいのは、言説の担い手(とくに研究者)は英語を唯一のリンガフランカだと信じているということではない。また、英語の通用範囲は広くないと主張したいわけでもない。ここで注目したいのは、前述の英語言説が、コミュニケーションにおける英語の役割をいかに過大評価しているか、そしてその反対に、実際の多言語使用の状況・必要性をいかに過小評価しているか、という点である。たとえば、冒頭で紹介した人々の会話において、英語はリンガフランカの機能を果たしていなかった。こう考えると、「英語=グローバル・リンガフランカ」言説が、コミュニケーションをめぐる知識を本質化させていることがわかる。いかに国際コミュニケーションがなされるか、どのようなコミュニケーション上の必要性が存在するかといった知識において、英語が普遍的なものとして理解されてしまうのである。ここ

で重要なのは,「英語=グローバル・リンガフランカ」言説の真偽ではない。重要なのはこの概念がいかに真理の効果を生み出すかという点である。つまり,英語の国際的役割をめぐる学術言説・政策言説の中で,特定の真理がいかに構築されるかが重要な問題である。

国際語としての英語を「実態とは異なるもの」として論じる上で,Pennycook(2007a)が提示する,「構築」と「神話」という2つの概念が参考になる。第一に,英語(標準英語をも含むさまざまな英語の変種)は,初めから私たちの前に存在していたものではなく,社会的・歴史的・政治的に構築されたものである。第二に,英語が構築される過程でメタ言語(つまり,英語についての言説)が生み出される。言い換えると,「物事について絶えず語り,物事の存在を絶えず前提にすることで」(Pennycook 2007a: 97)神話は構築されていくのである。その点で,グローバル・リンガフランカとしての英語は,神話と見なすことができる。「英語=グローバル・リンガフランカ」の言及を何度も繰り返すうちに,その存在の正当性が高まっていくからである。その意味で,学界・政策にあらわれている「英語=グローバル・リンガフランカ」言説は,真理の効果を生み出し,英語の地位に影響を与えている。英語は世界の共通語だという考え方は,フランスの哲学者ミシェル・フーコーのことばで言えば,「真理の体制」,つまり「各社会で受け入れられ,真理として機能している言説」(Foucault 1980: 131)を構成している。

「英語=グローバル・リンガフランカ」言説は,さまざまな教育施策の根拠となっている。反面,この問題と関係の深い研究成果や社会の実態は,「真理の体制」の中で都合よく無視されている。たとえば,英語の早期教育について言えば,その有効性を裏づけた研究はない。Muñoz(2008)によれば,確かに低年齢であればあるほど明示的に指導せずとも言語習得が可能であるように見えるが,外国語場面における言語習得はごくゆっくり起こるもので,そもそも言語習得が生じるには大量の学習が必要になる。また,学習時間数を一定とした場合,学習を早く始めるほうが遅く始めるよりも高い言語能力が身につくという研究結果も存在しない。実際,「幼少時に外国語を習い始め,学習量が多い人であっても,長期的に見た場合,格段高いレベルの言語能力を示すとは限らない」(Muñoz 2008: 586)のである。同様に,就職における英語力の必要性も頻繁に指摘されるものだが,上記で見たとおり,確固たる裏づけがあるわけではない。日常生活に実際に英語を使う機会

がほとんどないことを踏まえるなら，早期英語学習や仕事のための英語学習は，単に社会階層の高さの象徴として機能しているだけなのかもしれない。あるいは，昇進の選抜手段やアクセサリーのようなものであって，コミュニケーション上の必要性に根ざしたものではない場合もありうる。

英語と社会的地位の結びつきに注目する以上，権力の問題を無視することはできなくなる。事実，真理の体制はヒエラルキー型の権力関係を作り出すことで ―同時にそのような権力関係の中でも真理は生まれるのだが― 特定の人々を利する一方で，それ以外の人々に不利益をもたらすのである。したがって，ここで重要なのは，「英語＝グローバル・リンガフランカ」言説によって社会の種々の実態がいかに見過ごされているかを問うことである。たとえば，前述したように，英語は必ずしも共通語として機能しないという実態がなぜ軽視されるのかという点である。あるいは，英語をマスターするために身銭を切ることができる人とできない人がいるという構造的不平等がどうして顧みられないのかという点である。英語話者，とりわけ外周円と拡張円の国の英語話者は，概してエリート階層の国際人である。それゆえ，権力の言語たる英語をあやつる能力の獲得に必要な文化資本・経済資本・社会関係資本を有していて，だからこそ高い社会経済的地位が維持できるのである (Bruthiaux 2002; Lin & Martin 2005; Phillipson 2003; Ramanathan 2005)。Phillipson (2009a: 337) が述べているとおり，「英語を学ぶべきかどうか選択できること自体が贅沢なことであり，旧植民地のエリートとちがって，世界中の『持たざる者』はそのような選択肢を享受できない」。より公平な経済システム・教育システムが設計されない限り，グローバル英語は持てる者と持たざる者との間の格差を作り続けるのである。この「英語と特権の結びつき」について，次節でさらに検討しよう。

1.4 特権としての英語力

「英語＝世界のリンガフランカ」言説によってかきたてられるイメージは，世界中のすべての人々がこの素晴らしい言語によってつながることができるというものである。しかしながら，Graddol (2006) が述べているとおり，英語を第一言語または第二言語として話さない人々は世界に50億人おり，実に世界の人口の4分の3以上は非英語話者である。Phillipson (2003) も，世界人口の大半は英語力を持たないという事実に関連して，ナイジェリアやケ

ニアといったアフリカの英語国でさえ，流暢な英語話者は人口の10%にも満たないと指摘している。

　では，英語話者という「少数派」に含まれる人々とは，一体どのような人々なのだろうか。外周円と拡張円の国々において，英語使用者は文化的・社会経済的に高階層の人々であることが多い。「英語＝世界のリンガフランカ」言説によってさまざまな英語教育の充実化が進められたが，学習機会は必ずしもすべての人々に平等に行き渡っていない。とりわけ，日本のような資本主義社会においてはそうである。したがって，「英語＝世界のリンガフランカ」言説は社会経済的不平等を助長させることさえありうるのである。

　現代日本の社会経済的不平等は，1990年代後半から始まった新自由主義的な構造改革によって拡大した。そして，この構造改革は，教育一般における機会の不平等も生み出した。東京大学大学院教育学研究科大学経営・政策研究センターが行った最近の調査では，高所得世帯(年間所得が1200万円以上)出身の子どものうち62.8%が4年制大学に進学するのに対し，低所得世帯(年収200万円未満)の子どもでは28.2%しか進学していない[6]。この調査結果が意味しているのは，20歳前後の日本人が受ける英語教育の量には，家庭の経済力に起因した大きな格差が存在するということである。

　格差は高等教育だけでない。近年人気を集めている早期英語教育にも教育格差は存在する。雑誌『子ども英語カタログ』では，プレスクールと呼ばれる就学前教育施設の急増が報じられている。プレスクールとは，英語による授業が1日の大半を占める日が少なくとも週1日以上ある教育施設のことで，その数は2001年の18校から2008年の293校へ大きく増加している。プレスクールの約70%で授業料は年間60万円を超える。したがって，低所得層の親の大多数にこうした教育を子に施す余裕はない。このようにして，社会経済的格差がイングリッシュ・ディバイド，つまり英語力を持った人々と持たない人々を選別するシステム(山田 2006)を生み出しているのである。TOEICのような商用テストで測定された「英語力」が一部の企業で就職試験や昇進のための選抜手段としてすでに使われている。しかし，さきほど述べたとおり，こうした企業の方策は仕事現場の実際の言語的ニーズを必ずしも反映しているわけではない。その一方で，英語が世界的に拡散することによって英語教育産業・英語テスト産業は利益を得ている(Bruthiaux 2002)。

---

(6) http://ump.p.u-tokyo.ac.jp/crump/cat84/post-20.html 参照。

2. 日本における多様性

「英語＝世界のリンガフランカ」言説によって構築されている知識は他にもある。そのひとつが，言語の異なる人々のコミュニケーションがどのようなものか，また，どのようなものであるべきかについてである。これは国際的コミュニケーションだけでなく国内での外国人とのコミュニケーションについても言える。Matsuda(2002)による，中学校の検定済み英語教科書 7 冊の内容分析は，この点を実証している。Matsuda の分析によれば，5 冊の教科書で英語使用場面(架空のもの)のほとんどが日本を舞台としていた。また，教科書にはネイティブスピーカーとノンネイティブ間の対話がノンネイティブ同士のものよりも多かった。多くの中学生がこのような教科書を手にしている以上，相当の真実効果が生み出されていると考えたほうがよいだろう。たとえば，日本国内で外国人と出会う場面をイメージしたとき，多くの生徒はその外国人は英語のネイティブスピーカーだと思うかもしれないし，その際は英語でコミュニケーションしなければと感じるかもしれない(津田 1990 参照)。しかしながら，日本の現在の言語状況は教科書が喚起するイメージとはかけ離れている。

2.1 日本の状況

日本は，一般に，単一言語・単一文化の国だと考えられている。しかし，日本には以前からさまざまな民族や言語が存在しており，しかも，その多様性は着実に高まっている。この点については，Gottlieb(2008)による詳細な議論が参考になる。まず，先住民族の言語としてアイヌ語と琉球語が挙げられる。しかも，両言語には地域によってさらに多くの方言が存在する。アイヌ語・琉球語の話者は多くが標準日本語話者に同化されてしまっているが，両言語を再興しようとする試みも限られた規模ではあるものの行われている。また，移民の増加によって新たなタイプの多様性も生まれている。Gottlieb(2008)の推計によれば，日本語以外では少なくとも 25 の言語が外国籍住民によって話されているという。政府の統計によれば，外国人登録者の数は 2008 年まで増加の一途をたどっていた。ピークの 2008 年には，外国籍者が日本の総人口に占める割合は 1.74% だった(2012 年には 1.6%)[7]。2008 年時点の外国籍者を国籍別に見ると，最多のグループが中国で 29.6%，

---

(7) http://www.moj.go.jp/content/000117965.pdf 参照。

次いで韓国・朝鮮の 26.6%，以下，ブラジル(14.1%)，フィリピン(9.5%)，ペルー(2.7%)，米国(2.4%)と続く(「その他」は 15.2%)。2012 年には，中国(32.1%)，韓国・朝鮮(26.1%)，フィリピン(10.0%)，ブラジル(9.4%)，ベトナム(2.6%)の順になっている[8]。

　韓国・朝鮮籍者の大部分は 4，5 世代前から日本に住んでいる在日コリアンであり，「ニューカマー」の外国人とは異なる。したがって，言語的には日本社会にとけ込んでいるが，韓国・朝鮮語を継承語として保持している在日コリアンもおり，その中には日本に帰化した在日コリアンも含まれる。中国籍者の多くも戦前から日本に居住している華人にルーツを持ついわば「オールド・カマー」だが，近年では中華人民共和国出身者をはじめとするニューカマーも増えている。この結果，2007 年には，中国籍者が外国人の中で初めて最多のグループとなった[9]。

　南米からのニューカマーは 1990 年の改正入国管理法の施行を機に増加し始めた。同法の改正により，日系 3 世までとその家族に日本国内での居住・就労が法的に認められ，多数の日系人が来日したのである。日本から南米(特にブラジル・ペルー)への移民が始まったのは 20 世紀初めである。当時，南米各国には農業労働者に対する大きな需要があった。そのおよそ 1 世紀後，今度は日本側の労働力需要が多数の日系人家族を日本に呼び戻したことになる。一方，中国やその他のアジア諸国から多数の外国人が訪れるようになった背景には 1993 年に施行された外国人技能実習制度がある。この制度では，外国人の職業訓練生に最長 3 年間の在留資格が与えられている。このような移民労働者とはまた別に，中国残留孤児やサハリン残留孤児(およびその家族)といった別のタイプのニューカマーも日本には存在する。なお，ニューカマーの多くは製造業に従事している。

　2008 年に起きた世界的な経済危機により多くのニューカマーが日本を去ったが，政府は外国人を呼び寄せるために新たな方策を構想している。たとえば，2008 年に始まったインドネシア人およびフィリピン人看護師・介護福祉士の受け入れ制度である。両国との 2 国間経済連携協定に基づき，2008 年に 208 人のインドネシア人看護師・介護士が来日し，その翌年には 310 人のフィリピン人看護師・介護士が日本を訪れた。なお，外国人看護師

---

(8) http://www.moj.go.jp/content/000117967.pdf 47 ページ参照。
(9) http://www.moj.go.jp/content/000049970.pdf 参照。

が3年の研修終了後も日本で働き続けるには，日本語による看護師国家試験に合格しなければならない。そのほかには，2008年に発表された「留学生30万人計画」がある。これは2020年までに留学生を30万人に増やそうという計画である[10]。この前身は，1983年に発表された「留学生10万人計画」であり，2001年までに10万人を受け入れるという目標をかかげていた（実際の目標達成は2003年）。この方策には日本経団連の提言が反映されており，たとえば留学生に卒業後も日本で就職してもらうための支援策なども盛り込まれている。同計画は大学に対して英語で受講可能なコースを増やすよう提言もしているが，財界の期待としては日本語が堪能な留学生に就職してもらうことである[11]。こうした政府の方策からわかるとおり，外国人の日本社会への統合がすすむにつれて，地域の人々が外国人と交流する機会も日に日に増している。

2.2 調査地，葉州の多様性

アルフレッドと私たちの出会いの舞台として本章冒頭で登場した葉州市は製造業が盛んな都市である。日本国内にある製造業の町は近年どこも人口の様相が大きく変わり，その点では葉州市も例外ではなかった。その多様性は統計を見るだけでもわかる。葉州市の人口は16万人強。1990年には700人程度だった外国人登録者は2007年までに6000人を超えた。人口の3.7%を外国人が占める計算になる。2007年時には外国籍住民の多くがブラジル人（約50%）であり，ほかには中国(17%)，ペルー(8%)，韓国・朝鮮(6%)，タイ(4%)の国籍を持つ人々も住んでいる[12]。筆者が外国人住民と接した体験では，彼らのほとんどが全くと言っていいほど英語ができなかった。逆に葉州に住む英語のネイティブスピーカーのほとんどは英語教師である。また市内には日本語学校も2校ある。主に中国や東南アジアの学習者が日本で大学進学するために日本語を学んでいる。市内にある2つの大学・大学院では，主に中国・韓国，そしてアジアの発展途上国出身の留学生を多数受け

---

(10) www.mext.go.jp/b_menu/houdou/21/03/1259150.htm 参照。
(11) 海外技術者研修協会（現・海外産業人材育成会）によってまとめられた調査報告書を参照。
(12) ただし，最近のデータには2008年の世界的な金融危機による人口減少が反映されている。2009年9月時点の外国人人口は4322人で，人口の2.9%を占めている。最大グループがブラジル(37.4%)で，以下，中国(23.4%)，ペルー(8.6%)，韓国・朝鮮(7.2%)，インドネシア(5.2%)，タイ(5.0%)，ボリビア(2.7%)，フィリピン(2.0%)と続く。

入れている。

　日本の外国籍住民の多くは製造業の盛んな都市に集中している。実際，葉州市も「外国人集住都市会議」の一員である。同会議に加盟している26の自治体(2008年)は，外国人が総人口の2%から16%(平均5.5%)も占める自治体である。この会議は2001年より毎年開かれており，医療や教育，地域における支援，治安の問題について議論が重ねられている。

　ニューカマーには子どもや未成年者も含まれる。したがって，日本の学校は過去に例がないほどの多様性に直面している(Kubota & McKay 2009; 本書第6章参照)。一方，成人のニューカマーにとっては，どうしたら公的なサービスが受けられるか，そして，いかに地域の日常的な活動に参加していくかが重大な問題になっている。こうした地域参加・社会統合を実現する上で，コミュニケーションの重要性は非常に高い。というのも，アルフレードがまさにそうだったように，ニューカマーの多くが英語を話さないからである。葉州市役所では，日本語以外の言語に堪能な職員が住民のサポートにあたっている。また，市内の学校で日本語のサポートが必要になった場合は，バイリンガルのスタッフが派遣されるようになっている。さらに，公的文書や広報にはポルトガル語・中国語・スペイン語・英語に翻訳されているものもある。一方，葉州市の日本人住民はこうした多様性に直面しつつ，同時に，地域の言語的ニーズとはかけはなれた「英語＝グローバル・リンガフランカ」言説も抱いている。そこで次節では，この言語的ニーズに注目し，関連する2つの事例を比較したい。ひとつは筆者が葉州における調査の中で体験したことであり，もうひとつは調査協力者のサオリが語ってくれた海外旅行での体験である。

3. 言語的ニーズ—葉州そして海外での体験から—
3.1　調査者としての体験

　2007年1月，筆者は1年間のフィールドワーク調査のため米国から葉州にやってきた。英会話教室など正規の教育機関以外の場所で英語を学ぶ日本人の成人学習者を調査することが目的であった。調査者として葉州市に滞在している間，日常的な会話は完全に日本語だけになり，英語はEメールのやりとり以外には使わなくなっていた。

　2007年の間に面と向かって英語を使った場面といえば，自分の専門に関

係するものしかなかった。たとえば、通算5回の学術講演やネイティブスピーカーの英語教師へのインタビューなどで、あとは、女性グループに英会話講師を頼まれたとき、そして、英語話者の友人らと旅行に出かけた際(計4回)である。こうした英語使用は、みな生活基盤が海外であったからこそ必要になったものであって、葉州市での生活上の必要によるものではなかった。

葉州市に滞在している間、外国籍住民へのボランティア活動を手伝った。というのも、地域での英語学習の役割・意義を検討する上で、さまざまな民族や言語があふれる葉州市の状況を理解しておく必要があったからである。

参加した地域活動は次のようなものである。

1. 「第二言語としての日本語(JSL)」のグループ指導。(毎週行われているボランティアによる日本語教室)
2. ペルー出身の年配夫婦と若者3名に対する日本語の個人指導
3. 外国籍児童生徒のための指導補助。たとえば、
    - 小中学校でのボランティア指導
    - ペルー出身の男子中学生の就学サポート
    - 外国籍の子ども・親を対象にした高校進学相談会への参加
4. 成人外国人へのサポート。たとえば、
    - 日本の大学院に進学を希望する中国人留学生のサポート
    - 大学院に通うエジプト人留学生の通訳
5. 催し物への参加。たとえば、
    - ブラジル連(グループ)の踊りに加わり夏祭りに参加
    - ブラジル人コミュニティで行われた、「子どもポスターコンテスト」の審査員
    - ブラジル祭りでの調理の手伝い
    - さまざまな外国人が集うクリスマス・パーティへの参加

上記の中で、英語が必要になった場面はほんの数回だけだった。数少ない英語使用のひとつが上記2の日系ペルー人の女性、カミラとの会話である。カミラはペルーの大学に通っているが、日本で働くため一時休学していた。私がカミラとカミラの友人といとこ知り合ったのは上記1つ目の日本語教室である。そこで、カミラたちから頼まれて、私は日本語の個人指導も引き

受けたのである。ペルーですでに英語を学んでいたこともあり，カミラは英会話ができたが，日本語はおぼつかなかった。一方，筆者のスペイン語も片言だったので，意思疎通を図るため英語を使うことが時々あった。もう一例は，エジプト人留学生の通訳である。その留学生は，妊娠中の妻と一緒に市内の病院で開かれた「母親講習」に参加していた。この通訳はずいぶんとまわりくどい作業になってしまった。というのも，妻は英語が話せなかったからである。そこでまず筆者が看護師の説明を日本語から英語に通訳し，今度は夫がそれをアラビア語に通訳した。しかし，これはどれだけ役立ったのか疑問だった。というのも，夫はある程度日本語を理解できたからである。したがって，本当に必要だったのは，アラビア語・日本語間の通訳だった。

　それ以外はすべて，日本語あるいは話者の母語が使われた。たとえば，ポルトガル語話者とスペイン語話者の間の会話ではスペイン語話者が大幅に歩み寄ってコミュニケーションを成立させていた。これは，葉州のポルトガル語話者コミュニティの人口のほうが多かったためだろう。この例が示すように，異なる文化がひしめくコミュニティでは，筆者が見る限りほとんどすべての場合，英語がリンガフランカとして使われることはなかった。

3.2　海外での英語学習体験—サオリの場合—

　本章の冒頭で登場したサオリとカズオの話に移ろう。英会話レッスンが終わった後に，合計3回のインタビューを行った。カズオは37歳の独身男性で，葉州市内のメーカーに勤めていた。サオリは近々結婚を控えた32歳のはつらつとした女性で，言語聴覚士の常勤職員として葉州市内の病院に勤めていた。サオリに語ってもらった海外での体験は，筆者の葉州市での体験とは対照的で興味深いものだった。

　サオリの英語学習の理由はきわめて実用的なものだった。「世界制覇」という夢を実現するためである。サオリは年に5,6回は海外に行くほどの旅行好きで，すでに25ヶ国以上を訪れていた。旅行中にサオリが経験したトラブルは数多い―荷物をなくしたり，フライトがキャンセルになったり，行き先が変更になったり等々。こうした経験からサオリが痛感したのは，トラブルの解決に必要なのは主にリスニング能力だということだった。サオリの英語学習の当初の動機はニュージーランドの高校に留学していた兄の影響だった。ただ，サオリの旅行熱は英語圏の国だけにはとどまらなかった。実際，サオ

リが訪れた国はすべて非英語圏であり，ほとんどがアジアの国々だった。

　サオリは一般的には英語は役立つと認識していた。同時に，標準的ではない発音も理解できなくてはならないとも感じていた。というのも，サオリが訪れた東南アジアの多くの国々で話されていた英語には地域特有の訛りがあって，聞き取るのに苦労したからである。さらに，英語はいつでもどこでも役に立つわけではないことも理解していた。サオリは大学時代に，ゼミの一環として1ヶ月間NGO活動でインドを訪れ，スラムや農村でボランティアをしたことがあった。生活環境は厳しく，一緒に参加した学生の多くは途中で脱落してしまったが，サオリは最後まで残った。旅行の始めに短期間滞在した中流階級の家庭では，少なくとも1人が英語を話せたという。しかし，社会階層が下にいくほど英語によるコミュニケーションは難しくなっていった。スラムに出向く前にタミル語のレッスンを少しだけ受けたが，スラムの人々はタミル語ではなくテルグ語を話していた。サオリは身振り手振りでコミュニケーションをとり，意思疎通はとてもうまくいったという。

　英語でコミュニケーションができなかった場所は，他には中国，韓国，台湾，ブラジルなどがあった。こうした国々ではさまざまなコミュニケーション手段を使うことになった。台湾と中国の場合，相手が英語を知らないときは漢字を書いて意思疎通をした。台湾には，英語で話しかけると日本語で答えてきた人もいたので，そのときは日本語を使った。中でも，モンゴルでのホームステイはだれも英語をしゃべらなかったので一筋縄ではいかなかった。みなモンゴル語で話しかけてくる状況下でサオリが思ったのは，片言英語で返すよりも日本語で気持ちを伝える方がよほどうまくコミュニケーションができるということだった。

　インタビューした成人英語学習者には多様性の尊重や日本人としての誇りを述べるものはほとんどいなかったが，サオリは例外だった。サオリが同じ日本人の旅行者に特にいら立ったのはモンゴル旅行のときである。日本人旅行者は，水や飯がない，風呂にも入れないと不満を口にし，そうした悪条件でも楽しくやっていける柔軟性や知識に欠けていた。サオリはそうではなかった。たとえば夕食では，自分がある程度食べられるものを見つけてそれを美味しく食べる，そして，口に合わないものは少しだけ食べるという形で異文化とつきあおうとしていた。「物差しが，日本人って結構小さいなっていうか。…もっといろんな物差し持てば楽なのにって」とサオリは言った。

日本人旅行者の了見の狭さに批判的なサオリだったが，英語が国際語であることは当然といわんばかりに英語で何事も押し通す欧米人にも批判的だった。サオリは，英語がしゃべれなくてもジェスチャーでなんとかして意思疎通を図ろうとする日本人には肯定的だった。つまり彼女が高く評価したのは，彼女なりに判断した「日本人らしいコミュニケーション方法」である。サオリは英語以外の言語学習にも積極的だった。旅行ガイドブックを見ながら，現地語のあいさつや単語を学んだりしていた。ブータンで丸一日足止めを食ったときなどは，見知らぬ人からその地の言語を学んだりもした。

　世界中を旅してきたサオリにはコスモポリタン的な視野があった。各地域にさまざまな英語があることを知っているし，どこでも英語が通じるとは限らないことも理解している。また，非言語的なコミュニケーション手段が役立つこともよくわかっている。現地の人々のことばを学ぶのも好きで，異質なものに対するコスモポリタン的態度も持っていた。また，サオリは英語が話せる人々や世界を旅する人の多くが社会経済的に恵まれた地位にあることにも気づいていた。サオリ曰く，海外にいる韓国人旅行者は高い英語力を持っているが，それは「ある程度お金を持っている人が行っていると言うのがあるのかもしれないけれど」と。こうしたサオリの気づき・態度・能力は次に提案したい「英語教育・英語学習のグローカル・アプローチ」に通じるものである。

4．「英語教育のグローカル・アプローチ」に向けて

　「グローバリゼーション」という語はなじみ深いものだが，「グローカリゼーション」はそれほど頻繁には聞かないだろう。しかし，現代日本やそれに似たような状況にある国々で，もし新たなアプローチの英語教育に取り組もうとするならば，「グローバリゼーション」と「グローカリゼーション」，そしてなじみのない概念ではあるが「グロースバリゼーション (grobalization)」（grobalization: growth + globalization：多国籍企業の拡大と地域社会への影響 —訳者注）(Ritzer 2004) についてあらかじめ考えておくことは有用だろう。

　まず，グローバリゼーションについてだが，これは文化的・経済的・政治的な過程を含む，複合的な現象である。ジョージ・リッツァの定義によれば，グローバル化とは「人々の行動が世界中に広がること，海を越えて各国・各地域の相互関係が強まること，人々の社会生活が世界規模で組織化さ

れること，そして共通の感覚が世界中に浸透すること」(Ritzer 2004: 72)である。つまり，グローバリゼーションは世界中が同質化していく傾向と特徴づけられる。そのため，グローバリゼーションは異質性(heterogeneity)・雑種性(hybridity)に基づく「グローカリゼーション」と相対するものだと考えられている。グローカリゼーションの定義は，「地域が異なれば，グローバリゼーションの結果は，それぞれの地域によって異なるとする，グローバル性・ローカル性をめぐる考え方」(Ritzer 2004: 73)である。このグローカリゼーションというプロセスは，地域間・地域内の微妙な違いに敏感に反応するものであり，その点で，各地域に生きる個人はその地域特有の「ローカルらしさ」を創り出す主体だと規定されている。その上で，グローバリゼーションに対して「国家主義的な偏狭から，コスモポリタン的な包摂」(Ritzer 2004: 77)まで，さまざまな反応を引き起こすものである。リッツァによれば，グローバリゼーションは概念としてあまりに広く，包括的すぎ，また研究者はグローカリゼーションばかりに注目しがちであるという。

　したがって，もっとバランスのとれた議論を行うためには，「グロースバリゼーション」(grobalization)にも注目すべきだとする。グロースバリゼーションとは，「国家や企業，組織その他の帝国主義的な野心，そして世界の諸地域にまで自分たちの野心を押しつけようとする欲望 ―そして実際のところ，単なる欲望にとどまらず，現に押しつけざるを得ないという必要性でもある」(Ritzer 2004: 73)と定義される。グロースバリゼーションには，資本主義，アメリカ化，そしてマクドナルド化[13]の3つのプロセスがある。このように，グローカリゼーションとグロースバリゼーションは鮮やかな対照をなす。前者は複数性を重視し，各地域がさまざまなものや概念を雑種的に創り出すことに意義を見いだす。その意味で，異なる言語が出会うことで新たな形態が生まれるクレオール化もグローカリゼーションのひとつである。一方，後者のグロースバリゼーションが持つ特徴は，同質性・均質性・純化であり，標準的な言語の地位を温存し，それを押しつけようとする欲望に表れている。

---

[13] マクドナルド化もリッツァによって提唱された概念である。マクドナルド化は，ファストフード産業やショッピングモール，コールセンターなどに見られるもので，効率性・計算可能性・予測可能性・制御・標準化といった特徴を持つ。また，マクドナルド化は現代の社会構造や制度のあり方を支配しつつあるとされている(Ritzer 2004)。第二言語習得研究にこの概念を適用したものとしては，Block(2002)を参照。また，日本の英語教育の商品化については，Seargeant(2009)を参照。

グローカリゼーションとグロースバリゼーションは，英語の役割や日本内外での英語教育のあり方に当てはめて考えることができる。英語の拡大は，グロースバリゼーションのプロセスとして，言語帝国主義の観点から批判されている(Phillipson 1992, 2003, 2009a)。英語教師に必要なのは，自身の教育活動や英会話産業，テスト産業に対するクリティカルな意識である。なぜなら，これらは，「英語＝優れた言語」というイメージだけでなく，アングロサクソン文化や白人性，標準英語，ネイティブスピーカーの優越性をも温存させかねないものだからである。

反対に，英語教育でグローカリゼーションのパラダイムに近接するものとしては，ポスト植民地主義的な「抵抗」や「雑種性」に注目した英語教育研究が挙げられる。ただ，それ以上に，グローカル・アプローチは学習者の言語に対するクリティカルな意識を高め，越境コミュニケーション能力を伸ばす。こうした意識・能力によって，さまざまな文化・民族・人種・言語との接触領域(contact zones)に，積極的かつ批判的に関与することが可能となる。

4.1 グローカル・アプローチ

ポスト植民地主義的な「抵抗」のパラダイムは，第二言語教育の分野では，クリティカルな研究者によって論じられている(Canagarajah 1999a; Lin & Martin 2005; Lin et al. 2002)。このパラダイムは，英語およびアングロサクソン文化のヘゲモニー(覇権)に抵抗しながら，学習者の抑圧されたアイデンティティ，知識，そして日々の実践の回復をめざす。そして，同時に，学習者自身がアイデンティティや世界観を表現する手段として英語を占有(appropriate)することを促す。つまり，中心円における標準英語，そして，アングロサクソン文化の規範に隷属した状態から離脱しようとする方策である。ここで必要なのが，「西洋」の支配的な知識を(そして，言語をも)脱構築し，ローカルの知識を再認識することである(その例が，英語でゴリ押ししない日本人旅行者のコミュニケーション方法を肯定したサオリである)。また，支配的な知識を自分自身の目的のために占有することや権力の関係を再構築することも重要である。ローカルな知識に向き合うことで，異なるコミュニティのかたすみに追いやられた知識の伝統についても理解を広げるべきなのである(Canagarajah 2002)。

この点から見れば，固定化・本質化された社会的実践・事物ではなく，雑

種性こそが教育上の焦点であり，目標である。ある地域が生み出した食生活・音楽・芸術のような文化的産物は世界中のさまざまな地域の文化と接触することで，雑種的な文化が新たに創り出されてきた。それとまさに同じように，言語と文化も固定的・均質的な存在ではもはやないのである。

　ポスト植民地主義的抵抗と雑種性に加え，英語教育のグローカル・アプローチでは言語的多様性も重視される。とくに，世界における英語の多様性 (world Englishes) や国内での英語の多様性に見られる言語的バリエーションに教育上の関心を払うことが重要である。さらに，グローカル・アプローチでは，既存の形式にとらわれない言語の創造的な使用と独創的な文化表現も追求される。しかし同時に，ローカルの知識の肯定がローカル文化・ローカル言語を本質化・理想化するような排他性につながってはならない。ローカルの復権が，反動的なナショナリズムに転じ，ひいては，新たな帝国主義を生み出す危険性を秘めていることには注意すべきである (Amin & Kubota 2004)。また，グローカル・アプローチは，言語指導の対象を支配的なものから独創的・創造的なものに完全に塗り替えてしまおうとしているわけでもない。標準的な言語ルールを徹底的に学習すれば自分の社会的地位の向上に役立つことは確かであり，また，マジョリティ集団に異なる視点を伝えることもできる (Delpit 1995)。一方，言語による相互理解が目標である場合，ネイティブスピーカーの規範に準じたコミュニケーション手段を使う必要はない。リンガフランカとして意思疎通の中核になるような言語規範に準拠すればよいだけだからである (Jenkins 2000)。

　グローカル・アプローチの焦点は，特定の地域のローカル性だけではなく，むしろ国の境界を超える性格のものである。つまり，異質性やコスモポリタン性に基づくグローバルなコミュニケーションが目標なのである。このように，グローカル・アプローチでは，抵抗や雑種性という枠組みにとどまらず，越境コミュニケーションの能力 (border-crossing communicative competence) を育成することが重視される。このアプローチで育みたいのは，まさにサオリがよい例だが，言語・文化に対する「気づき」「能力」「態度」である。その内実は単なる英語による雑種的なコミュニケーションにはとどまらず，クリティカルな意識と「プラクシス」(praxis：批判的内省と行動) を伴った多言語主義的な実践をも含む。冒頭で紹介したエピソードや本章で紹介した事例からわかるとおり，越境コミュニケーションのすべての場で英語が必要な

わけではない。そのような状況でとれる方策は，相手との対話そのものを避けるか，英語は使わずにコミュニケーションを試みるか，の2つである。グローカル・アプローチが推奨するのは後者である。こう考えるならば，外国語としての英語教育に求められるのは，まずは暗黙の前提を根本的に変革すること，そして単に言語を教えることにとどまらない革新的な越境コミュニケーション教育を実践することである。この「越境コミュニケーション」という用語には，社会的・文化的・言語的背景が互いに異なる人々の間で行われるコミュニケーションという意味が込められている。したがって，これは国際場面だけでなくローカルの共同体でも生じうるものである。

　越境コミュニケーションで必要なのは英語はリンガフランカとして通用しない場合もあるという自覚，そして，人との対話には英語以外の方法もあるという認識である。また，寛容な態度も不可欠である。たとえば，言語が異なる人であっても敬意をもって対話しようとする態度や，相手の言語を学ぼうとする積極性である。この意味で，グローカル・アプローチの言語教育は多言語主義を重視する。また，グローカル・アプローチにおける越境コミュニケーション能力には言語規範へ柔軟に対応できるようなスキルも含まれる。つまり，状況や目的，そして，対話者の多様な言語的背景に応じて，特定の規範にどれだけ従うか調整する能力である (Canagarajah 2007b; Seidlhofer 2004)。日本国内にいる日本語の非母語話者との意思疎通の場合は，日本語が通じることもあるかもしれないが，日本を出れば，共通の言語を持たない人々と対話する場面も出てくるだろう。そのような状況において，コミュニケーション・ストラテジーと調整能力が重要になる。たとえば，ジェスチャーや絵など言語以外の手段を利用したり，相手がどんな言語をどれだけ使えるのか判断するスキルである。また，対話中は視線を合わせ熱心に聴く努力をしたり，相手の言語能力に合わせてシンプルな表現や別の表現に言い換えたり，ゆっくり話したりすることも大切である。以上のようなストラテジーは Seidlhofer(2004) も提案しているものだが，Seidlhofer が念頭に置いているのは英語をリンガフランカとした異文化間コミュニケーションだった。だが，グローカル・アプローチはリンガフランカとしての英語に限定されるものではない。グローカル・コミュニケーションは言語を超えた越境コミュニケーションの能力を育むことをめざしているからである。

　さらに，グローカルな越境コミュニケーションのための教育が基礎とすべ

きものは，権力に対するクリティカルな意識とプラクシス，つまり批判的内省・行動である(Freire 1998)。グローカルなコミュニケーションでは，学習者にとってあまりなじみのない背景を持った人々—たとえば，人種・民族・言語・文化・社会経済的階層が異なる人々—との間で対話がよく行われる。ただし，対話相手との関係は最初から対等ではない場合も多い。なぜなら，私たちは，言説によって構築された権力関係の中に常に置かれているからである。たとえば，日本で「バイリンガル」というと，日本語と英語に堪能な人を指すことが多く，しかも，「格好よい」「洗練されている」といったイメージと結びつきがちである。ところが，日本語と韓国語(あるいはそれ以外の言語)の「バイリンガル」の場合，羨望や注目を集めることは珍しい。この差は，言語によって与えられている地位がいかに不平等であるかをよく示している。越境コミュニケーションに積極的に取り組む上で必要なことは自分たちの日常経験のあらゆる場面に不平等が存在することを認識し，それに対し批判的な意識を持つことである。そして，不平等な権力関係を維持する支配的な言説に対し，すすんで反対していくことである。同時に，このような意識を，プラクシスを通じた積極的な実践に統合する必要もある。その上で，当然と思われている社会慣習が不平等な権力関係を維持していることに気づき，それを変革していくことが必要である。プラクシスに必要なのは自己の思考と行動を常に批判的に振り返ることである。たとえば，前述の「なじみのない言語には関心が集まらない」という考えも権力関係を固定化してしまう言説であり，これもまた批判的に再検討されるべきものである。したがって，必要なのは，言語間・民族間の関係について固定観念を打ち破るような社会実践に注目することである。たとえば，現在の日本で韓国語学習ブームが起きていることや，ポスト民族的な多文化アイデンティティの一部としてアイヌの先住民性が「クール」と見なされていることなどは注目に値する(Maher 2005)。したがって，言語の専門家が取り組むべきは「可動的プラクシス」である。つまり，言語や文化，民族のようなさまざまな社会的カテゴリーについての理解と政治的取り組みを絶え間なく更新していく必要がある(Pennycook 2001: 173)。

5. 結論

　筆者とアルフレード，サオリ，カズオの間で起こった出来事や，アルフ

レードとモリーンの対話は，多くの日本人が日常経験する出来事とはかけ離れているかもしれない。同じように，英語話者と英語で話すようなことも，日本に住む多くの人々にとってめったにないことだろう。現在，日本やその他の国々でますます英語教育が重視されているが，こうした現状では，言語間の接触領域が見過ごされ，「英語＝グローバル・リンガフランカ」言説ばかりが増殖していき，すでに特権を得ている人々ばかりが利益を得ることになってしまうだろう。

　地域の多様性が拡大し，グローバルなコミュニケーションであれ地域でのコミュニケーションであれさまざまな言語に対応する必要性が増加している。こうした状況である以上，英語教育が問題視しなければならないのは，中心円の標準英語に基づく規範であり，白人英語母語話者の規範である。また，日本でのグローカルな言語教育では，英語ができれば多くの人とコミュニケーションができるという有用性を認めた上で，「いかに正確か」よりも「どれだけ通じるか」に主眼を置いた英語教育を推進していく必要がある。同時に必要なのは，ポストコロニアリズム的な抵抗や雑種的な英語使用に対応する枠組み，さらに英語に限定されることのないような越境コミュニケーションへの認識・態度・能力である。グローカル・アプローチによって学習者は，言語，文化，そして人々の多様性を認識できるようになり，そしてその多様性を肯定し，積極的に関わっていけるようになる。なお，多様性そのものに対しても批判的に考えることが必要である。さまざまな社会的集団が出会った結果生まれた多様性は，権力関係における対等性を意味するわけではないからである。そして，多様性の中に存在する不平等な権力関係は決して固定的なものではない点を理解することも重要である。このように，グローカル・アプローチへの第一歩は地域の言語的多様性，たとえば，韓国語・中国語・ポルトガル語・アイヌ語・琉球諸語・地域の方言などに注意を払うことかもしれない。個々の児童生徒が持つ差異も重視すべき多様性の一要素である。こうした観点を念頭に置いて，多様性に対して積極的に関わっていくことが必要であろう。

4章

言語道具主義への問い[1]
―英語・新自由主義・日本における言語テスト―

はじめに

　国際語としての英語を学ぶことは，世界の多くの地域でますます推進されている。こうした英語偏重を支えるのは，つぎの2つの前提である。1つ目は，ITや対人スキルを必要とするような職種からなる知識経済には英語力が不可欠なものであるということ，そして2つ目は，英語のスキルが向上すると，国の経済競争力が強化されると同時に，個人への経済的見返りも増えるということである。これらの前提が，経済発展や社会移動といった実利的なゴール達成のためには言語スキルが有用であると強調する言説，つまり言語道具主義を構成している(Wee 2008)。この言説は，言語教育政策，そして語学産業やテスト産業によって形づくられ，不動のものとなっている。英語遍在は否定できない傾向ではあるものの，こうした言説の前提に対しては批判的な吟味が必要である。言語経済学の研究は，外国語の熟達度と経済的利益との複雑な関係を明らかにするために大規模な量的研究アプローチをとるが，一方，質的調査は，言語道具主義が，後に詳しく述べる新自由主義の一部として，どのように個々人の体験と関わっているかに光を当てることができるだろう。

　本章は，日本での質的研究に基づいている。この研究では，正規の教育機関外で「英会話」を学ぶ成人の見解と経験，またそれに関係する人々の経験，さらに仕事のための英語学習と英語使用に関する見解と経験が，どのように言語道具主義という前提を反映しているか，あるいは反映していないかについて調査を行った。この中で特に本章では，中規模の地方都市で仕事につなげようと英語を学ぶ学習者数人と地域のビジネスリーダーたちへのインタビューで得られたデータを分析する。そして，さらにその分析を，TOEICでの高得点獲得をめざして英語を学習する大都市の成人グループに対して行ったインタビューの分析と比較する。この比較により，仕事やキャ

---

[1] Kubota, R. (2011). Questioning linguistic instrumentalism: English, neoliberalism, and language tests in Japan. *Linguistics and Education, 22*, 248-260.（翻訳協力：佐野香織，鬼頭夕佳）

リアと関連づけて理解されている英語の有用性が実際には非常に複雑であり，ジェンダーや地理的要因に影響されることがわかった。この結果は，言語道具主義が常に個人の経済的成功に貢献するわけではなく，むしろ社会格差と関連することを意味している。

1. 新自由主義的言説・人的資本・スキル

　英語教育の推進を支える言語道具主義は，国と個人の両レベルにおいて，英語の熟達度に応じて経済的利益が得られるとする言説である。この言説は，知識経済における人的資本という新自由主義的言説に相応する。

　1970年代の西側先進諸国における景気後退以来，新自由主義は経済，社会，そして教育の改革における優勢なパラダイムとなった(Hursh 2005; Hyslop-Margiosn & Sears 2006; Williams 2010)。新自由主義は，労働・社会運動，そして個人の権利と平等を保障する民主化によってできた福祉国家を，市場原理で社会のすべての側面をあやつるポスト福祉国家へと変える修正主義的アプローチである(Giroux 2006)。新自由主義のもとでは，規制緩和・社会サービスの私営化・雇用制度改革による労働コストの削減を通して，企業の利潤を増やし，国家経済の成長を促すことが期待される(Hursh 2005)。

　労働コストの削減による経済の生産性の追求は，派遣労働・外部委託・パートタイムなどの非正規雇用の増加といった形で表れている。日本の現在の労働構造は日本経営者団体連盟(日経連)が提案する雇用モデルを反映しているが，これによると労働力は3タイプに分かれる。長期的雇用を見据えた正規社員，専門技能を持つ契約社員，そして代替可能な単純労働のための労働力である(日経連 1995)。従来の終身雇用制度は，パートタイマーや短期労働者，そして派遣会社から仕事を請け負う派遣労働者を含むよりフレキシブルな非正規労働者に取って代わられたのである。2005年には，非正規労働者は日本人社員の3分の1に達し，その大半が女性であった(Ozeki & Wakisaka 2006)。こうして，新自由主義的ポスト福祉国家は，雇用概念を「一生の仕事を持つこと」から「生涯雇用されうる状態でいること」へとシフトさせたのである(Tomlinson 2005: 7)。

　人が雇用可能な状態でありつづけるために，学習は成功への重要な鍵と考えられるようになった。この考えを支えるのが，人的資本という概念である。これは，「経済成長にとっては人材—その能力・知識・技能など—が重

要である」(Keely 2007: 29)ことを意味する。人的資本を増やすことは，個人の経済的利益と，企業と国の経済成長の双方に貢献する。個人の自己責任という新自由主義的言説のもとでは，知識経済という変動する労働市場で雇用可能な人材でありつづけるために，必要な知識やスキルを生涯学習によって向上させることに各人が責任を負うよう求められる(佐貫 2003; Williams 2010)。こうした自己主導による学習が要求されることは，「学習資本」(Kariya 2010: 100)と呼ばれる新たな能力が求められることを示唆する。

　生涯学習による人的資本の獲得はキャリア・アップを約束しはするが，人的資本が，異なるグループ間で同量の経済的・職業的富を生むわけではない。たとえば，Blackmore(2006)によると，オーストラリアでは，大学卒業生の間で卒業後3年以内にすでにジェンダーによる賃金の差が見られ，その差はその後さらに広がっている。このことは，「女性に対して，より勤勉に，より長期にわたってパートタイムとして働くことを強いるような，ますます不安定で保証のない労働条件」(Blackmore 2006: 19)を強要し，人的資本と生涯学習の根本的前提に疑問を投げかける。

　新自由主義的言説では，人的資本はスキル獲得によって増加する。ここで，スキルは経済的に生き残るための必要条件として崇められるようになる。Urciuoli(2008)は以下のように述べている。

　　新自由主義的な夢が新たな職場にますます浸透するにつれ，労働者ひとりひとりが，自身を商品化するほどまでに，スキル獲得の責任を負うべきだと見なされるようになった。このように，コミュニケーションやチームワーク，リーダーシップといった典型的ソフトスキルに価値が置かれるようになったのである。

　コミュニケーション・スキルは，経済協力開発機構(OECD)が「言語やコンピューターを道具とし，効果的に使用する能力」(Keeley 2007: 62)とするスキル領域のひとつを成す。コミュニケーションは現代産業社会では口頭での意思伝達と同義とされているため，特に評価されるのは，効果的な口頭コミュニケーション能力である(Cameron 2000)。このスキルは，テクノロジーやコミュニケーションを伴う情報ベースの活動が肉体労働よりも重要な知識経済において，個人に競争力をつけるものとされる。そればかりか，

Urciuoli(2008)が主張するように，コミュニケーション・スキルは，指導マニュアルや評価ツールが企業や公的機関で作成されていることからもわかるとおり，商品として売り出すことのできるスキルとして構成されている。スピーチやリーダーシップといったスキルを売り出すビジネスは，「これらのスキルがあれば，このような成果が得られる，だからこれらのスキルを獲得すべきである」(Urciuoli 2008: 224)というメッセージを送るものであるとも言える。まさに，教育そのものが富を生む新たな市場になったのである。

非英語圏では，グローバル競争に必要なコミュニケーション・スキルと言えば，当然英語のスキルであると考えられている。英語教育は，出版社や語学学校のみならずテスト業界をも含んだサービス提供者に利益をもたらしながら，商品化されてきたのである。

2. スキルという需要の構築―言語政策とテスト業界―

多くのアジア諸国で，英語教育は政府や経済界により強く推し進められてきた。(例：Butler 2007; Hashimoto 2007; Li 2007; Seargeant 2009; Sungwon 2007)。日本では，文部科学省から出された「『英語が使える日本人』の育成のための行動計画」が二段構えのアプローチを要求している(文部科学省 2003; Butler & Iino 2005 参照)。国民全体には，日常会話に必要な基本的かつ実用的な英語スキルの獲得を求め，英語教員には，さらに基本的な能力以上のスキルの育成を求めているのである。この戦略構想は以下のように続く。

> 「日本人全体として，英検，TOEFL，TOEIC 等客観的指標に基づいて世界平均水準の英語力を目指すことが重要である。」(文部科学省 2003: 1)

水野(2008)が指摘しているように，こうした教育政策は財界の要求に影響を受けている。2000 年に，現在の日本経団連の前身団体のひとつ，経済団体連合会(経団連)は教育改革に対する提言(経団連 2000)を発表した。この一部は英語のコミュニケーション・スキル向上への提言に当てられており，口頭でのコミュニケーション・スキルを初等，中等，高等教育において向上させること，TOEFL や TOEIC などのテストで測られる英語の習熟度を企業における雇用や昇進の基準のひとつとして採用することを推奨している。というのも，「英語力は，特殊な能力としてではなく，すべての社員がある程度の水準

まで保持しなければならないものとして考えていくことが重要である」(経団連 2000)からである。もうひとつの経済団体である経済同友会も，教育改革へ向けた同様の提言を 1999 年に発表し，商業テストの利用を推奨している。

前述のテストのうち，日本では TOEIC の人気が飛び抜けて高い。このテストは，Educational Testing Service (ETS)によって 1979 年に開発されたが，実は，ある日本人経営者が日本のビジネスリーダーや官僚 OG に働きかけ，日本人英語学習者を対象とするテストの創設に奔走した結果生まれたテストであるという背景を持つ。2008 年には，TOEIC は 170 万回以上も実施されている(ETS 2009; McCrostie 2009)。現在，日本の TOEIC は，通商産業省(現経済産業省)の支援を受けて 1986 年に設立された非営利団体，一般財団法人国際ビジネスコミュニケーション協会(Institute for International Business Communication: IIBC)によって運営されている。

TOEIC は，リスニングとリーディングの二部門からなり，聴解力・文法・読解力を測る多肢選択式テストである。2007 年には TOEIC スピーキングテスト・ライティングテストが導入されたが，これらは従来の TOEIC とは独立した形で実施されており，知名度もかなり低い。TOEIC のウェブサイトによると，TOEIC は「英語によるコミュニケーション能力を幅広く測定する世界共通のテスト」とある[2]。しかしながら，複数の先行研究において，TOEIC と，面接テストや作文テストなどで測られる話す能力・書く能力との間に高い相関関係が見いだせないことが指摘されている(Chapman 2003)。

国際ビジネスコミュニケーション協会(IIBC)は，活字やオンライン上のメディアを通じて，活発に TOEIC の広報活動を行っている。TOEIC のウェブサイトにはスコアの推移動向や企業・学校・大学で実施した調査結果が掲載されており，どのようにテストが利用され，どの程度のスコアが社員や学生に期待されるかといった幅広い情報を得ることができる。また，IIBC は，日本語と英語の両言語で年に 4 回ニュースレターを発行し，TOEIC がさまざまな文脈でどのように利用されているかについて報告している。これらの広報活動を通じて IIBC が伝えているのは，英語スキルはさまざまな分野で重要であり，テストの受験は英語スキルを測るためだけでなく，人々を言語能力の向上へと動機づけるためにも有効であるというメッセージだ。IIBC はさらに，研究者を巻き込んだリサーチを行い，英語スキルの需要が拡大してい

---

(2) http://www.toeic.or.jp/toeic/about/what/#a 参照。

ること，社員の英語力が現状では不足していること，すべての教育レベルにおいて英語教育の強化が必要であることを強調している(例：ETS 2007)。

確かに，TOEIC はビジネスにおいても学校においても広く利用されているようである。IIBC によると，2009 年の調査協力企業 553 のうちの 64% が英語テストを利用しており，そのうちの 99.4% が TOEIC を採用している[3]。また，2007 年には約 500 の大学が TOEIC を利用している(ETS 2009)。

2009 年，ジャパンタイムズや日刊ゲンダイといったメディアが，IIBC の営利行為に関する疑惑を明らかにした。端的に言うと，非営利団体である IIBC が使途を明らかにすることなく約 80～90 億円を受験料として徴収しており，TOEIC IP と呼ばれる TOEIC のオンデマンド版の宣伝・販売や，インターネット申し込みシステムの管理を担う他の営利法人と親密なつながりを持っているとする疑惑である。このような問題はなにも日本に限ったものではない。アメリカ合衆国の ETS も，企業や政府機関におけるライセンスと資格試験の市場占有率を拡大するため，1996 年に Chauncy Group Internaional という営利目的子会社を設立した(Nordheimer & Frantz 1997)。現在のこのようなあり方を見ると，TOEIC は，需要に応えるためにテストを提供するというよりも，受験料から得た費用で研究や宣伝を行い，それによってテストの需要を作り出していると言えよう。

さらに，こうしたテスト業界のあり方は受験準備のプログラムや教材が市場に溢れる要因ともなっている。大手英会話学校チェーンは TOEIC 準備コースを提供しているし，多くの個人経営の語学学校も同様である。また，Amazon のウェブサイトを見れば，IIBC が出版した実用本を含む，1100 以上の TOEIC 準備用教材がリストアップされている。Urciuoli(2008)が論じているように，測定されるスキルはテストそのものと同様，英語を国際語と見なす新自由主義的言説において商品となったのである。このような論点から，以下のような問いが投げかけられる。TOEIC のようなテストは，日常の文脈においてどのように消費されているのだろうか。また，英語スキルは実際に経済的利益を生むのだろうか。

3. 単なる言語道具主義を超えて

前述のように，言語道具主義は，英語スキルが向上すれば国家の，または

---

(3) http://www.toeic.or.jp/press/2009/23.html 参照。

個人の経済的利益が必然的に増すと見なす。英語と国家の経済発展との関連を明らかにすることは困難であるが，英語スキルと個人的な経済的利益の関係についてはこれまでも研究が行われてきた。Grin(2003)は，第二言語・外国語のレベルがどのように個人の収入に影響するかについての調査結果をまとめ，ある言語に熟達すること(たとえば，カナダ，ケベック州における英仏バイリンガル)は利益をもたらすが，利益の程度は地域やジェンダーによって異なると結論づけている。たとえば，スイスで行われたある研究(Grin 2001)は，一般的に国の全域で収入と英語のレベルは相関するものの，その収入格差はフランス語圏よりもドイツ語圏でのほうが大きいことを明らかにした。また，カナダの研究は，バイリンガルであることによる恩恵が他の州よりもケベック州で大きいことを示している。さらに，先のスイスの研究では，英語のレベルと収入の間に，正の相関が男性においては見られたが，女性ではパターンが異なっていた。女性の場合，英語のレベルと収入はある程度までは相関的に増えるが，英語があるレベル以上になると収入が減るということが示されたのである。これは，高い英語力を持つ女性にフルタイム就労者が少ないためだと考えられる。カナダにおいても，女性より男性のほうがバイリンガルであることの恩恵を受けやすいと見られている(Grin 2003 参照)。

　このことは，言語の熟達と個人の経済的利益が常に正の相関関係にあるわけではないことを示している。こうした関係は，経済的利益という結果に表れるばかりでなく，向上心についても当てはまる。Kobayashi(2007)の研究がひとつの好例だ。Kobayashi は，カナダに留学中のごく普通の日本人女性に焦点を当て，彼女たちが日本でそれ相応の仕事に従事していたにもかかわらず，英語短期留学を理由に仕事をやめた動機を調査した。その結果，彼女たちはキャリア・アップのために英語力を磨くことよりも，海外で生活するという一生に一度のチャンスを生かすことに意味を見いだしていることがわかった。Seargeant(2009)が成人日本人を対象に行った調査でも，英語力が必ずしも職業上の成功につながらないと学習者たちが気づいていることが明らかになっており，言語道具主義を状況に照らし合わせて理解することの必要性を示している。さらに，日本の地方都市の，正規教育機関外で英語を学ぶ成人を対象とした調査でも，英語学習が主に仲間との社交といった楽しみや，バイリンガルや白人英語話者へ恋愛感情にも似た「あこがれ」につながっていることが示された(Kubota 2011c。また Bailey 2007; Kelsky 2001;

Piller & Takahashi 2006; 本書第5章も参照)。楽しみとしての英語学習は，中国においては英語セールスという大規模ビジネスの一部でもあり(Labao 2004)，韓国においても同様である(Park 2009)。第二言語学習へ学習者を向かわせる原動力は，これまで投資という概念を使って研究され，また説明されてきたが(Norton 2000; Peirce 1995)，この結果を踏まえると，これまでの言語の上達と投資という概念に代わり，余暇活動と消費としての学習という新たな視点を言語学習の理解に加えることができる。

　言語の熟達と経済的利益の関係は，英語学習について広く行き渡った新自由主義的言説においては当然のこととされるが，現実はもっと複雑なようだ。仕事を持つ男女にとって，英語学習はそれぞれの人生において道具的な意味だけでなく，さまざまな意味を持つのではないだろうか。学習者の経験は社会実践や言説に影響される。それは，言語スキルを純然たる道具として商品化し，グローバル経済に不可欠なものとして持ちあげる言語道具主義的な言説と両立するかもしれないし，相反するかもしれない。この複雑さは次のような問いをもたらす。成人学習者はどのような志を英語学習に抱いているのか。英語力はどのような形でキャリア・アップや経済的利益をもたらすのか，あるいはもたらさないのか。英語スキルを推進する新自由主義的言説は職場の実践やビジネスリーダーの見解にどのように反映されているのか。経済と言語スキルの関係は量的研究アプローチによって研究されてきたが(例：Grin 2001, 2003)，質的研究を用いれば，個人の生活における英語スキルの意味を，個々の状況を考慮しながら洞察することができるだろう。さらに，ミクロレベルのエスノグラフィ的アプローチによる研究(Canagarajah 2007a)を通して，政府やテスト業界によって推進されてきた言語政策が現場にどのような効果をもたらしているのかが明らかになるだろう。

　本章では，地方の正規教育機関外で英語を学ぶ成人日本人に焦点を当てた質的研究をもとに，これら学習者やビジネスリーダーの経験や見解を分析し，英語スキルが仕事上どのような役割を果たしているのかを考察する。

4. 調査地と方法

　本章の基礎となる研究は，語学学校で英語を学ぶ日本人成人学習者の経験と主体性を質的調査によって明らかにしようとしたものである。外国語会話教室は，2005年の年間売上高が1928億円にものぼる巨大産業である(経

済産業省 2006)が，その実態についてはまだ解明されていないことが多い。

筆者は，2007 年に人口およそ 16 万人の中規模地方都市，森野県葉州市(仮名)[(4)]で 1 年を過ごした。葉州市は，農業，観光業，小型機器や電気製品の製造工場などで栄える県下有数の産業都市である。しかし，東京のような大都市と異なり，巨大な多国籍企業や外国資本の企業は存在せず，この調査の協力者の多くがこの町を「田舎」と称していた。筆者がこの調査領域を選んだのは，小都市における英会話学習の役割を調査することで，英語学習についての言説がどの程度浸透しているかだけでなく，その土地の特性も明らかになると考えたからである。そして，成人学習者が英会話学習においてどのような経験をし，どのような見解を持っているのか，さらに，社会を覆う言説が，こうした学習者の見解とどのように連関しているのかについて調査を行った。

2007 年当時の葉州市には，英会話を学ぶ場として，全国にフランチャイズ展開をしている 2 つの英会話学校(このうちのひとつは後に倒産)，小規模経営の教室や NPO 団体が提供する教室，そしてグループでの個人レッスンがあった。大都市と比べると，葉州市の英会話ビジネスの規模はずっと小さく，学習者の消費者としての選択肢は限られている。男性より女性のほうが英会話学校などに通って外国語学習に取り組んでいるという一般的な印象は，国のデータによっても裏づけられており，学習者の 60％が女性である(経済産業省 2006)が，外国語学習に参加する男性がいるのも確固とした事実である。そこで，男性・女性両方を調査対象とした。

本研究では，英会話を学ぶ成人を対象にインフォーマルな雰囲気の中で行ったインタビューを主なデータとし，学習動機や目的，それまで受けてきた学校教育と比較した英会話学習の経験，こうありたいという英語に関する願望，また言語や文化についての一般的な考えについて調査した。つまり，本研究が関心を寄せるのは，学校教育以外の英語学習が個人の人生において，また主体性の形成において，どのような役割を果たすかということである。また，データ収集には，学習の社会的背景を洞察するために行った，英会話授業や地域活動への参与観察も含む。そして，本研究の分析には，テーマを洗い出すアプローチ(thematic approach)を用い，逐次，データを分析した。つまり，学習者おのおのの人生における英会話学習の目的や意義，その

---

(4) 固有名詞はすべて仮名である。

影響に関して浮かび上がってきたテーマや疑問を探るために，インタビューの書き起こしとフィールド・ノートを帰納的に分析し，データを繰り返し収集していった。調査協力者は，現地の知り合いを介して，新たに調査に適した人を紹介してもらう方法で選んだ(スノーボール・サンプリング法)。

葉州市でのインタビューに応じてくれた成人は，主に小規模経営の学校かNPO団体が運営する地域の英会話教室で学習している，あるいは過去に学んでいた人々である。大手英会話学校で学ぶ学習者の中で協力を得られたのは，ミサキ(下記参照)という学習者のみであった。このような大手英会話学校では，直接調査協力者を募ることができなかったため，ミサキのような学習者への接触が難しかったのである。筆者は調査協力者にそれぞれ3，4回会い，英語学習に対する見方や経験についての語りを記録するために1時間半から2時間に及ぶ詳細なインタビューを行った。情報は，フォローアップのためのメールのやりとりからも得られた。

葉州市では英語学習がキャリア・アップのために重要だとする学習者にはそれほど出会わなかったが，そんな環境であっても，仕事と英語学習との関連が本研究のテーマのひとつとして浮かび上がった。先に述べたように，TOEIC は日本国内の英語に関する言説の中で存在感が大きいのだが，葉州市では TOEIC 対策の需要はかなり小さい(おそらく前述したような地理的，産業的な背景によるものであろう)。そのため，TOEIC 対策コースは，大手英会話学校においてのみ受講可能であった。このテーマ(TOEIC 対策の需要の少なさ)について調査し，また葉州市の地域的特徴を考察するために，筆者は，北条市(外国資本企業や大企業も進出している都市)の TOEIC 準備コースで英語を学習する成人5人を対象に1時間半ほどのグループ・インタビューを行った。また，筆者は，森野県の大手メーカーに勤めるタクヤにもインタビューを行った。これらの調査協力者には，英語学習や TOEIC 取得の目標・目的・経験に加え，仕事の上での TOEIC の役割と，英語や他の外国語の使用状況についても質問した。さらに，葉州市において TOEIC の優勢が見られなかったことから，葉州市の企業経営者たちは国際ビジネスにおける言語の必要性をどのように考えているのかという疑問が生じた。そこで，葉州市内および近郊の4つのメーカーの管理職と30分から1時間のインタビューを行い，職場での英語使用と英語研修，英語や他の外国語に求められるレベル，TOEIC の役割，そして海外での仕事に求められる知識とス

キルについて尋ねた。

　典型的な質的調査と同様，本章で紹介する分析は解釈的であり，インタビューで構築された語りを，筆者の解釈を通して分析する。なお，筆者は葉州市の地域に詳しい。また，20 年ほど前に北アメリカで研究生活を始めるのに先立ち，日本の正規教育機関とそれ以外の機関の両方で英語を学習している。このように，調査協力者と筆者は似た経験を共有しながら，同時に全く異なるキャリアをたどっていると言える。

　まず，葉州市の 3 人の調査協力者，カズオ・ダイチ・ミサキの物語を紹介する。彼らの語りは，英語の学習と使用の意味づけがそれぞれの人生や仕事で異なることを示している。次いで，調査を通して浮かび上がってきたテーマに基づき分析した他のインタビュー・データを紹介したい。

5．もがいて，もがき続ける─カズオの場合─

　フィットネス葉州の，こじんまりと居心地のいい絨毯敷きの会議室で，カズオは毎週木曜の夜，他の学習者 2 人と英会話を習っている。レッスンは，地域のキリスト教系 NPO 団体が部屋を借りて運営している。このレッスンはカズオが毎週受けている 2 つのレッスンのうちのひとつである。もうひとつのレッスンは公民館で行われている。

　カズオは 37 歳，独身の男性で，理系の学位を取って大学を卒業してからずっと，冷却用ファンなどの産業機器を製造するカワダという会社に勤めている。初めてのインタビューで，カズオは自分の趣味のひとつ，天体観測について熱心に語った。彼は日食やオーロラを見るために，数回海外へ行ったこともある。英語の勉強が嫌いで大学では理系に進んだが，天体観測の旅をきっかけに，他人ともっとコミュニケーションできるようになりたいと思うようになった。英語学習のその他の目的は，自分の社会的ネットワークを広げること，特に結婚相手を見つけることである。つまり，英会話教室への参加は，料理教室やテニスをすることと同様，社会参加活動のひとつであるわけだ。

　カズオは，以前仕事のために英語を勉強しようと思ったことがあるとも述べた。アメリカに本部を置くある組織から製品認定を受けるためである。しかし，話が進むうちに，カズオの職場の状況が明らかになってきた。カズオは，製造部で「おばちゃんたちとおしゃべりしながら」作業に従事していたのである。2 回目のインタビューでは，カズオは仕事に対する強い嫌悪感を

あらわにした。自分は本来，製品デザイナーとして雇われたのに，入社5年後には製造部へ異動させられた。アトピー性皮膚炎もあって健康状態が悪化してしまったのだが，不運にもそれが上司に怠惰と解釈されてしまったのだ。再び前の部署に戻ることは無理だ。周りの人たちからは，生活のために，このまま今の部署で仕事を続けるか，他の仕事を探したほうがいいと助言された。しかし，他の仕事を探すことは年齢や経験を考えるとカズオには不安だった。前述したように，新自由主義は雇用パターンを安定した終身雇用制から競争的・成果主義的，個人が自己責任を負うシステムへと変えた。この変化によりキャリア半ばでの転職も可能になったが，それでもやはりカズオの年代の男性にとってフルタイムの仕事を見つけるのは容易ではない。カズオにとって英語学習は，大型自動車免許を取得したり，海外ボランティア・プログラムの説明会に参加したりすることと同様に，就職の選択肢を広げるためであった。しかし，カズオの生活は行き詰まっているように見える。カズオは以下のように述べている。

> 将来こういう目標があってその手段として（英会話を）やっているんじゃなくて，要は種をまいておいて，もしかしたらどこかでうまい仕事につくかもしれないという考えでやっているんで。逆にいうと自分が今置かれている状況から見れば3年後5年後10年後と見た場合，自分の将来像が見えていないんですよね。ただ漫然と時だけ流れていって，これはどうにかしなきゃいかんと思ってはいるんですけど。将来今までの経験とか活かせればと…（中略）… 先が見えていない，先をどうにかして見つけていければなと。

カズオは，仕事で英語を使わない。英語学習は主に余暇活動である。そして，いつになるかわからないが，よりよい仕事を得るというわずかな希望を持ち，学習している。このようにカズオが不満な状況をどうにか突破しようともがいている一方，次に紹介するダイチは，英語を勉強するために職場を去った。

6. 矛盾する職場での英語の役割—ダイチの場合—

筆者がダイチに会ったのは，彼がオーストラリアでの1年間の語学留学から帰国したばかりのときだった。たまたま彼も以前カワダに勤務してい

た。しかし、カズオと違って、ダイチは仕事を辞め、新たなキャリアに乗り出したのだ。

　ダイチは、社交的で堂々とした、31歳の話し好きな男性である。専門学校でコンピュータ・プログラミングを勉強した後、カワダの生産管理部で働き始めた。そこでの仕事は、生産スケジュールの管理であった。新規プロジェクトをスタートさせたり、責任ある仕事を多く引き受けたりしたものの、その努力が相応な評価を受けることはなく、彼はストレスから健康を害した。そして、真剣に将来のことを考えるようになった。

　職場で、ダイチは英語のできる派遣社員たち（そのほとんどが女性であった）と知り合い、男性派遣社員2人のうちの1人が小学校の同窓生であることを知った。アメリカの大学を卒業し、帰国後仕事を探していたこの男性は、ダイチに留学を考えるきっかけを与えた。10年間勤めた後、ダイチは仕事を辞め、英語を学ぶためにオーストラリアへ向かった。

　ただ、ダイチが留学した大きな動機は、「個性的でありたい」という願望だった。ダイチはつねづね他人と同じでありたくないと思っており、英語を話せれば、特に葉州市のような地方都市では、他の人と違いカッコよく見えるだろうと思ったのである。ダイチによれば、

　　英語勉強した一番の理由は、友達欲しかったんですよ。いろんな人とコ
　　ミュニケーションとれたら、友達いっぱいできるぞって、人と違ってい
　　たかったのが一番なんですけど。

　個人的な、そして社会的な願望のために、ダイチは聞く力、話す力を飛躍的に伸ばし、英語プログラムの一番下のレベルから一番上のレベルにまで進むことができた。そのうち彼は自分の英語力を仕事で活かせるのではないかと考えるようになり、TOEICとケンブリッジ英語検定を受けた。

　帰国後、ダイチはふたつの目標を持って葉州市周辺で仕事を探した。ひとつは給料が以前より高いこと、そしてもうひとつが、仕事で英語を使う機会、または海外で働く機会があることだった。しかし、これらの目標の達成が容易ではないことが徐々にわかり、結果的に10社以上に応募することとなった。当初、ダイチはTOEICのスコア635点[5]を履歴書に書いて、自分

---

(5) このスコアはTOEICの平均的なスコア（570〜590点）を少し上回るもので、TOFEL

の英語力をアピールした。しかし,彼は,葉州市の求人広告を見ても英語スキルは求められておらず,ましてや TOEIC のスコアについての記述などないことに気づいた。逆に高い英語力を求めているのは,主に大都市にある商社だった。英語を必要とするようなフルタイムの仕事はほとんどなく,英語を使う仕事には企業はむしろ低賃金の派遣社員を雇うということがわかって,ダイチは履歴書から TOEIC スコアの記述を削り,オーストラリアでの留学経験有り,と記述するにとどめた。その代わりに彼は,どうやって生産コストを減らせるかを調べ,そのレポートを応募書類に添付した。英語力だけを強調する代わりに,資材調達,営業販売のノウハウ,そしてそれに加える形で英語のスキルも備わった働き手として自分をアピールした。ダイチは次のような新自由主義的言説に著しく類似したコメントをしている。

　　自分は社会に対する商品である,という本を読んだことあるんですよ。要するに自分の商品価値が高まればよい仕事につける。自分の付加価値を高めなければふるい落とされちゃうんですよ。

　ダイチの物語はすばらしい成功で終わる。数ヶ月後,彼はミナミという,ある製品で世界シェア 60% を誇る大手メーカーに就職したのだ。彼は,葉州市近郊にある,その会社の主要工場の資材部で仕事を始めた。半年後,彼の上司はダイチのコミュニケーション・スキルや海外勤務への興味,積極的な仕事ぶりを認め,ダイチにアメリカにある工場への転勤を命じた。こうして,ダイチは 2 つの目標を達成したのである。
　ダイチは,言語道具主義という新自由主義的言説において前提とされている英語の役割が,職場では多くの点で機能しないことを目の当たりにした。つまり,(1)職場には英語を使う社員が少ないこと,(2)英語以外の言語を使用すること,(3)メールでの英語の使用状況,(4)海外赴任前の言語トレーニングがなく,赴任先で仕事をしながら学ぶことが期待されていること,(5) TOEIC の評価が低いこと,である。まず(1)であるが,ダイチの知る限りでは(これは印象にすぎないが),彼の部署にいる 30 名の社員のうち 2, 3 人しか通常業務において英語を使用していない。これは工場全体の社員の 10% 以

(TOEFL PBT)に換算すると 517 点に相当する。http://www.prolingua.co.jp/toeic_j.html も参照。

下である。(2)についてだが，中国やタイの海外勤務から戻ってきた社員は，書くコミュニケーションは英語で行う傾向があるものの，話すときは赴任先のことばを使う。そして，(3)に関して言うと，英語でのコミュニケーションのほとんどはメールによるものである。ダイチはつぎのように語った。

> ただ仕事でやりとりするメールってパターンじゃないですか。いつになりますかとか。これいつもらえますかとか。この部品ありませんとか。基本的に難しい英語を向こうも送ってこないし。…(中略)… 母国語の英語じゃないから，やっぱレベルもネイティブみたいな文章は来ないんですよ。ちょっとかじっていればやりとりはできちゃうんですよ。

さらに(4)だが，仕事上コミュニケーション・スキルが重要であるとの前提があるにもかかわらず，派遣前の言語トレーニングがない。ダイチがタイや中国の出張で知り合った日本人駐在員は，現地のことばが流暢でダイチを感心させたが，彼らは日本でなく赴任先でそれを学んだ。同様に，ダイチの上司は，ダイチが英語での直接交渉の仕方をアメリカで身につけてほしいと思っている。最後に(5)であるが，TOEICはダイチが就職して以来，会社で話題にのぼったことはなかった。これらの点については，後ほど，別の事例で議論したい。

ダイチの英語学習の当初の動機は，道具的というより社会的であった。その後，就職の際に英語力が有利となる可能性に気づいたが，英語力が求職者としての彼の市場価値を大きく高めるようなことはなかった。最終的にダイチは，イニシアチブをはじめとした英語力以外の強みを生かして，自ら夢に描いた状況を手に入れたのだった。

7．英語と経済的損失—ミサキの場合—

男性優位の職場から逃れ，よりよいキャリアをめざす女性たちの英語学習は，これまでの研究に共通のテーマであった。しかし，こうした女性たちは実際によりよい機会を得たのだろうか。おそらくチャンスをつかんだ女性もいるだろう。しかし，調査協力者のひとりであるミサキの経験は，英語教育，そして日本の一般的な職場に深く浸透しているジェンダー・人種・言語における不平等の縮図であった。

28歳の女性，ミサキは，BEONEという大手英会話学校で2年半英語を学んだ。非常に礼儀正しく，若さに見合わぬ大人の落ち着きをもった努力家である。ミサキの英会話学習のきっかけは，前述のカズオやダイチよりも道具的であった。彼女には児童英語教師になるというはっきりした目的があったのである。彼女は，経済的にそれほど恵まれない家庭に育ったが，短大まで進んで英語を専攻し，英語学習に楽しみを見いだしていた。葉州市近郊の製造メーカーで7年間フルタイムの事務職員として働いたが，J-SHINEという子どもに英語を教える資格（TOEIC730点以上が必要）の取得をめざして英語を勉強しようと仕事を辞めた。ミサキは現に目標を達成し，資格も，子ども教室で教える非常勤の仕事も得た。こうして彼女は週に3日，1～10歳の子どもたちのグループに英語を教え始めたが，時給はたったの750円であった。これは小売業の最低賃金730円，また葉州市地域で単純労働に支払われる769円とほぼ同レベルである。一方，同じ教室で働くネイティブ教師の場合，教師養成訓練を受けていなくても，時給は約1500円であった。ミサキのひと月の収入は以前の3分の1に減った。
　仕事の夢はかなったものの，彼女の経済的利益は皮肉にも英語学習への投資によって減ることとなった。このことは，雇用におけるジェンダー間の不平等だけでなく，母語話者に一層の価値を置く言語教育市場の構造的な不平等と関連している。ミサキは生徒の母親たちの態度やコメントに傷つけられることが度々あった。たとえば，授業の後，子どもを迎えに来た母親たちはネイティブ教師にしかお礼を言わなかった。また，ミサキは最近BEONEのアメリカ人教師と結婚したのだが，ミサキの以下の経験は，この母親たちの態度をよく表している。

　　結局私アメリカに住んだり留学してないじゃないですか。そこでまずお母さん方が，不満が生まれたんですね。…(中略)…あるきっかけで，お母さんの方から，旦那さんアメリカ人だそうですね，そうですと言ったら，そこで納得みたいな，だから逆差別じゃないけど。その人が，旦那さんとかそういうのも，判断基準なんだと。私はやりやすくなったけど，でも，日本ですごくがんばってネイティブみたいになった人もいるし，それはまたおかしい話だなって。やだなって思ったんですよ，そのときに，何か。でももし私がベトナム人とかブラジル人と結婚していた

としたら，また絶対逆差別あったと思うんですよ。

　国籍や母語によって教師を評価する，こうした母親の態度を，ミサキは屈辱的で馬鹿げたものと思っている。そして，このような偏見はすでに雇用の時点でも反映されていると考えている。「鼻が高くって，背が高くって，何かどう見てもそういう欧米の人みたいな人」が優先されるのだ。
　ミサキの英語学習の目的はキャリアに焦点を置いたものではあったが，経済的な理由というよりはむしろ個人的な向上心を満たそうとするものであった。あこがれの職業に就けたことで，彼女は皮肉にも英語母語話者と競合しなければならなくなった。さらに，このあこがれの仕事はジェンダーにも左右されている。女性にとって，この仕事は経済的には厳しくても，英語という「クールな」イメージと結びついた，職業上の選択肢のひとつなのである。ミサキの経験が例証しているのは次のような点である。つまり，獲得された文化・言語資本が，経済的資本および成功・名声といった象徴的資本に変換されないのはどのような場合なのか。また，白人の英語母語話者の持つハビトゥス(ある人の持つ性質や表現の総体)や文化資本が，ネイティブ教師の優位性と正当性を強化しながら(Bourdieu & Passeron 1990 参照)，どのように誤った認識(無意識のうちに得た，歪曲された現実に関する知識)を母親たちの間に生み出しているのか。新自由主義がもたらす競争は，人種・ジェンダー・言語の点で不平等な場を舞台に繰り広げられており，英語教育に従事する女性や非母語話者に不利に働いているのである。

8．どの程度英語は使われているのか，そして必要なのか―熟練社員たち―

　調査協力者の何人かは，英語が実際に使われているか，またはTOEICで高得点をとって昇進するために英語が学ばれているような環境で働いていた。筆者は，オキタという森野県の大手メーカーの知的財産部で働く，50歳のタクヤにインタビューした。タクヤは，インタビュー実施時に英会話を習っていたわけではないが，彼の経験を聞くと，ある職場における英語の役割を洞察することができる。また，TOEIC対策コースを受講している30代，40代の5人を対象に，北条市でグループ・インタビューを実施した。このうち，3人は大手アメリカ企業で働く男性で，2人は女性であった。3人の男性のうち，1人はコンピューター会社勤務で日本人顧客のニーズを工場に伝える仕事の

責任者であり，2人は医療系メーカーで販売を担当していた。また2人の女性のうち，1人は国内企業の事務職で，以前は派遣社員として翻訳事務をしていた。もう1人は，大手国内製鉄会社に勤める現在休職中の事務職員である。タクヤを含め，彼らはみな，英語スキルを伸ばす必要性をひしひしと感じていた。

　彼らの仕事上での経験について言えば，タクヤとコンピューター会社勤務の男性は他の調査協力者より英語を使うことが多かった。この2人は，英語を使って，月に1，2度，遠隔会議に参加したり，週に数回メールをしたり，年に何回か会議に出たりしていた。タクヤは年に何回か中国・北米・ヨーロッパへの出張があった。北条市の男性のほうはTOEICのスコアが700近かったが，タクヤは500点台の下の方だった。他の男性2人は，英語をあまり使わなかった。彼らのTOEICのスコアは1人が350で，もう1人が580である。以前，英語の翻訳をしていた女性は，TOEICのスコアが705であった。もう1人の女性は，上司のために英語の手紙を書いたことがあるとだけ自信なさげに言い，TOEICのスコアは教えてくれなかった。これらの男女の将来への展望とこれまでの経験は，カズオ，ダイチ，ミサキの経験を裏づけると同時に，逆説的でもある。比較のため，前節のダイチのケースで浮かび上がってきた5つの論点を取り上げたい。

　1点目として，英語を日常的に使う社員の数は少ない。タクヤが知る限り，彼のように英語を使うオキタの社員はおそらく全体の10%程度で，英語をもっとプロフェッショナルなレベルで日常的に使う社員は1，2%にすぎない。医療系メーカーに勤める2人は，英語を定期的に使う人は多くないと考えており，管理職レベルの社員は外国の社員との定期的なコンタクトのために英語が使えなければならないとしながらも，英語を使うのは5%ぐらいと見積もった。また，調査協力者全員が，英語使用の頻度は仕事のタイプや部署によると述べた。

　2点目は他の言語の使用に関してである。タクヤは，文字によるコミュニケーションには通常，英語が使われるが，実際には中国語(北京語)の需要が大きいと言った。中国では，現地の法律家や管理職とのビジネスコミュニケーションは英語で行われるが，必要となれば(たとえば複雑な事柄を話し合う場合など)通訳が入るのである。反対に，北条市の社員たちは仕事の上で他言語の必要性を感じていなかった。休職中の女性は「英語一本になるんじゃない

かなと思いますけど，この先」と言った。コンピューター会社の男性はそれに同意し，「そうだね，中国人も英語しゃべるんだからね。」と加えた。

　3点目は，ダイチの経験と似ているのだが，英語は対面コミュニケーションよりもメールで使われることが多いという点である。たとえば，タクヤは週に数回英文メールを書く。販売部で働く北条市の男性社員の1人は，通常業務では英語を使わないが，ときおり社長からの告知を受け取ると述べた。北条市の女性2人は仕事に関するメッセージを海外へ送るのにメールを使っていた。

　4点目として挙げられるのは，ダイチの会社とは異なり，オキタでは，海外長期滞在が予定されている社員のために企業内語学トレーニングがあることだ。そして，自学や通信教育を希望する社員には経済的な援助もしている。一方，北条市の社員たちは，当然ながら，自費で英語を学んでいた。

　最後に，TOEICのスコアの重要性は，会社の要求というよりも個人の意識によると言える。オキタでは新入社員全員にTOEICの受験を求めているが，昇進はスコアと関係しない。スコアは，社員がそれぞれの分野に応じてめざすべき目安あるいは目標として機能している。興味深いことに，タクヤは，3年前に今の役職に昇進してから，TOEICを受験するように言われた。北条市の社員たちの場合，上の役職にはある程度のスコアが求められており，高得点を取らなければならないと感じているが，コンピューター関連の男性を除いて，だれもTOEICの受験を求められたことがなかった。ちなみに1人は海外勤務を，他の者は営業職以外の仕事を希望している。

　これらの経験にジェンダー差がないわけではない。前述のダイチの経験では，英語スキルのある多くの派遣社員は女性であった。このことはジェンダーによる労働形態の違いを示している。タクヤが勤務する部署はほとんどが男性社員で，女性はたったの15〜20%である。そして，カズオの職場と似て，ここでも英語関連の業務に携わる派遣社員のほとんど全員が，生産部の単純作業員と同様に，女性だ。正社員と比べて，派遣社員は年次昇給もなければ他の恩恵もない。長い目で見れば，彼女たちの収入は正社員とは比較にならない。派遣社員に英語力のある女性たちが集中しているという状況は，英語力に対する経済的な報酬がジェンダー間で異なるとしたGrin（2001）の知見に重なる。実際，北条市の女性社員2人は男性の調査協力者たちより待遇が悪かった。

　皮肉なのは，「だいぶ焦ってまして」「これから（英語は）絶対必要だと思い

ます」といった発言が示すように，北条市の社員たちが英語力を伸ばしたいと切望しているわりには，今の仕事を遂行する上で特に支障がないということだ。英語力の不足が，業務の遂行や会社の生産性に悪い影響を及ぼしているようには見えない。このことは，英語のできる派遣社員が正社員の英語力不足を補うというように，労働配分がうまくいっていることを意味する。この点については後ほどまた触れる。

9.「行けばなんとかなる」―管理職の視点―

　筆者は，葉州市内および近郊のメーカーに勤務する4人の管理職(すべて男性)にもインタビューを行った。メーカーは国内に300～1000人の社員を抱える，内田製作所(建設機械)，昭和モーターズ(発電機)，日本プラスチック(造型機)，森野計器(圧力計)の4社である。内田製作所と昭和モーターズはアジアとヨーロッパに，森野計器はアメリカに工場があるが，日本プラスチックは「メイド・イン・ジャパン」という方針のもと国内生産のみである。4社とも製品を輸出しており，海外に販売拠点がある。管理職たちの回答はダイチとタクヤの経験とおおむね一致していた。会社は現場で培われる語学力に価値を置いており，英語スキルよりも他の能力を重視している。以下，前述の5つの論点に沿って管理職の視点をまとめる。

　第一に，英語を日常的に使う社員の割合は低いと管理職たちは見ている。内田製作所では14～18%，昭和モーターズでは20%，日本プラスチックは1%，森野計器は2.5%である。数値に幅があるのは，回答が各人の印象によるためである。ここでも，英語が必要とされるかどうかは部署によるようだ。たとえば，内田製作所では売り上げの大部分(98%)が海外であることから，品質管理部への問い合わせはほとんど英語である。このため，この部署の社員には英語力が求められているということであった。

　第二に，海外の職場では，英語に加えて現地の言語が使われている。内田製作所および森野計器の管理職は，中国語ができる従業員がますます求められていると述べた。内田製作所では，北アメリカ・ヨーロッパは英語のコミュニケーションで済むが，中国では中国語が必要となることが多く，アジアと日本では日本人以外でバイリンガルの従業員を採用することもよくあるという。

　第三に，英語を必要とする仕事はメールのやりとりが一番多く，読み書き

が最も必要とされるスキルであることがわかった。ダイチが述べていたように、日本プラスチックの管理職も部品の注文のような仕事は中学生程度の英語レベルがあればできるとし、全従業員に求めるレベルはその程度のものであった。

　第四に、企業の中には英会話の講習を実施しているところもあった。内田製作所と森野計器は英会話の講習を外部業者に委託し、海外赴任が決まった社員や英語学習を希望する社員に社内レッスンを行っている。昭和モーターズは大手英会話学校と契約し、希望者は割安にレッスンが受けられるようにしている。一方、日本プラスチックは語学トレーニングを行っていない。管理職の話では、海外専門の社員を特定することができれば、そうした社員のために英語の集中トレーニングを用意することも可能だろうが、実際には業務が多岐にわたるため、海外専門の社員の特定は難しい。かといって社員全員に語学トレーニングを施す余裕もないとのことであった。また、昭和モーターズの管理職は、海外駐在員の選定にあたり、英語能力は「重要ではない」とし、さらに次のように語った。

　　日本人、読み書きできるんですよ。一応中学校からやっていますから。で、だから辞書さえあれば、単語並べれば何とか意志は通じる。だから、メールとか、何とかなるんですね。ところがカンバセーションが成り立たない。ただ、慣れれば何とかなるじゃないですか、どのレベルまでいくかは別にして。ですから最近はもう行かせて覚えさせようということでアメリカに駐在させるのはだいたい英語できないのを行かせます。というのは周りにいますので、アメリカ人も日本人もいますので、そのまま出しちゃいます。

　最後に、どの企業もTOEICのスコアを昇進に反映させるような制度を採用していない。昭和モーターズに関して言えば、TOEIC IPを受験する機会を設けているにもかかわらずである。タクヤの会社と同様に、昭和モーターズは新入社員全員にTOEICの受験を求め、海外勤務の可能性がある社員にも受験を奨励している。しかし管理職は、テストが対面コミュニケーション能力を測るものではないため、仕事での実践に必要な英語スキルを測定できるかどうか疑問視している。英語でのコミュニケーション能力が必然的にテ

ストの点に反映されるとは考えていないのである。TOEICの信頼性については，森野計器の管理職も言及していた。だれでもテスト勉強さえすればいい点が取れるというのだ。この管理職は，テストで測られる英語の能力よりも，豊富な海外経験や知的好奇心，日本語でのコミュニケーション・スキル，また積極的にコミュニケーションしようとする態度や姿勢などのほうに価値を置いていた。

海外任務のための選抜基準に関しては，4人とも専門分野の知識やスキルが大切であるとした。たとえば，製品の60%を輸出している日本プラスチックの管理職は次のように述べた。

> 当社の海外勤務者がかなり英語堪能で海外勤務に出向くのかと言ったら実はそれはないです。最初入社の段階で，英語ができるからというだけの採用はあまりやっておりませんで。やはりその方の学部，修士の専門性を見て，こちらで決めますので，ことばだけを武器にして入社して来るというのはあまりないです。じゃ，どういう人が海外で勤務するのかということですが，ちょっと荒っぽいやり方なんですが，行けば何とかなる。そういうことがあります。ことばができている人に技術的なこと，メンテナンスとか貿易実務とかそういう面を教えるのではなくて，そういうのができている人が現地で仕事をしながらことばを覚えていくというのが当社の現状です。

いずれにしても，技術的なスキルにプラスする形で英語の能力があることに価値が置かれている。森野計器で一番求められる社員の経歴は「技術屋で，工学部出身でプラス英語力がある，英語に興味がある人」である。

こうした実用的なスキルにとどまらず，日本プラスチックの管理職は，グローバル経済におけるソフトスキルと言われるものの必要性(Urciuoli 2008)を強調し，顧客の文化や習慣を理解することの大切さを力説して，以下のように述べた。

> だから，グローバルスタンダードは何かということじゃなくて，ローカルスタンダードは何かということを，もっと心をつかむためのビジネスはそこを考えていかなければならないと思っていますけれども。

これら有力企業は，国際的な任務にふさわしい社員を，すでに身につけている英語スキルのみでなく，他の要因も基準として選んでいる。そして，外国語でのコミュニケーション力を伸ばす可能性をもった専門職を見いだして，訓練するなど柔軟に対応している。TOEICは昇給などに直接つながるものというより，職能の向上を促す刺激として機能しているようである。正社員(ほぼ男性のみ)にとって，言語道具主義は実際の国際的実務経験の中で意味をなすものであり，言語スキルそのものは必ずしも昇進のための条件とはならないのである。

10. 議論

　新自由主義における人的資本の拡大としての言語道具主義は，日本においては英語学習の重要性を強調する形で表れている。このような論調は言語テスト産業によってさらに強化されている。言語テスト産業は，テストの販売利益を市場開拓に利用し，さらにテストの需要の増大をはかるというように，資本を循環させながら増やしているのだ。しかし，本章の調査対象となった成人学習者の向上心は，英語スキルを経済的な見返りと直結させる言語道具主義から成るものばかりではなかった。また，調査協力者らの職場経験も，仕事には英語が不可欠であるとする言説を反映したものではなかった。このことは企業の管理職の見解にも表れていた。しかし，新自由主義的な雇用システムと英語の支配は，ジェンダーの問題も相まって，個人に複雑な影響を与えていた。

　カズオにとって英語学習は，特定のキャリアを手に入れるための手段ではなく，何かよいチャンスを得るために「種を撒く」ようなものであった。しかし彼は，種が芽を出し収穫につながることには悲観的であり，実際，年齢と不安定な健康状態のため，適切な職を見つけることはできなかった。人的資本という新自由主義的言説は，年齢・性格・健康状態・ジェンダーの差に関係なくあらゆる人々の雇用を保証するわけではないのである。

　一方，ダイチのたどった道は異なっていた。ダイチの学歴はカズオには満たなかったが(大学でなく専門学校卒)，若さと健康，積極性，そしてコミュニケーション能力によって，夢に見た海外勤務の機会を得ることができた。このことは，新自由主義が約束する人的資本による成功の証のように見える。しかしながら，ダイチの成功は英語スキルによってもたらされたというより

は，コミュニケーションに対する積極的な姿勢を含む，彼の前向きな性格によるところが大きい。事実，企業経営者の回答に見られるように，ダイチはたとえ英語学習の経験がなかったとしても海外赴任の有力な候補者になっただろう。このことは，言語道具主義という前提に疑問を投げかける。さらに，ジェンダーも重要な役割を果たしていた。ダイチが女性であったなら，まずカワダに，その後ミナミにと雇用されることはなかったであろう。

　ミサキの事例はダイチとは対照的だ。ダイチと違い，ミサキの英語学習はキャリア目標と直結していた。ミサキは目標を達成したのだが（ダイチより高い TOEIC のスコアも含め），皮肉にも，そのことで経済的な見返りを得ることはなかった。ミサキの選んだ英語教師という職業においては，英語の非母語話者が軽視されているからである。ジェンダー・言語・教育によって形作られるミサキのハビトゥスは，新自由主義的雇用システムにおける経済的利益とは相容れないのである。言語道具主義が生み出すのは英語をめぐるイメージの連鎖である。つまり，英語力の特権が英語教育・英語学習に特権を与え，それがさらに英語母語話者とのコミュニケーションに特権を与える。ただしこれらは幻想にすぎないことが，この調査で明らかとなった。ミサキは，こうした固定観念に強化された，不平等な新自由主義的雇用システムに翻弄されたのである。

　北条市の成人学習者の様相が前述のケースと異なるのは，外資系企業のある都市部と，そうでない地方都市との間の地域差によるものかもしれない。TOEIC のスコアを伸ばそうという意欲は言語道具主義によって駆り立てられていた。それにもかかわらず，アメリカ系企業で働く 3 人のうち 2 人は，仕事で英語を使う機会がほとんどなかった。仕事で英語を使う機会が少ないということは，葉州市の企業経営者とのインタビューにおいても示された。このため，2007 年 10 月，筆者はハローワークの求人情報をウェブサイトで確認することにした。ダイチが経験したように，英語スキルを要求する求人広告の割合は非常に少なかった（葉州市で 0.6%，東京で 1.4%）。この数値は職場での実際の英語使用を反映しているわけではないし，また英語を使う仕事を希望する求職者向けのウェブサイトも他に存在する。しかしながらこの数字は，仕事に必要なものとして英語の地位を高める言説と実際の需要との乖離を示していると言える。

　以上のことから，知識経済と人的資本という前提は問題視されよう。知識

経済という新自由主義的言説は，コミュニケーション・スキルを備えた熟練労働力の必要性を強調するが，実際の求人はこの言説を反映していない。事実，現代の労働のあり方が多くの知識やスキルを必要とするということを決定的に証明するものは何もない。Hyslop-Margison and Welsh(2003: 10)は，「産業国における，現在の雇用機会の多くは…(中略)…実際は低賃金・低スキル・サービス業にある」と述べている。アメリカ合衆国では，このような最低限のトレーニングしか必要としない低スキルの仕事が，雇用創出率の高い30の職種のうち70％を占めており，ここには「レジ係，清掃員，給仕，トラック運転手，警備員，在宅医療助手など」が含まれている。一方，高学歴を必要とする職業は22％のみである(Hirtt 2009: 222)。カズオや製造部の同僚の女性たちは，仕事で英語を使うことなど求められない。オキタ，内田製作所，昭和モーターズ，日本プラスチック，森野計器の製造労働者たちも同様である。職場における相互コミュニケーションには，むしろ外国人労働者が話すポルトガル語，中国語，スペイン語など英語以外の言語のほうが役立つかもしれない[6]。英語を子どもに教えるという仕事でさえ，ミサキの経験からわかるように，低スキル・低賃金の仕事と同様なのである。

　しかし，海外事業の拡大に見られるように，グローバル化によって職場での英語使用の機会は確実に増えた。では，英語はだれによってどのように使われているのだろうか。学校の英語教育においては口頭コミュニケーション力の育成が奨励されているにもかかわらず，実際によく使われるコミュニケーション手段はEメールのようである。それは，決まり文句からなる単純なコミュニケーションでも，少し複雑なコミュニケーションでも同様であった。つまり，広く求められているのは読み書きの能力なのである。インタビューでは，分業の様子も明らかになった。高度な英語力が求められるような仕事には，派遣社員(そのほとんどが女性)が雇われる場合が多い。この事実は，政府の提案する英語学習促進のための二段構えのアプローチ(文部科学省2003)に対応する。しかし，派遣はつまるところ不安定で低賃金の非正規雇用でしかない。このことは，言語道具主義の矛盾をついており，女性は高い英語力があってもそれなりの経済的見返りを得られないとする結果と一致する(Grin 2001, 2003)。語学学校などで英語を教えることも，ミサキ

---

(6) 葉州市にはブラジル，中国，ペルーといった国からの移住者がかなり多い（Kubota & MacKay 2009, 本書第6章 参照)。

のような日本人女性にとって魅力的な職業のひとつである。しかし，1990年代以降，母語話者でさえも低賃金に甘んじなければならず，英語を母語としない教師の賃金はそれよりもさらに低い(McNeill 2007)。この言語による労働者の階層化(たとえば，「英語のできる日本人女性」対「日本語しかできない日本人男性」，「ひとつの言語(英語)しかできない(ネイティブ)男性英語教師」対「英語のできる日本人女性英語教師」)は，新自由主義的な社会経済システムにおけるジェンダー間の不平等性を一層不動にしている。

　もし言語道具主義が現実を反映しないなら，その役割は一体何であろうか。言語道具主義は，人々に(想像上の)キャリア・アップのために学んだり，でなければ単に学習資本(Kariya 2010)を獲得したりするための動機を与えているように見える。実際，生涯教育は，人的資本，学習資本，あるいはダイチのことばを借りれば「商品価値」を増やそうと努力している人たちと，それをしない人たちとを区別する役割を果たしている。TOEICのようなテストは，能力そのものよりも努力を測るために便利なツールとして機能しているのである。そしてさらに，テスト産業の商業利益のために，人的資本の増大という需要が作り出されている。しかし，実際にはテストの点数は人的資本を測るために使われてはいない。このことは，タクヤがTOEICを受験するよう勧められたのが昇進後であったり，オキタや昭和モーターズの新入社員がTOEIC受験を求められながらも獲得点数が仕事の上で全く反映されなかった事実からも明らかだ。また，インタビューに応じた管理職らはテストの点数が必ずしも実際の英語コミュニケーション能力を示すものでないことを認識しているにもかかわらず，一社を除きすべての会社がTOEIC受験を希望する社員をサポートしている。このことは，個人(特に男性)がどれだけ努力するかが，言語能力の有無より重要視されることを意味する。ダイチがコメントしたように，「英語でがんばれる人は他のこともがんばれる」のである。新自由主義経済において労働者に求められるのは，変化する雇用システムに適応し，生涯雇用されうる状態でい続ける能力なのである(Hirtt 2009)。カズオのような労働者はすでに疎外されているのだが，未だに英語学習は希望を与えてくれる。概して，言語道具主義は女性を非正規雇用に追いやり，一方で，競争という新自由主義的言説のもと，男性労働者を勝ち組と負け組に分ける役割を果たしていると言えるだろう。

　具体的な目標を持って，英語学習に取り組むことは効果的である。言語テ

ストもその目標のひとつであろう。IIBC や ETS など NPO の営利行為における倫理的，法的正当性はひとまず脇に置くとしても，言語テストは，民間分野においてテスト対策教材や準備コースといった関連商品を生み出しながら，教育産業を成長させている。そして，ミサキやダイチなど北条市の人々は，TOEIC で高得点を得るために，こうした商品やサービスを消費している。新自由主義の日本において，学校や企業での言語テストの使用は，実際，事実上の言語政策である(Shohamy 2007 参照)。言語テスト利用の有無は，政治・経済・イデオロギーといった，言語を超えた領域と密接に，そして複雑に関わっているのだ。しかし，本調査が示すように，テストの重要性の認識や現在のテスト利用のあり方，またテスト対策の需要供給には地域差が見られる。このことは，地理的な差異を指摘した先行研究の結果を裏づけるものである。言語政策が地域によってどのように解釈され，実施されるかについてのより一層の調査が必要とされる理由がここにある。

11. 結論―言語教育に向けて―

本研究では，労働者と企業経営者の見解および経験から，言語道具主義という複雑な現象を検証した。そして，すべての学習者や経営者が仕事上での英語の重要性を同じレベルで捉えているわけではないことが明らかとなった。同時に，英語が単に仕事などの実用的な目的のためだけに学習されているのではなく，カズオやダイチの例に見られたように，余暇活動や人との交流，あるいは現実逃避として機能していることもわかった。

こうした英語学習の多面的な役割を見ると，純然たる道具として英語を教えるアプローチに対して問題を提起し，代わりとなる言説を探る必要性が求められる。キャリア教育についての議論では，Hyslop-Margison and Sears(2006)が，スキルだけでなく，民主的シチズンシップ(democratic citizenship)のための知識や態度の重要性について論じている。筆者らは，新自由主義における批判的思考や問題解決といったスキルの過大評価に疑問を呈し，課題についての十分な知識や，異なる見解を受け入れ，社会・環境問題に積極的に関わっていこうとする態度が，民主的シチズンシップを促進する鍵であると主張している。たとえば，自動車産業で働く労働者が自動車についての知識なしに車を修理できないように，労働者の権利を知らずして労働環境を改善することはできないし，環境にやさしい代替交通手段を調査

せずに社会を変えていくこともできない。

　以上のことから，筆者は日本プラスチックの社長の次のようなコメントを思い起こす。「グローバルスタンダードよりむしろその地域でのローカルスタンダードを学ぶ。」この発言は，英語の文法や語彙の知識だけにとどまらず，ある特定の態度やスキルが必要であることを意味する(たとえば，柔軟な態度，英語以外の現地の言語によるコミュニケーション，文化的慣習の理解など)。たとえ企業の最終的な目的が自社の利益獲得にあるとしても，この見解は新鮮である。

　このような異文化理解の必要性だけでなく，英語教育におけるさまざまな不平等性にも注意を払うべきであろう。新自由主義的な言語道具主義は，男性と女性の間に，正規社員と非正規社員の間に，母語話者と非母語話者の間に，そして白人と有色人種の間にある社会的階層の中に，複雑に，なおかつ矛盾したあり方で組み込まれている。さらに言語道具主義は，カズオやミサキのようにすでに労働市場においてしっかりと階層化されている人々にも架空の希望を与えてしまう。不平等は，言語・ジェンダー・人種・その他の要因と複雑に絡み合っており，どのように教育や政治がこうした現状を変革できるのか，今後，追究の余地がある。

　非営利団体のIIBCに対しては政府の介入が可能だが，学校教育外での英語教育および評価のあり方は完全に市場主導で政府の管轄外にある。そのため，この領域での民主的シチズンシップ教育の奨励はおそらく困難であろう。よって，学校や大学での教育に求められる大きな役割は，学習者に国内外での英語や他言語が担う役割や，労働条件改善のための政治参加の重要性をクリティカルに考察することを促し，現在の新自由主義的社会の中で，コスモポリタン的視野をもった人間を育成することにあるのではないだろうか。

謝辞
　この調査は国際交流基金日本研究フェローシップの助成で行われた。有益なコメントや提案をくださった編者および協力者のみなさんにこの場を借りて感謝の意を表したい。

5章 余暇活動と消費としての外国語学習[1]
―楽しみ・願望・ビジネス英会話を考える―

はじめに

　社会的包摂(social inclusion)という課題は，一般的に国家の立場から論じられるものである。つまり社会的・経済的に弱い立場にある人々が，どのようにジェンダー・人種・民族・階級・身体能力などの壁を乗り越えて，社会(経済システム)の一員になれるのかという視点で論じられている。言語力も社会参加の壁になりうるが，言語力不足は人種差別あるいは民族差別の口実として使われがちであるため，批判的な検証が必要である。しかし，もっと広い意味で捉えると社会的包摂とは，どのように個々人が特定の社会に所属しようとしているのかという問題であると言えるだろう。このように社会的包摂を広い意味で捉えることによって，その焦点を公共政策の問題から個人的な取り組みへ，社会経済的エンパワーメントから帰属感へ，国家からグローバルな想像の共同体へとシフトさせることができる。グローバルな文脈にある個人に焦点を当て，より広い意味において社会的包摂を理解することで，社会的包摂を強要したり，逆に妨げたりするような不平等な権力関係に注意を向けることも可能になる。また，グローバルな権力構造において優越的な地位にありたい，英語圏の想像の共同体に属したい，と願う人々が惹きつけられる英語や白人性に対するロマンティシズムや商品化といった課題も提起される。

　本章では，英会話学習における社会的包摂の個人的な側面と，グローバルな側面との関連性に焦点を置く。ここでいう英会話学習は，正規の教育機関外で行われる学習を指す。この学習の場には，英会話学習を通して，世界にある英語圏の想像の共同体に属したいという願望を抱く成人学習者がいる。英会話学習の場としては，自主グループ運営によるもの，大手フランチャイズ・チェーンの英会話学校，小規模個人経営のもの，NPO団体運営のもの

---

[1] Kubota, R.(2011). Learning a foreign language as leisure and consumption: Enjoyment, desire, and the business of *eikaiwa*. *International Journal of Bilingual Education and Bilingualism, 14*, 473-488.（翻訳協力：佐野香織，鬼頭夕佳）

が挙げられる。成人学習者の中には，社会経済的な地位を向上させるという道具的目的で英会話を学習している者もいるが，本章では，日本において多く見られる余暇活動としての英会話学習に焦点を置きたい。余暇活動としての言語学習を考えるということは，「消費」としての言語学習という新たな言語学習の概念を創出することにつながる。これは「投資」という概念(Norton 2000)と対比して考えることができる。消費という概念は，こうした英会話産業のビジネス利権に注目させてくれる。なぜなら英会話産業は，英語を話すことや英語話者とのつきあいを楽しむことに付随する「クール」なイメージを利用し，利潤追求を展開しているからだ。

本章では，成人学習者の英会話経験を探る質的研究に基づき，英語圏の想像の共同体への参加手段としての英会話学習は，余暇活動と消費の形態としていかに理解できるのか提示していきたい。また，この社会人の英会話学習という状況における広い意味での社会的包摂は，余暇活動と消費から切り離しては考えられないということを論じる。

1. 想像の共同体と投資としての言語学習

国際的に優位な言語の学習は，グローバル化経済における個人の成功や国家経済の成功への鍵として，最近特に取り上げられるようになってきた(Kubota 2011b; Park 2011; 本書第4章)。英語力は特に重要で，個人に収入という利益をもたらすものとされている(Grin 2001)。世界人口の4分の3以上は非英語話者であるにもかかわらず(Graddol 2006)，英語は人々をグローバルにつなぐものであるという強力な言説が当然のように存在する。この意味において，英会話学習は社会的仮想性(social imaginary)(Rizvi 2007; Taylor 2004)―仮想のグローバル・スペース―を反映し創り出すものであると考えられる。あるいはベネディクト・アンダーソン(Anderson 2006)の概念を借りるならば，英語学習者が属したいと願う想像の共同体(imagined community)を反映し，また創出しているとも言える。

この想像の共同体という概念は，第二言語学習研究(Kanno & Norton 2003; Pavlenko & Norton 2007)において重要なテーマになってきている。想像の英語圏共同体への社会的包摂は社会経済的利益(例：よりよい教育，職業，社会的ネットワーク，総じてよりよい生活を享受すること)を得ることとつながっており，それが投資という概念を導き出している。この言語学習

を投資の一形態と見なす考え方は，言語学習の動機づけに代わる概念としてよく用いられるようになった(Norton 2000; Peirce 1995)。言語学習の動機づけの研究は，自律した主体としての学習者個人の心理的側面に焦点を置く傾向にある。これに対し投資は，社会的・歴史的に構築されている学習者と言語の関係が，言語を使用する学習者の願望とどのように絡み合っているかという点を強調する。第二言語学習に投資することによって，学習者は，象徴的資源(成功，名声など)や物質的資源(金銭，資産など)といった形での見返りを求めたり，文化資本の増大を期待したりする。このような見方は，特に移民の言語習得に当てはまる。なぜなら，移民が受け入れ国のことばを習得すれば，受け入れ社会で生き抜くために不可欠な文化資本と言語資本を獲得できるからである。

　投資の概念は，英語を外国語として学習する環境にも該当する。このような環境では，英語力を磨くことによって社会経済的地位を高めることができる場合もあるだろう。しかし，多くの成人外国語学習者は，すでに現在の職場において社会経済的ステータスを確立しているため，さらにグローバルな職場に参画する必要性があるとは必ずしも言えない。また，日々の生活のために最低限必要な外国語能力を習得する必要もない。たとえ海外生活などで英語環境に身を置いたとしても，それが一時的な滞在である場合は，そこでよりよい未来を切り開いていく必要もない。むしろ一度きりの人生のチャンスとして海外生活を楽しむことを望む場合もある(Kobayashi 2007)。

　語学学校や大学で英語を外国語として学ぶことは，よりよい教育や雇用の機会へとつながると考えられている。これに対し，正規の教育機関外で行われている英語学習は，全く異なった意味があるようだ。さらに，外国語を生涯にわたって学ぶことは，知的好奇心に駆られた趣味となりうるが，それとは対照的に，移民が移民先の国のことばを一生学習し続けることは好ましくないと見なされるだろう。このように外国語学習においては，文化資本を得るために言語学習に励む学習者がいる一方で，全く異なる理由で言語学習に取りくむ学習者も存在すると考えられる。

2. 余暇活動と消費としての言語学習

　「外国語」としてことばを学ぶ特異性は，言語学習に関して当然と見なされる前提—たとえば，言語スキルを伸ばすという目的や，知的・教育的な活

動だという定義——にも疑問を投げかける。なぜなら，英語を学ぶことは一種の余暇活動としても考えられるからである。

　余暇研究では，余暇活動がシリアスなものとカジュアルなものに分類されている。シリアスな余暇活動とは，「アマチュア，愛好家，ボランティアが主体的に行う体系的な趣味活動であり，面白さや達成感を感じることによって，多くの場合，特別なスキル，知識，経験を獲得・表現すること自体がある意味でのキャリアとなる活動」と定義される（Stebbins 2007:5）。この研究において言語学習は，たとえばアマチュア歴史家が資料を探し求める活動などと同様，人文系教養の趣味として位置づけられる。シリアスな余暇活動では，能力・知識・自己満足・他の参加者とのコミュニケーションを通して自己実現が得られると考えられる。

　これとは対照的に，カジュアルな余暇活動は，本質的に快楽的・自己満足的なものである。カジュアルな余暇活動は，「さほどの価値もなく，何のキャリアも提供しない活動であり，すぐに関わることが可能な，比較的短時間の享楽追求を主とした活動。楽しむための特別な訓練はほとんど必要としない」と定義される（Stebbins 2007: 38）。カジュアルな余暇活動は，なによりも「喜び」と「楽しみ」が最大の目的である。たとえば，受け身的エンターテインメント（例：テレビを見ること・読書・音楽を聴くこと），能動的エンターテインメント（例：賭博・パーティーゲーム），社交的な会話（例：ゴシップ），感覚的な刺激（例：セックス・飲食・観光）などがある（Stebbins 2007）。言語学習はこのようなカジュアルな余暇活動とも並べて捉えることができるだろう。シリアスな余暇活動と同様に，カジュアルな余暇活動によって得られるものは，対人関係の構築である。英会話学習は人が楽しむための社交の場を創り出し，それが余暇活動の原動力になるだろう。

　言語学習が，実践的かつ専門的な目的のためのスキル開発というよりもシリアスな余暇活動，またはカジュアルな余暇活動の追求であるならば，言語学習の主な機能は自己達成・自己実現・社交であると言える。それは日常生活から離れた，想像上のエキゾチックな空間における経験を通じて得られるものである。このように英会話学習は，シリアスな余暇活動とカジュアルな余暇活動という概念と確かにつながりを持っている。

　余暇活動の概念は，自由の獲得や個人の選択といったイメージを喚起させる。しかし，個人は英会話学習において常に自律的な選択をしているとは限

らない。社会的・文化的・経済的・政治的な要因が，個人の選択に影響を与えているからである。さらに，余暇活動は常に社会的に無害であるわけではない(Rojek 2005)。たとえば，憎悪表現に満ちたブログを書くことなどは，反社会的な余暇活動である。では余暇活動として英語を学ぶことはどうだろうか。その背景にある英語のグローバルな拡散を強めると同時に，英語，英語のネイティブスピーカー，そして付随する文化の優位性を強化し，多言語主義を妨げることにもつながってしまうかもしれない(Phillipson 2009b)。学習者が何のために英会話を学習しているのか，どのような学習経験をしてきたのかを探ることで，英会話が学習者を惹きつける魅力，あるいは逆に英会話がはらむ文化的な問題点を解き明かすことができるだろう。また，余暇に注目することによって，余暇活動の経済的な側面―つまり消費―も議論の視野に入れることができる。

　特定の余暇活動においては，体系的に知識やスキルを身につけ，その道の専門家になるための努力を惜しまない「マニア」と位置づけられる人々がいる。一方，純粋にエンターテインメントや感覚的な喜びのために活動を消費する「消費者」として位置づけられる者もいる(Stebbins 2007)。前者の場合はシリアスな余暇活動，後者はカジュアルな余暇活動に分類される。どちらにおいても，面白さ・楽しさ・喜びのために提供される商品とサービスの消費によって余暇活動が繰り広げられる。このような余暇活動，特にカジュアルな余暇活動は，大きな経済効果がある。レジャー産業の多くは，消費者の関心に応えるために存在しているからである(Stebbins 2007)。事実，日本における語学産業(そのうち英語はずば抜けて人気がある)は，毎年莫大な売上げを叩きだしており，2005年の利益は個人レッスンを除いても1928億1000万円にものぼった(経済産業省 2006; Piller, Takahashi & Watanabe 2010 も参照)。

　さらに「英会話学校」は，白人男性のイメージを利用した「あこがれ」で特に女性消費者を惹きよせている(Bailey 2002; Kelsky 2001; Takahashi 2013)。この点において，英会話学習は消費余暇活動の一形態であると言えるだろう。学習者は，英語・白人性・ネイティブスピーカー性が商品化された想像の共同体への所属を追求する中で，自己達成や楽しみのために商品やサービスを消費するのである。

　これらの学習者は，身近な学習者仲間コミュニティと英語圏の想像上のグ

ローバルな共同体の双方に属したいという希望を持ちつつ、余暇活動と消費としての言語学習に取り組む。このような学習では言語習得はほとんど無関係かもしれない。

学習者はどのような経験をしているのだろうか。どのように、英語、白人性、ネイティブスピーカー性といった言説が流布し、利用され、学習活動に影響を与えているのだろうか。こうした言説はどのように学習者の主体性を構築し、またその主体性に影響を与えているのだろうか。余暇活動と消費として言語学習を見ることは、第二言語研究においてこれらの問いを考えていく新たな展望となりうるだろう。

3. 研究目的・調査地・データ収集方法

この研究は、日本の中規模地方都市、葉州市(仮名)[2]において、現在英語を学んでいる、またはかつて英語を学んだ経験を持つ成人学習者を対象とした質的調査に基づき、正規の言語教育機関外における英語学習の個人的・イデオロギー的・経済的な側面を探った。広義の社会的包摂に不可欠な余暇活動と消費という概念を用いて英語学習の実情を描くことで、学習者の人生における英会話学習の意味や、より広い英会話教育・英会話学習の社会的・経済的・イデオロギー的様相を探究していきたい。

2007年、筆者は人口およそ16万人の葉州市に1年間滞在した。葉州では、英会話授業の観察、英会話を学ぶ日本人成人学習者(以前は学習者であった英会話ビジネス経営者数名を含む)へのインタビュー、女性グループから要請を受けて行った英会話レッスンや地域のさまざまなイベントでの参与観察を行った。そしてこれらの活動を通じて、成人学習者が英会話学習においてどのような経験や主体性を持っているのか、その経験や主体性に新自由主義的言説がいかに関与しているのか、調査を行った。

英会話学習は、葉州市のいたるところで行われていた。英会話学習の場をインターネットのYahoo!JAPANの地域情報で検索すると、16教室あることがわかった(2007年1月現在)。これらのクラスには、幼児・子ども向けのものもあったが、対象者を成人および中・高校生としたもの、または成人学習者に限定したものもあった。この16教室の中には全国的にフランチャイズ展開をしている英会話学校2校や、それより知名度が低いフランチャ

---

[2] 本文中の名前はすべて仮名である。

イズの幼児保育機関も含まれていた。また、小さな個人経営の教室や、キリスト教系非営利団体が運営しているものもあったが、それらには個人指導は含まれていない。さらに、主婦や定年退職をした人々がグループを組み、教師（地域に住む白人の英語ネイティブスピーカーであることが多い）に直接依頼し、公民館もしくは個人宅で英会話レッスンを行うケースもあった。この場合、教師への謝礼や教材費は参加者で出しあう形をとる。

これらの英会話教室は、平日の昼や夜間に行われている。昼のクラスは、たいてい主婦や定年退職者が出席し、参加者の大半は女性である。夜間に行われるレッスンは学生や日中仕事を持つ人が中心である。週末の英語クラスはフランチャイズ展開している英会話学校で開講されている。

受講料はさまざまであるが、大手英会話学校の受講料は他の教室よりも高めに設定されている。たとえば、あるフランチャイズ・チェーンの学校では、週1回50分授業で月謝1万円、これに入学金3万円、年間教材費1万〜3万円が加算される。対照的に、NPO団体が運営するフィットネス葉州では、週1回1時間授業の月謝は3000円以下である。また、公民館で行われている自主グループによる英語授業の月謝は2000円程度である。これらの授業では、書店で手に入る一般的なテキストが使われることが多い。

葉州市の大手英会話学校の英語教師の多くは白人英語ネイティブスピーカーであるが、初級レベル担当に日本人バイリンガル教師を雇っていることもある。他の英会話教室でも英語教師は白人英語ネイティブスピーカーが主であり、女性よりも男性であることが多い。実は、この研究を行うにあたり、当初は大手英会話学校に興味があった。しかしこれらの学校は営利目的の企業であるため、調査協力への承諾を得ることは難しかった。唯一、BEONEという英会話学校が、調査協力者募集のチラシの配布と授業見学を1回許可してくれた。このような状況では調査協力者を募集することは困難であると判断し、個人的なつてを使って協力者を探すことにした。そして最終的に、自主グループや教会が行っている地域の英会話教室に接触することができた。

データは、インフォーマルなインタビューと、公民館や公共の場で行われていた英会話教室の参与観察および非参与観察から得た。また、より広い視野からの洞察が可能となるよう、英会話事業者と教師（葉州近辺2名、東京1名）へのインタビューも行った。表1には、本章で取り上げる英語学習者

と学習環境の背景をまとめる。表2は，英会話レッスン提供者を示す。表2のヤスオは，学習者としても取り上げている。表からもわかるように，英会話学習の状況や調査協力者は多様である。本章の記述は，あくまで筆者が研究者として関わってきた範囲で研究者個人の観察として捉えたものであることを，あらかじめ断っておく。

表1　英会話学習者と学習の背景

教育機関名／グループ名	運営者	レッスン開講日時	場所	学習者名
BEONE	大手の英会話学校	平日午後平日夜間週末	駅近商業ビル内	ミサキ(女性28)
フィットネス葉州	キリスト教系団体	水曜日夜間	フィットネスクラブの会議室	アキオ(男性34)ミキ　(女性36)ヤヨイ(女性46)
コアラズ	自主運営グループ	水曜日午前	葉州公民館	タエ　(女性46)

名前はすべて仮名，(　)内の数字は調査当時の年齢である。

表2　英会話事業者・教師

氏名	プロフィール
ヤスオ(男性53)	英会話ビジネス　経営者，教師
マコト(男性40)	フランチャイズ英会話学校(東京)　元教師
ユミコ(女性37)	フランチャイズ・チェーンの英語保育・託児施設，幼児向け英語教室(ミサキも同校でパートで教えている)教師，マネージャー。

4．英会話授業の概要

筆者が観察を行った地域に根ざした英会話レッスンは，正規教育機関の典型的な教室授業とはかなり異なるものであった。本章における分析と議論の背景をわかりやすくするために，これらの授業概要について説明しておく。参与観察したあるレッスンは，流暢な日本語を話すアメリカ人またはオーストラリア人の英語ネイティブスピーカーが教えていた。BEONEにおける教科書中心の型にはまった授業とは対照的に，インフォーマルな自由会話授業が行われていた。インフォーマルな会話を補うために，時折，テキスト(書店で購入できる一般的なもの)が使用されていた。

このような英会話レッスンでは、たいていその前の週の生活の出来事について話すことから始まる。そして、次にその時々のトピック、たとえば旅行・祭日・有名人・食べ物・英語圏の生活その他具体的なことについて会話が展開していく。学習者が話す英語はだいたいが入門レベルで、簡単な質問に英単語ひとつで答えるようなレベルである。それ以外の会話は、ところどころに英単語を織り交ぜながらほとんど日本語で行われていた。学習者はことばを探したり、考えを文にするのに時間がかかるため、しばしば長い「間」ができる。結果的に授業は非常にゆっくりとしたペースだった。さらに上級の学習者は、身近な話題について簡単な文で話すことはできたが、会話がある程度持続して流れることはまれであった。教師は時々、日本語で単語や出来事について説明し、会話を進行させていた。

筆者が観察した英会話レッスンに見られた共通の特徴は、学習者たちが教師や仲間とともに時を過ごす中で生まれる共同体の感覚だった。いくつかの例を除いて、英会話のレッスンは、組織立った学習というよりも社交的会話といった方がよさそうだった。次節では、このような傾向が、学習者の意識の中にどのような形で見られるのかを述べていきたい。

5. 趣味としての言語学習
5.1 アキオ

インタビュー調査協力者は、直接的にも間接的にも、英会話学習は趣味であると述べていた。たとえば、アキオにとって英語学習は、テニスやハイキング、スノーボード、海外旅行といった数ある趣味のうちのひとつであるという。アキオは、34歳の大卒、独身男性で、農産物・食品卸会社に勤務している。英会話は、公民館で開講されているグループレッスンとフィットネス葉州で行われているレッスンを受けている。受講レッスンのレベルはいずれも中級である。アキオが勤務する会社は輸入品を扱っているにもかかわらず、彼の職場には海外からの電話などまったくかかってこない。ファックスで送られてくる英語資料は商社による和訳付きである。月に100時間を超える残業で(特に繁忙期はひどいのだが)、アキオは心身ともに大きなストレスを抱えていた。アキオは自分の収入にも満足していなかった。もっとよい待遇の仕事につくために英語を学習しているのかと尋ねると、次のように答えた。

> そこまでは考えていないですよね。仕事に英語を活かすとかという、今のシチュエーションじゃないし。それを活かしてといってもね、英語そんなにできるわけじゃないし…(中略)…趣味的ですかね。趣味的かもしれないですね。海外に行くときに使えるとか。

　筆者がアキオに英語学習を始めたきっかけを尋ねると、アキオは返答につまった。しばらく考えた後で、アキオは、以前、派遣社員として東京のテレビ会社で働いていたときに出会った日英バイリンガルの同僚らに対する崇拝とあこがれの念について語ってくれた。アキオは「普通に流暢にしゃべってる」ことに対する驚きを隠さなかった。アキオは英語を流暢にあやつる芸能人も含め、このような人々に対するあこがれを語り、彼らのようになりたいと願っていた。アキオが英語学習を始めた動機は今よりもよい待遇の仕事を得ることではない。英語を学ぶ原動力は、想像上の英語話者集団の一員になりたいという気持ちのようであった。

5.2　グループ「コアラズ」とタエ

　英語学習を趣味とする見方は、毎週水曜日に活動している英会話グループ、コアラズのメンバーと談話したときにも表れていた。レッスン後に、女性5名、男性2名を対象に短いグループ・インタビューを行ったのだが、その中で学習者らは英会話レッスンに来るのは楽しみのため、仲間とのコミュニケーションや交流のため、脳の活性化のため(ある退職した男性メンバーによると「ボケ防止」)であることを語ってくれた。メンバーの何人かは、ひとたび教室を出たら英語を使う機会も必要もほとんどない、だから、英会話のレッスンは、英語に触れる機会を提供してくれるのだ、と語った。

　グループのメンバーの1人、タエ(46歳)は専門学校卒で、学習塾を経営している既婚女性である。このインタビューから数日後、タエと個別インタビューをした。その中で彼女はこのようにコメントした。

> 語学はねえ、おもしろいですよね。どっちかって言うと覚えるって言うよりもサークルで楽しんでいるっていう感じですよね。…(中略)…
> 1回休んでも全然負担じゃないしとかいって(笑)、1ヶ月休んでも全然負担じゃないしとかいって、気楽な部分がいいのかなって。あまりにも

こう詰め込みすぎて，たとえば学校へ行ってねえ，宿題をやらないと次の時は全然遅れちゃうとなると行くのがいやになっちゃう．それがないですよね．宿題も「これ，ホームワーク」とか言いながらも，「やれたらね」みたいな，だれもやってこねえぞ，とか言ったりして．そういう気楽なところなので．帰りにみんなお昼食べに行こうかみたいな，楽しくて，そんなので続いているというか．…(中略)…(前の先生は)難しいプリント持ってきて「えーわからない」，とか，みんながわからないな．ついて行かれないとかいって．発音直されたりとかね．年齢とともにだんだんあまり発音直されるといやになる．それが何回も何回も直されて，「もういい」っていう感じで．

タエにとって英会話とは参加することに楽しみを感じ，学習仲間との交流の場でもある．それはまさに娯楽である．このような場では，言語習得は目的からはずれ，それゆえ，言語習得に必要な暗記や練習のような根気のいる作業はできれば避けたいものになる．

インタビューした学習者の中には，明確な学習目的(たとえば「世界制覇」，つまり世界旅行が趣味で，その目的で主に英語のリスニングを伸ばしたいなど)を持って学んでいる者もいたが，多くの学習者は英会話学習の目的を明言できなかった．インタビューした成人にとって英会話学習は，何かをめざして，または知的な努力として行うというより，気楽でカジュアルなものであり，真剣に取り組むというよりは楽しみに近いようであった．

5.3　中身のない学習—楽しみのために消費する—

英会話学習の主眼が楽しみにあるとすると，次のように考えることができる．つまり英会話学習は，言語のスキルアップのためというよりも，教師や学習者仲間との楽しい交流の場に参加することなのかもしれない．このような見方をすれば，前述の，クラス内で英語を最低限しか使わない，という初級レベル学習者に見られた傾向をある程度説明できるのではないだろうか．学習者が日本語で発話すれば，仲間やバイリンガル教師に理解され，意思疎通が成立する．このような学習者は，確かに英会話レッスンに受講料を支払って通っているのだが，ここで起きているのは，言語学習(language learning)または言語発達(language development)(Spada & Lightbown 2008)

による英語運用能力の向上というより，社交的会話なのではないだろうか。

　学習者の中には，幻想が破れて英会話のレッスンをやめてしまう者もいる。英語を使わなければならないというプレッシャーや日常生活のコミュニケーション上の差し迫ったニーズがなく，言語発達が実感できないからである。その一方で，楽しみを求めるために，または続けていなければ英語に全く触れなくなってしまうという心配から，英会話学習を続ける者もいる。ある一定の学習者にとって英会話学習は，他の気楽な余暇活動と同様，一過性の活動であると言えよう。

　英会話学習がなかなか継続しない背景には，社会的包摂の持つ空想的側面がある。つまり，学習者は英語話者のいるエキゾチックな世界に属したいと望むのだが，それは幻想に終わることが多いからである。英語を使用する機会のない日常生活の中で，英会話レッスンは非現実的な異空間を作り出す。そして言語的・文化的なファンタジーを生み出し，その場を楽しみたい学習者の願望に拍車をかけていく。

　英会話学習を通して，学習者は英語圏の国々の文化に関する珍しい情報や，教師の個人的な経験談に触れる。しかし，ディスカッションで取り上げられるトピックは，日常的で表面的なものであることが多く，社会的・文化的に無批判のまま，学習者のファンタジーをさらに増長させているようである[3]。

　まとめると，多くのインタビュー協力者にとって英会話はいわば趣味である。日々の仕事や家庭生活を離れ，ひととき気楽な仲間と交流しながら英語を話す非日常的な異空間に浸り，活動を楽しんでいるのである。それは，真剣に取り組むシリアスな余暇活動というよりは娯楽志向の高いカジュアルな余暇活動という見方としっくりあう。文化資本を増加させる投資としての言語的スキル育成は主な関心ではないのだ。英会話学習活動における学習者の関わり方は，娯楽サービスの消費と捉えることができるだろう。大手英会話学校で学ぶ学習者の中には，高額のレッスン料が必要となることから，よりシリアスな余暇活動に励む者もいるかもしれない。しかし，次節で紹介する事例のいくつかはそれにも当てはまらない。以下，恋愛的願望というエキゾチックなファンタジー空間のもうひとつの側面を提示する。

---

(3) 論争になるようなテーマについて議論する英会話グループもある。

6. 恋愛的「あこがれ」としての言語学習

　従来の研究で，日本人女性は英語・欧米文化・白人男性に対して「あこがれ」を持っていることが指摘されてきた(Bailey 2002; Kelsky 2001; Takahashi 2013)。これらの研究の焦点は，日本人女性が社会的抑圧からの解放を求めていかに異なる生き方を模索しているのか，ということにある。中でも特に強調されてきたのは，日本人女性の白人男性パートナーを持ちたいという願望である。その理由として，白人男性は日本人男性よりも思いやりがあり，ロマンチストで洗練されているというイメージを日本人女性が持っていることが指摘されている。しかし本研究では，英語学習が醸し出す社会的包摂ファンタジーの一部分である恋愛的「あこがれ」をあけすけに語った女性は，ほんの一握りにすぎなかった。この事実は，恋愛的「あこがれ」がデリケートでプライバシーに関わる話題であることに起因するのかもしれない。また，この研究では男性も恋愛的「あこがれ」を抱いていることが浮かび上がった。

　次節では，フィットネス葉州の女性学習者，ヤヨイとミキの恋愛的「あこがれ」が直接的・間接的にどのように表れているかを描き，それをBEONEに通うミサキの主体性と比較する。ヤスオの事例では，英会話学習に付随する恋愛的「あこがれ」を，いかに男性も抱くようになるのか，その様相を見ていく。ヤスオは小規模英会話教室の経営者である。顧客である女性学習者の「あこがれ」に対して，ヤスオはどのような葛藤を抱いているのだろうか。

6.1　フィットネス葉州の女性たち

　ヤヨイ(46歳，配偶者と別居中)もミキ(36歳，独身)もフィットネス葉州で英会話を学んでいる。2人とも，高校を卒業後，別々の会計事務所で働き始めた。次の会話は，1回目のインタビューにおける筆者とのやりとりである。

>　　ヤヨイ：ただ話できればいいなと思ったのかなあ。でも外国で暮らしたいっていうあこがれはありました。普通の生活。ハワイかな？(笑)
>　　筆者　：なんでまたハワイ？
>　　ヤヨイ：何となく，安全だし，治安がいいし，それでほら，リゾート

だし。やっぱり，治安がいいからっていうイメージかなあ。
筆者：　ただ行って暮らしをしたい？
ヤヨイ：そうそうそう，暮らしをしたい。働いたりして。それとハーフの子どもを産みたいと。
筆者：　え？
ヤヨイ：ハーフの子どもを産みたいと。
筆者：　産みたい？　どうして？
ヤヨイ：だって，外国人の子どもかわいいじゃない。それで，バイリンガルに育てて。
ミキ：　まじめで話してるの？
ヤヨイ：ほんとに。本当に，外国人と結婚したいと思った。ずっと昔から。

ヤヨイが外国人との結婚について話し，さらにハーフの子どもが欲しいと語ったとき，ミキ同様，筆者も耳を疑った。しかし他の場面でも，ヤヨイは同じような発言をしていることから，アメリカ人男性に対して愛情深く思いやりがあるというイメージを抱いていることは明らかだった。ヤヨイが持つ「外国人」のイメージは偏ったものだった。筆者はヤヨイに「外国人」ということばでどんな目の色や肌の色を連想するか聞いてみた。

ヤヨイ：そうだな。「英語でしゃべらナイト」に出ている人はなんていったっけ。パックン（パトリック・ハーラン）か。あんなようなイメージかな。
筆者：　やっぱり白人か，そしたら？
ヤヨイ：そうだね。ボビーはどうかなって。
筆者：　ボビー？
ヤヨイ：ボビー（ボビー・オロゴン）って知らない。黒人とか？　肌の色？　リチャード・ギアがいい？　リチャード・ギアはいいよね。「シャル・ウィ・ダンス」だよね。

ヤヨイの「外国人」のイメージは，明らかに白人のイメージである。「黒人」イメージについては，白人性がほのめかされたときに喚起されたが，ヤ

ヨイの思考はすぐに白人有名人のイメージへと戻ってしまった。

　ヤヨイはよくハーフの子どもが欲しいと語っていた。このハーフということばは，日本人と白人の混血，もしくは欧米系とアジア系ミックスのイメージを想起させる。しかし，ヤヨイの願望は非現実的であり，さらにいうならば妄想にすぎない。同様に，ハワイに住むという考えも現実的ではない。他の機会に，筆者はヤヨイとミキに海外に行くから英語を学ぶという考えはないのか聞いてみた。2人は次のように答えた。

　　ヤヨイ・ミキ：そうじゃないの。
　　ヤヨイ：やっぱね自分のうちにいるのが一番好きなの。日本にいて，
　　　　　たとえば外国人のお友達ができて，その人のうちに遊びに行
　　　　　きたいと思うよね。日本にいて身近で外国人の友達ができな
　　　　　いっていうことが問題あるの。

ヤヨイは，日本で仕事を続け生活をすることに何の不満もない。英語を学ぶことは，海外旅行や海外で生活したり仕事したりするというような現実的な計画とはほとんど関係がないのである。その代わりに，英語を学ぶことでファンタジーの世界を創り出している。その世界の中で，ヤヨイは白人のパートナーやバイリンガルのハーフの子どもと過ごす，現実とは異なる自分を思い描いているのである。結局のところ，ヤヨイの英会話学習への参加は，英語圏で白人男性とともに過ごすという想像の世界の中で楽しみとファンタジーを追い求める消費行動のようである。数ヶ月後，ヤヨイは英会話レッスンをやめてしまった。その後も筆者は何回かヤヨイに会ったが，なぜ英会話レッスンをやめたのか，実際のところはわからない。しかしやめた理由として，学習面で満足のいく進歩が実感できなかったこと，明確な学習目標が見つけられなかったことなどが考えられる。また，ヤヨイは英会話レッスンに代えて，テニスやゴルフのような他の余暇活動を楽しんでいることから，ヤヨイが英会話よりこれらの余暇活動のほうに帰属感を見いだしたとも考えられるだろう。

6.2　「ミサキ」

　ミサキ（28歳，短大卒）は，大手英会話学校で学んでいた唯一の調査協力者である。通っているBEONEで今回の調査協力者募集チラシを目にし，筆者

に連絡をくれた。ミサキは感心するほど礼儀正しく，思慮深い努力家で，同僚のユミコ（下記参照）に言わせると「まじめ」な性格だった。ミサキは以前，葉州近郊にある大手メーカーに事務職員として勤務していたが，英語を勉強して児童英語教師になるという夢を実現させるために会社を退職した。

ミサキはNPO団体認定の児童英語教師資格を得るため，TOEICで730点をとることを目標としていた。ミサキの事例では，英語学習は明らかに余暇活動ではなくキャリアのための投資である。しかし，ミサキの事例は皮肉である。というのも，ミサキは白人男性に対するあこがれを語らなかったが，結局白人男性と結婚したからである。さらに，ミサキはようやく入れた英語教師集団において，非母語話者の英語教師として差別されてしまうのである。

最初のインタビュー時に，ミサキは近々BEONEの白人アメリカ人教師と結婚することを筆者に打ち明けていた。ハーフの子どもが欲しいと言っている日本人女性がいることを筆者が話すと，ミサキは苛立ちを露わにしながら，自分は特定の国出身の配偶者が欲しいと思ったことはないと言いきった。

> なんかたまたま彼の話とか，（友人に）報告して，「いいなー」って言われることが。相手がアメリカ人だっていうことが「いいな」っていわれる。「私英語が話せたら，アメリカ人とかと結婚したい」とか。だけどそれは多分，結構日本の男の人ってすごくいろいろ下手じゃないですか，やさしくするのが。でも人によると思うんですよ。たとえば私の姉の旦那さんはすごくやさしいし，レディーファーストだし，でもそういう人があまりにも少なすぎて，それはスマートに行動できる外国人の方がすてきに見えちゃうけど，それは仕方がないかもしれない。

この後のインタビューで，ミサキは，人に「いいなー」と言われると，まるで自分の夫が「商品」として見られているような気がすると話している。筆者が，過去の研究を引き合いにして白人の配偶者を欲しがる日本人女性がいることを言及すると，ミサキは「悲しいな，なんか。ちがう人もいますって言っといてください」と冗談っぽく言った。

ミサキは，以前はイギリスやアメリカに対して，自分が生まれ育った場所よりもいいところ，といった漠然とした「あこがれ」を持っていたこと

を認めた。しかし，そのあこがれ観は，英語話者に対して，また英語で流暢に話せるということに対して向けられるようになった。ミサキもアキオと同じように，政治問題についてアメリカ人顧客と流暢な英語で話すことができた元同僚に触発されたのである。ミサキの語りには，英語のネイティブスピーカーに対する特別な感情は感じられなかった。その代わりに，ミサキはBEONEや母校の中学校の日本人英語教師を非常に尊敬していた。それだけではなく，ミサキの語りには，国家や民族に捉われない多様な人々や言語への興味や敬意が感じられた。

ミサキにとっての英語学習は，消費や余暇活動というよりは専門職でのキャリア・アップを求めた投資である。先行研究にあるように恋愛的「あこがれ」は言説として存在しているが，それが個々の女性の人生にどのように投影されているのか，その形はもちろん一様ではない。

ミサキは，自分の目標であった教師資格を取得後，英語で保育を行う託児所で非常勤教師の仕事を得た。だがこの新しい職場では，母親たちの英語ネイティブ教師願望と向き合わなければならなかった。さらに，英語ネイティブ教師の時給が1500円だったのに対し，ミサキの時給は最低賃金に近い，たった750円であった。ミサキの月々の収入は，以前に比べ約3分の1に減ってしまった。ミサキは夢を実現させたのにもかかわらず，英語を使う職業への投資は皮肉にも経済的不利益をもたらす結果になってしまった。英会話学習の世界では，現実的な意味での社会的包摂すら，人種的・言語的ヒエラルキーに支配され，包摂が幻想になってしまうのである。

6.3 「ヤスオ」

英語学習につながる恋愛的あこがれは，女性だけではなく，男性にも見られる感情である。ヤスオは53歳の独身男性で，葉州近郊で子どもや成人を対象とした小さな英語教室を運営している。東京の名門大学を卒業後，葉州近郊都市にある企業にエンジニアとして勤務していた。彼は，アメリカの顧客と技術的な内容についてやりとりをする必要に迫られ，25歳で英語を学び始めた。ところが，企業のリストラに伴い，22年間勤めた会社を解雇されてしまった。そして，筆者が調査を始める5年前に英会話ビジネスを起業した。以前の職業には欠けていた人とのつながりを求めていたからである。ヤスオは英語ネイティブ教師を2名パートタイムで雇い，自分も中高生に英語の文

法を教えていた。一時期，ヤスオの英会話教室は子ども・成人をあわせ 125 名もの学生を抱えていたが，徐々に学生数が減り始めていた。彼はその原因として，2 人の教師のうちの 1 人が学生に不評だったためだと考えていた。

また，ヤスオは，以前出会いを求めて通ったスナックのフィリピン人ホステスとの親交についてオープンに語ってくれた。2 人が出会ったとき，ヤスオは 30 歳で彼女は 27 歳だった。そのホステスは「日本人のきれいな子みたい」な人目を惹く女性で，英語が話せる中国系フィリピン人であった。ヤスオは彼女と話をしたいという一心で，英語を学んだ。また，彼女はキリストのことばが書いてある手帳を持っており，そのような文化の相違にも惹かれた。フランス人神父の英語の説教を聞くために，彼女を教会へ連れて行った時の経験を回顧しながら，ヤスオは次のように語った。

> それが私の思い出かもしれない。…(中略)… 英語一生懸命勉強しました。英語ってアメリカ人やイギリス人としゃべるんじゃなくて国際共通語ですよね。

ヤスオの経験は，恋愛願望が言語学習の強い動機づけになることを示していると言える。それはジェンダーや人種には関係なく起こりうる。ヤスオの当初の英語学習の動機は，キャリアのための投資であった。これに対し，フィリピン人女性と意思疎通を図りたいというヤスオの願望は，よりプライベートで親密的である。それは，情緒的満足感・人とのつながり・恋愛的あこがれに根ざしているのである。

ヤスオのような例があるとはいえ，英会話学習の恋愛的側面は，男性よりも女性に際立っている。ヤスオと筆者との会話の中でも，英会話が女性たちを引きつけている事実が浮かび上がった。女性学習者が白人男性に引き寄せられて英会話レッスンを受講しに来るのかどうか尋ねると，ヤスオは次のように答えた。

> こんなこと本当は悲しいことなんですけど，Caucasian (白人)でないと，生徒さんたち来ませんよ。やはり，生徒さんたちは白人の先生を好みますから。

ヤスオは，知的で仕事に対する倫理と資質を兼ね備えた教師を確保することの難しさを痛感していた。その上，大人にも子どもにも受けがいい人材，となるとなおさらである。彼が経営するような小規模英会話教室が生き残れるかどうかは，教師の質にかかっていると言える。教師が魅力的でなければ，学生はやめてしまうからだ。ヤスオは，日系イギリス人の女性教師を雇った。彼女は非常に優秀な教師であったという。しかし，ヤスオは次のように話している。

> ただ唯一の問題点は，女性で日本人の顔していると女性の生徒がね。この業界は変な業界でね。やっぱりね若干ホストクラブ的な面があるんですよね。全然英語上達しないで，何年も続けてくれる20代後半の生徒が結構多いんですよ。やっぱりね。独身の子。…(中略)… だって，英語勉強するのに別に熱心でもないし，はっきり言って上達してないし，それで何年もやめずに来てくれる。まあ外国人のそこそこ若い男性がいるのが楽しんじゃないんかな。ほかに考えられないでしょ。

ヤスオのところにもまじめな女性学習者はいる。しかし，ほとんどの女性学習者は，言語学習を一義的な目標とは考えていないのだ。彼は冗談めかしながら次のように話した。

> だから私はこの商売は3分の1は水商売かなと思うんですよ。3分の1はホストクラブかなと。…(中略)… 日本人の白人に対するコンプレックスまたはあこがれがあるんでしょうね。私はないですけどね。

本研究においては，白人英語話者に対する恋愛的「あこがれ」を直接語ったのは，一部の女性にすぎない。しかし，経営者としてのヤスオが見抜いているように，日本人女性の抱くあこがれは，余暇活動として英会話学習を消費することのひとつの重要な側面となっている。英語学習とは，ヤスオのことばを借りれば，「日常生活の中にちょっとちがう雰囲気を味わう」ことであり，英語圏の世界にある「楽しみ」を消費することである。このような文脈における英会話は，まさにカジュアルな余暇活動であり，消費活動である。こうした活動の中で，学習者は商品化された英語や白人性を喜びや楽しみの

ために消費し，実在する共同体と想像上の共同体への社会的包摂を求めているのである。

7. 英会話，白人性，ネイティブスピーカーの商品化

　学習者は，さまざまな目的や期待を胸に英会話レッスンにやってくる。しかし，その多くは語学力の向上とは直接関係のない魅力にひかれてやってきている（例：恋愛的願望・教師やクラスメートとの交流・英語が話せる友達づくりなど）。さらに他の英会話事業者へのインタビューでも，英会話学習の商品化という側面が浮き彫りになった。英会話学習の場では，学習そのものが利潤追求の外に追いやられ，白人ネイティブスピーカーのクールなイメージが，英語圏への所属感とともに利用され消費されているのである。

　マコト（40歳，大卒，長期英語語学留学経験あり）は，以前，東京のあるフランチャイズ英会話学校で教えた経験を持つ元教師である。彼によると，大手英会話ビジネスが持つ最大の関心事は学習者の英語スキルを伸ばすことにあるのではなく，英会話の空想世界に属したいという彼ら・彼女らの夢を利用して利益をあげることにあるという。たとえばカリキュラムや受講料システムもそうである。他の英会話学校と同様，彼の以前の勤務先は学習者ごとに個別対応しており，いつでもレッスン受講可，としていた。しかしこのシステムでは，カリキュラムの一貫性を考慮したり，宿題を課すことができない。また，この学校では，顧客に大量のレッスンチケットを購入させることでレッスン料の割引をする受講料前払制というシステムを採用していた。レッスンチケットは有効期限を過ぎると使えなくなるというシステムで，きわめて高い利益が見込める。その理由として，途中でやめてしまう学習者，特に残業の多い男性学習者が多いことが挙げられる。しかも多くの男性学習者は，受講料の払い戻しも要求しない。受講料の一部だけしか返金されず，書類手続きも煩雑だからという理由のほかに，中途で脱落して決まりが悪いという感情もあるからだ。

　英会話の空想世界では，白人ネイティブスピーカーが顧客を引き寄せる魅力的な商品となり，消費の対象となっている。近年，英会話教師の多様化が進んでいるにもかかわらず，白人性やネイティブスピーカーの優性は人々の意識の中に根強く存在しているのである。ユミコは，英語で保育する託児所兼幼児向け英会話教室で教師とマネージャーを兼任する37歳の女性（短大

卒，留学経験あり）である。このフランチャイズの託児所は，ミサキが最初に英語教師として働き始めた職場でもある。ユミコは，前任の黒人アメリカ人男性教師に対しては見下すような態度をとっていた母親たちが，新任の白人アメリカ人教師に対しては態度を一変させ，恥ずかしがってみたりあがめてみたりする態度をとるようになったと気づいていた。ミサキも，母親たちが自分の子どもの担当教師は英語のネイティブスピーカーかどうか確認する様子を見ている。

　地域で行われている英会話グループと英会話レッスンはどうだろうか。キリスト教会団体が開設するものであれば，利益追求型の運営はしていない。しかし言うまでもなく，葉州のこのような環境で教えているほとんどの教師は，英語ネイティブスピーカーである。利益を追求する英会話ビジネスは，白人ネイティブスピーカーの商品イメージを生み出し利用しているが，このイメージは作り上げられた言説としてさらに広まっている。そして，それは英会話の空想世界という社会的イメージ像の一部，つまり学習者が毎週行くのを楽しみにしている英語話者から成る想像上の共同体の一部を構成している。アキオやミサキの語りからわかるように，あこがれは白人英語ネイティブスピーカーに対してのみ感じるわけではない。この想像の共同体では，英語ネイティブスピーカーと対等にコミュニケーションできる英語が堪能な日本人もあこがれの対象である。

　これまで議論してきたように，英会話学習は，余暇活動としての娯楽，もしくは想像の英語圏世界に属することを楽しむためのサービスの消費と見なすことができる。この考え方は，なぜ英会話学習は継続しないのか，という問いに対する説明となるだろう。ヤヨイやミキのような多くの学習者にとって，英語学習は根本的にひとときの気晴らしであり，情動的な欲求や好奇心を満たすものである。それは，利那的ですぐに消えるものではあるが，スポーツや趣味と同じように，再燃するものでもある。

　日本における英会話教育・英会話学習は，商業化された活動であり，英語や白人性，欧米文化，ネイティブスピーカーを優れていて，カッコよくて，エキゾチックで魅力的なものとして商品化することで成り立っている。これらが広告，ポップ・カルチャー，他のメディアで作り上げられたものであったとしても，すべての学習者が同じようにこの言説に影響を受けているわけではない。学習者はそれぞれ異なった「主体」として英会話レッスンに取り

組んでいる。プロフェッショナルな能力向上をめざすための学習投資といった従来の学習者イメージに当てはまる者もいれば，ファンタジーの世界や仲間との交流を楽しんだりするためのサービスと商品の消費者というイメージがぴったりの者もいる。しかしミサキの事例が示しているように，商品化された英会話業界においては，専門志向を持っていても専門家集団への参入が幻想に終わることもある。

8. 考察

　言語学習は文化資本増大のためのスキル向上と結びつけて考えられるのが典型的であり，それは，支配的集団に社会的・文化的・経済的にアクセスするためのものである。この見方が特に移民などの第二言語学習者に適用されるのは，社会的包摂が必要に迫られているからである。この切迫感は，たとえばグローバルな職場において，キャリアや社会的・経済的地位の向上を求めているミサキのような英会話学習者にも確かに当てはまる。だが，他の学習者にとっては，英語学習と社会的・経済的包摂とは無関係である。この場合の英語学習は，娯楽，楽しさ，ファンタジーと関連し余暇活動の中核をなすものであり，包摂の意味は，仲間や外国人講師と交流したい，そして想像の共同体に属したいと思う願望に関連していると言えるだろう。その共同体は，エキゾチックな音声，ことば，文化，そして顔立ちや肌の色が異なる人々であふれている。

　Kramsch(2009)は，教育機関や大学で行われている言語教育に言及し，言語学習における学習者の願望を，コミュニケーション上の成功や専門的な利益を超えた人間の感情・楽しみ・ファンタジー・夢に結びつけて考えている。このスキル育成を超えた視座は，英会話学習においても顕著に見られる。事実，「学習」を一般の心理学から検証するなら，英会話学習ではほとんど何も「学習」されていないことになるかもしれない。中には，知識やスキルを伸ばすことよりも維持することが最も重要であると考えている学習者もいる。英語力がまったく伸びないのにレッスンを受け続ける学習者もいる。これはまさに，英会話余暇活動から生まれる喜び・楽しさ・ファンタジー的感覚に起因すると言えるだろう。この意味では，これらの学習者の活動は，「学習」というよりも「参加」といったほうがより適切なのではないだろうか。

余暇活動としての英会話学習は，投資の概念よりも消費という概念に近いようである。英語，白人性，ネイティブスピーカーといった商品化されたものを消費する活動である。英会話産業はこの消費システムにつけ込んで，さらにこうした言語的・人種的カテゴリーを価値ある商品としてもてはやすような言説を再生産しているのである。筆者が東京の英会話学校を訪れたとき，教室案内をしてくれた担当の営業ウーマンは，次のように言った。「外人さんのすぐそばに座ることなんてあんまりないですよね？」このことばからもわかるように，白人ネイティブスピーカーは，消費されるエキゾチックな象徴として構築されている。これと似た位置づけにあるのは，あこがれの的としてのバイリンガル日本人であろう。ただ，消費者は全員同じようにこの社会的イメージから影響を受けているわけではない。彼らは多様な主体性を持ち，それぞれが異なるアプローチで英会話学習に参加している(Kubota & McKay 2009, 本書第6章)。言い換えれば，言語学習における人種的・文化的・言語的イデオロギーと，個人の主体性との相互作用は一様ではないのである。

　この研究を進めていく中で，筆者は言語教育に関する難題をいくつもつきつけられた。難しい問いに何度も直面した。もし，英語学習に学習という行為がないのなら，なぜそれを学術的な問いとして調査研究するべきなのか。なぜ，娯楽という個人的利益を生み出す余暇活動を問題視しなければならないのだろうか。この研究は，社会的な変容を促すような批判的内省や行動に一体どのように貢献するのだろうか。第二言語教育の専門家にとって，正規教育機関外での言語教育や言語学習は，カリキュラムや教授法や教材を向上させようとしても手の届かない領域にある。コミュニティの英会話レッスンでは，教師や教材の選択は，学習者またはプログラム運営者にすべて委ねられる。一方，大手英会話ビジネスでは，利益を生み出すかどうかでカリキュラムや教師の雇用が決まる。いずれにしても，言語能力や知的レベルの向上のための教育効果とは無関係のように見える。しかし，サービスの質に顧客が批判的になれば，現状は変わってくるだろう。たとえば，英会話学習が作り出す人種的・言語的偏見に学習者が批判的な目を向けたら，異なるサービス需要が生み出されるかもしれない。批判的な気づきを促すためには，公教育の中で学習者に言語学習の社会政治的側面に目を向けさせることがきわめて重要になるだろう。

だが，本研究において，白人ネイティブスピーカーが教える英会話は，娯楽・ファンタジー・社交などのプラスの要素を，すべてではないが一部の人々にもたらすことが示唆された。この恩恵は個人にとってある時期には大切なものになるかもしれない。英語圏の想像の共同体に属したいという願望は，希望をもたらし，また精神的逃げ場ともなりうる。第二言語教育の専門家は言語帝国主義と共謀するこれらの恩恵や願望を否定し，警鐘を鳴らすべきなのだろうか。景気の見通しが厳しい現況で，ヤスオのような小さな英会話ビジネスの経営者が生き残っていくためには，どのようなアドバイスができるのだろうか。言語学習と楽しみの消費は表裏一体である。現代社会の経済システムは，答えよりも問いを多く突きつけているのである。

謝辞

本研究は(独)国際交流基金の助成を受けて行われたものである。

6章

グローバリゼーションと日本の地方における語学学習[1]
―地域の言語エコロジーの中での英語の役割―

はじめに

I haven't found yet what I want to be in the future, but I want to use my English in the future. I want to go abroad and make friends, many many friends, and communicate with them. And so in order to do that, I have to learn English,…And practice makes perfect, and so I will learn English every day. … I, I, I do my best.

(訳)自分はまだ将来,何になりたいかわかりません。でも英語が使いたいです。外国へ行って友達を作りたい,たくさんたくさん作りたい,そして友達とコミュニケーションがしたい。だからそのために英語を勉強しなければならないのです。「継続は力なり」だから毎日勉強します。私は,私は,私は自分のベストをつくします(拍手喝采)。(女子高校生のスピーチ。英語教育シンポジウム。2007年3月3日東京。)

今日は外国籍の中学生が高校に進学するための説明会に行った。森野県(仮名)の支援団体が催したイベントだった。私は英語のグループで通訳をつとめるよう頼まれた。約50人の生徒や保護者が来ていた。ポルトガル語のグループが3つと大きな中国語のグループ,そしてスペイン語とタイ語のグループがそれぞれ設けられていた。英語のグループにはだれも来なかった。(2007年10月14日 久保田のフィールド・ノートより)

グローバル化が進むにつれ,英語を外国語として教えてきた日本のような国,つまりB. Kachruのいう拡張円(expanding circle)の国の多くで,英語教育はますます重要視されるようになってきている。このように英語教育を重要視することは,英語運用力がビジネス,観光,ＩＴその他の分野におけるグローバル・コミュニケーションに不可欠であるという通念と密接につな

---

(1) Kubota, R., & McKay, S. (2009). Globalization and language learning in rural Japan: The role of English in the local linguistic ecology. *TESOL Quarterly, 43*, 593-619.(翻訳協力：片山晶子,寺沢拓敏)

がっている。はじめの女子高生の英語スピーチが示すように，英語は世界の人々とのコミュニケーションを可能にしてくれるものとして受け取られている。ここで想定されているのは「世界の人々は英語を使ってコミュニケーションをしている」ということだ。しかし2番目に引用したフィールド・ノートを見ると，この「想定」に疑いがわいてくる。少なくともこの外国籍生徒のための説明会では，人々をつなぐ共通言語は英語ではない。

　Graddol(2006)は，世界の教育制度における英語需要に関する予測を引用して，母語・第二言語に関わらず全世界の50億人以上は英語を使用していないと述べている。これは，世界の人口の4分の3以上が非英語話者であることを意味している。ということは，一般の認識とは異なり，英語は国際コミュニケーションの場面で共通言語とはならない場合もあるということだ。このような状況は，海外からの移住者が増加している拡張円の国々ではまったく珍しくない。この研究が行われた日本のある地方都市でも，非英語圏(ブラジル・中国・ペルーなど)からの移住者の増加に伴い，過去に例のない言語の多様化が起きていたのだった。

　国際コミュニケーションにおける英語の役割についての学問的論議にはさまざまな対立する立場がある。多様な英語(Englishes)の記述的研究もあれば，新マルクス主義的・ポストコロニアリズム的・ポスト構造主義的立場から英語を批判する研究もある。このようなさまざまなアプローチの存在を見れば，英語の世界的役割には多様な理解の仕方があることがわかるだろう。しかし，そもそも英語を研究し論議し批評すること自体が，「英語は多様な第一言語を持つ人々を結びつける」という考えにはじめから同調しているとも考えられる。さらには，そのような研究・議論・批評のために，かえって本質的なことから注意がそれてしまっている。では，その「本質的なこと」とは何か。それは言語的背景が多種多様な人々を必ずしも結びつけてはいない英語をあえて「教える」ことの意味だ。今日の言語多様性に対する理解を広げるために，「そもそも英語は多くの場面で共通言語ではない」という前提から出発して，英語がその土地の言語エコロジーの中で，人々の経験や主体性にどんな影響を与えているのかを検証することは有益である。

　本章では，日本のある小都市で行った成人の語学学習に関する質的研究の一部を紹介する[2]。この研究は，地元の人々が自分たちのコミュニティの言

---
[2] 本研究は国際交流基金より研究費の助成を受けて行われたものである。

語多様性をどのように考えているかを調査したものである。また，多様性とどのように関わっているか，人々の考え方や関わり方が言語学習に関する主体性と経験にどのように反映されているのかも調査した。データとして分析したのは市が実施した調査の報告書，ならびに地域のボランティアリーダーで英語教師や英語学習者でもある女性3人に対して行ったインタビューである。さらに，この女性たちの考えや経験との比較のために，市内のブラジル人労働者を支援する目的でポルトガル語を学習する2人の男性の考えや経験も取り上げている。この研究に基づいて外国語としての英語教育への示唆を探ってみる。

1. 英語の役割を再考する

学界でも世界の英語使用について活発的に論じられており，「国際語としての英語」，「リンガフランカ(共通語)としての英語」，「地球語としての英語」，「世界語としての英語」などの用語が提案されてきた(Seidlhofer 2004)。使われる用語がどうであれ，英語の世界的な広がりをめぐる問題はすでに多種多様な観点から論じられてきている。

多くの議論はマクロな観点に基づいており，焦点が当てられているのは以下のような事象だ。

- 世界語としての英語の社会的・政治的・経済的価値（例：Crystal 1997）
- 複数形の世界英語(world Englishes)に代表される，英語の多様な地域的特徴や規範　　　　　　　（例：Kachru, Kachru, & Nelson 2006）
- 言語帝国主義に象徴されるような，個人レベルから構造レベルにまで至る英語と英語以外の言語間の不平等，それに付随する英語話者と非英語話者との不平等　　　　　　（例：Phillipson 1992, 2003）
- 言語の死，言語ジェノサイドとよばれる少数言語の消滅
　　　　　（例：Nettle & Romaine 2000; Skutnabb-Kangas 2000）

さらに以下に紹介するタイプの研究は，英語とアイデンティティをめぐる本質主義的理解をくつがえし，両者の関係を不変のものと見る考え方に再考を促す。

- 従来(植民地主義によって)抑圧されてきた「声」を発信するために，英語をポストコロニアル状況に適応するよう再概念化することについての研究　　　　　　　　　　　（例：Canagarajah 1999a）

- リンガフランカとしての英語コミュニケーションの中で，話者が持ち合わせている能力に基づいて言語の形態や意味について調整したり交渉したりする様子を描写する研究　　　　　　　　（Canagarajah 2007b）
- 英語使用を，ポスト構造主義的パフォーマティビティ（遂行発話性）の概念から考察する研究　　　　　　　　　　　　（例：Pennycook 2007a）

しかし，英語に関する学術的論議はほとんどの場合「母語が異なる人々が出会えば英語でコミュニケーションをする」という暗黙の了解に基づいている。このような考え方は学問の世界以外にもあり，以下の「『英語が使える日本人』育成のための行動計画」と題された文部科学省（2003）の文書がその好例である。

　…(前略)…英語は，母語の異なる人々の間をつなぐ国際的共通語として最も中心的な役割を果たしており，子どもたちが21世紀を生き抜くためには，国際的共通語としての英語のコミュニケーション能力を身に付けることが不可欠です。

しかし「国際的共通語としての英語」という概念は，それ自体が構築された言説にすぎないという点で批判されうる。Pennycook(2007b)は言語という概念の再考を試みているが，その中で，英語そのものだけでなく英語に関するメタ言語（「国際語としての英語」，「経済的な成功をもたらす言語としての英語」など）も，客観的事実というよりは創作もしくは神話にすぎないと論じている。このような言語観は，そもそも言語システムや言語使用を定義・記述する社会的・歴史的・政治的プロセスの中で作り出されたものでありながら，いかにもありそうな，あるいは，あるのかないのかわからない言説表象を生み出してしまう。Pennycook(2007b: 97)は，この点について以下のように述べている。

　このような「構築」をめぐる理解は，物事を繰り返し語り続けその存在を仮定し続ければ神話も真となるということをよく表している。言ってみれば森羅万象の起源と成り立ちを，「かくしてかく成りにけり」と説いてしまう英雄伝説の論法のようなものである。このような物の見方をすると事実の探求などは二の次になってしまう。

Pennycook(2007b)はフーコーの説を論拠としてこのように主張している。真の問題は「英語」というものが実際存在するか否かではない。真の問題は，言語学者・教育関係者・政策決定者を巻き込んで成り立っている「言語産業の言説」が，英語に関する「真理」の効果を，一体どのように作り出しているのかということだ。これと同様に，本研究にとっても重要な問題は，共有語・国際語としての英語という言説が，個人的主体性の構築と社会的実践にどのような影響を与えているのかということだ。「英語は共有言語である」という言説は政治的力学の中で考える必要がある。この言説は，異言語コミュニケーションのあり方について，特定の見方を前提にしているメタ言語なのである。

地域共同体で多言語化が進んで，実際には「共有言語としての英語」という考えとは正反対の言語状況が生まれてきている。Block(2007)は，ポルトガル語話者のブラジル人男性が，ロンドンでスペイン語話者の同僚に英語よりはスペイン語で話そうとする様を紹介している(カナダでの同様な研究として Goldstein 1996 および Norton 2000 参照)。拡張円の国々ではたくさんの非英語話者が雇用を求めてどんどん国境を越えているが，そこでの主たる共通語は通常受け入れ国の多数言語であり，このことが少数言語を脅かすことになっている(Mufwene 2002，日本における諸言語の状況については Gottlieb 2008 を参照)。EFL 状況においては，英語以外の言語をめぐってただでさえこのような権力関係の不均衡が存在している。その上，この状況をさらに複雑にしているのが，英語学習をますます重要視する風潮だ。

先にも述べたように，英語を教えることによって作り出された社会文化的，イデオロギー的な影響については植民地主義言説，言語帝国主義言説，あるいは権力闘争をめぐる言説との関係で広く論議されてきた(例: Hashimoto 2007; Kubota 1998a, 2002a; Oda 2007; Pennycook 1994, 1998; Phillipson 1992; 本書第1章)。こういった批判をさらに発展させるために従来の研究から視点を一新する必要がある。具体的には，英語が共有語にはならない個々の地域特有の多言語状況と「国際語としての英語」言説がどのように交錯するのかを検討する必要がある。このような言語環境における英語の役割および英語による影響をよりよく理解するためには，当事者の視点から考察することが重要である。その地域固有の背景に焦点を当て，地域コミュニティの中で人々がどのように言語を使い，言語に対してどのような姿

勢をとっているのか，またこうした人々の経験や考え方がどのようにマクロな言説に関わっているのかを検討することが肝要だ。

2. 調査地とその背景

　森野県葉州市(仮名)は人口約16万の中都市で，農業に加え小型機械や電子機器の生産が盛んだ。1990年代からは葉州市にも，他の地方都市と同様，長年日本に居住する在日韓国・朝鮮人との対比で「ニューカマー」と呼ばれる外国人住民が急激に増加した。葉州市に外国人登録をしている住民は1990年にはわずか700人程度であったのが，2006年には6000人を超え，市の人口の3.7%を占めるまでになった[3]。このうち50%がブラジルからの移住者で，さらに中国(17%)，ペルー(8%)，韓国(6%)，タイ(4%)と続いている。「この程度の外国籍人口では共同体が多様になったとは言い難い」という議論も成り立つかもしれない。しかしながら，行政サービスの内容を見る限り，この自治体は地域の多様性を不十分ながらも明らかに認識していると言える。

　こうしたニューカマーの大多数は市内の製造業に従事している。葉州市には主に中国や東南アジア出身の成人学習者のための日本語学校が2つあり，さらに中国や韓国その他アジアの開発途上国からの留学生を多く抱えた大学も2つある。ここで注目すべきことは，外国籍の住民は全国の製造業が盛んな地域に集住する傾向があるという点だ。2007年の時点で葉州市も，外国人居住者が多い23の自治体(人口の2%から16%，平均5.2%が外国人から成る共同体)が作った「外国人集住都市会議」に参加している。外国人集住都市会議は2001年から年次大会を開いて医療・教育・地域の支援・治安などの問題について討議を重ねている。

　出稼ぎ労働者の増加，とりわけ南米からの労働者数の伸びの背景には1990年に改正施行された出入国管理法がある。この法律改正によって，日系人とその家族3世代までは合法的に日本で働くことができるようになったのである。日本人のペルーやブラジルへの移住など南アメリカ諸国への移民が始まったのは19世紀末から20世紀初頭だ。当時それらの国では農場労働者の高い需要があった。それからほぼ1世紀を経て今度は日本の労働需要が多くの日系移民の家族を日本に呼び戻したのだ。中国やアジアの開発途上国についても1990年代に制定された外国人技能実習制度・研修制度

---
(3) 2006年の全国の外国籍人口率は1.6%である。

(2010年改正)によって，研修生は3年までは日本にとどまって訓練を受けることができるようになっていた。このような訓練生の半数以上は中国から来ている。

葉州市内では，人種的多様性が目に見えてわかるというほどではない。というのもニューカマーのほとんどは肌の色が濃くないアジア系だからだ。しかし，スーパーやファミリー・レストラン，スポーツ・ジムなどに行ってみると，しばしば異なる言語が聞こえてくる。これに対して，白人や肌の色が濃い外国人は人数こそ少ないが目立つ。肌の色の濃い人々は主として南アジアや南米出身者だ。反面，白人の一部は南米から来た英語を話せない人々だが，残りのほとんどは英語教師かキリスト教の伝道師だ。

大都市ではない葉州市にも成人が英語を学ぶ機会は確かに存在する。たとえば2007年には2つの大手英会話学校が教室を開設しており，また，ネットで検索してみると個人経営の英会話教室が10軒以上もある。その他にもネイティブスピーカーとの個人またはグループレッスンをプライベートに行っている人々もいる。

本章の第一著者である久保田は1年間葉州市に滞在し，葉州市の公立学校で日本語(JSL)指導のボランティアをしつつ，成人のための英会話レッスンの観察，英語やポルトガル語を勉強中の成人学習者へのインタビュー，さらに外国人居住者も参加する地元のイベントなどで参与観察を行った。第二著者のMcKayは英語とスペイン語のバイリンガルのアングロサクソン系アメリカ人研究者だ。McKayはデータ収集期間中に葉州市を訪問している。この研究ではクリティカル・エスノグラフィの視点から，英語もしくはポルトガル語を学ぶ日本人学習者が，このコミュニティの言語多様性といかに折り合いをつけているのかを調査した。クリティカル・エスノグラフィがめざすものは，当然として想定されていることの中にある重大な問題を明らかにし，社会の構造や個々の日常の経験において，どのように不平等な権力関係が浸透しているかを解き明かしていくことである(Madison 2005)。本研究はこのような立場から，英語が共通言語であるという認識に疑問を投げかけ，葉州のような多言語共同体において英語を学ぶ意義と目的について批判的考察をする。本章で分析するデータは，葉州市が実施したアンケート調査の結果と葉州市に住む5人の日本人とのインタビューである。市のアンケート調査は地域の多様性や英語の役割に対する一般住民の見方を知るのに役立

つ。これに対して，インタビューでは語学学習に実際取り組んでいる個人の経験やそれぞれの主体性を引き出すことができる。なお，この研究では日本人の英語学習に関する考えや経験に焦点を当てたため，外国籍住民の考え方についてはインフォーマルなインタビューや参与観察から得た情報だけに限られているということをつけ加えておく。

2.1 外国人，国際化，そして英語

　葉州市では 2005 年に教育・雇用・福祉・コミュニティ支援の分野にわたる多文化共生の課題を議論するため，外国籍市民支援協議会(以下，支援協議会)を組織した。支援協議会は，市や民間企業，ボランティア団体の代表も交えて，外国人の地域参加を推し進める方策を検討していた。

　このような取り組みは 2006 年に総務省が委託した多文化共生の推進に関する研究会報告書(総務省 2006)でも強く推奨されている。この「共生」ということばは，出稼ぎ外国人労働者に対する政策の変遷を物語っている。かつては出稼ぎ外国人労働者といえば，政治的関心はもっぱら労働力と治安の問題だったのだが，外国人を「居住者」として地域コミュニティへ仲間入りさせることに政策の焦点が移行していった。2006 年に葉州市の支援協議会は，「共生」の確立のため，そして出稼ぎ外国人労働者の考えや経験をよりよく理解するための意識調査を実施した。アンケートが送付されたのは，ニューカマーの住民，日本人住民，公立学校に通うニューカマーの児童生徒，市内に 2 校あるブラジル人学校の児童生徒，小 1 から中 3 までの子どもがいる日本人保護者，そして公立学校教師であった。アンケートは，選択回答と自由記述から成り，調査結果は 90 ページに及ぶ報告書にまとめられ，その年のうちに公開された。本研究が分析する回答は，日本人住民(回答数 205，回答率 41%)と学齢の子どもを持つ日本人保護者(回答数 257，回答率 32.1%)からのものである。この中でスポットを当てたいのが，相互に関連の深い「英語」と「国際化」という 2 点についての回答者の意識である。

　調査によると日本人住民が抱く外国籍住民の増加についての意識は賛否が伯仲していた。回答者のうち 38% は経済効果や国際化を理由に増加を肯定的に受けとめていた。一方で 11% の回答者は社会的摩擦が起こる可能性があるという理由で外国人の増加に対し否定的であり，そして，どちらとも言えないと回答した人は 47% であった。外国人の増加については賛否に割れた意見

も，外国人住民の印象を尋ねる質問になるとぐっと否定的な方にかたむいた。好感を持っている人が28%だったのに対して，よくない印象を持っている人が40%にのぼり，どちらでもないと回答した人が24%，という結果になった。多数寄せられた自由記述の中で，言語との関連で多文化主義についての考えが示されているものがいくつかあった。外国人との共生に対して肯定的な人は「交流や協力を通じて相互理解を深めたい」などと述べていた。これに対して，否定的な回答者の中には「経済にも国際化にも関係のない外国人ばかりが多い」と答え，外国籍住民は国際化に何ら貢献しないと考えている人もいた。このコメントの真意はさだかではないが，ここにある「国際化」は人種や言語の多様性というよりは，「白人であること」や「英語」と結びついているのではないだろうか。日本人と外国人住民がよりよい共同体を築くために何ができるかという問いに，ある回答者はこう答えている。「子どもに早くから英語教育することが大切！」その他の回答の中で以下のコメントは現地の言語エコロジーや英語の役割を理解する手がかりになる。

> 外国人のなかでもコミュニティなどの集まりを作りたがる国民性のある人達はどうしてもいると思います。共通言語を持たない国の人に多くみられ，そうなるとどうしてもルール的なものは無視されがちです。そのために英語を共通語として早くから学ぶなど，国全体が解決しなければならない根本的な問題はあると思います。まず言葉でお互いを知ることが出来なくてはと思うので，ポルトガル語とタイ語などの案内誌などを作ることからはじめては，と思います。

このやや不可解なコメントは何とおりにも解釈ができるが，おそらくこの回答者は共通語が社会秩序を保つために必要で，しかもそれは英語であるべきだと信じているのだろう。この考え方は，昨今日本で激しい議論が戦わされている小学校英語を支持する立場と呼応する[4]。また，案内誌を作るべきだという提案は，ポルトガル語話者やタイ語話者に一方的に日本式の生活を知ってもらうことを奨励しているという点で，「言語を通じてお互いを理解する」というよりは，ただ「日本を理解してもらう」という一方通行になってしまっている。

---

(4) 2011年に完全実施となる学習指導要領では小5と小6で英語の授業が必修となっている。

一方で，学齢の子どもを持つ親の過半数が，日本人ではない生徒がクラスにいることを肯定的に見ていた。内訳は，57％が異文化間のふれあいは国際化のためによいと答え，5％が否定的，32％はどちらでもない，となっている。肯定的コメントの中には，日本人以外の子どもたちの言語や文化を学ぶ有益性について述べていたものがいくつかあった。ある回答者は「その子どもさんの母国語を皆で学び対話に活用できたら楽しいと思います」と書いている。「外国のことばや文化に触れるチャンスが身近にあるのに，日本の子どもたちに生かされていないのはもったいない」とコメントする親もいる。さらに他の国や文化の学習に興味のある保護者はこのように答えている。

> 母国の良い所，日本でビックリした事，母国にある便利なもの，等々知りたいです。日本の良い所等も感じることがあったら，その方の言葉で聞いてみたいです。良い機会だと思います。相互理解のためにも，例えば日本語がムリなら，お子さまが通訳で，外国籍の保護者のお話を聞かせて下さい。

　このような声があるにもかかわらず少数言語を学ぶ機会はほとんどない。葉州市役所のブラジル人職員で日本語とポルトガル語のバイリンガルであり，公民館でポルトガル語の講師もしているサブリナが，インフォーマルなインタビューの中でこんな話をしてくれた。サブリナは市役所の上司に「職場の日本人職員のために休憩時間を利用して短いポルトガル語のレッスンをしてはどうでしょう」と提案したことがあった。彼女は一般企業などでもそのような語学レッスンをするべきだと思っているが，そうは言ってもこのような企画を自分ひとりで主導するとしたらあまりに荷が重いとも感じていた。
　この意識調査では，肯定的なコメントがあった反面，否定的な回答もほぼ同数あった。ある保護者は，町内会費の徴収で困った経験に触れ，こう書いている。「ことばが通じない時は，どうすればよいのか？　ペルーやブラジルetc英語以外の場合，メモや手紙を書けません」。また，ある保護者は排外感情を露骨に書いている。

> 同じクラスにいるメリットは全くないので，外国籍児童を集めたクラスを別につくり分けてもらいたい。身近で，外国人による犯罪が多く多発

している以上，関わりは持ちたくない。一緒にいると国際化というふれあいができると行政は思うが，表面上の国際化など必要ない。大切な子どもをあずけている学校に外国人がいる自体とても不安である。

次のコメントはやや衝撃的ですらある。

中学とか高校とかだったら，外国籍の子が同じクラスにいたら英会話を教えてもらったりして，ちょっと良いのかもしれないけど，田舎の学校では特に低学年のうちは，日本語のしゃべれない外国籍の子に対して担任の先生がいちいち時間を中断しているのが不満です。4月にクラス替えで家の子のクラスに外国籍の子が3人もいるのを見た時は，どうして4クラスもあるのに同じクラスに3人も入れるのか意味がわからなかった。だからってこんな田舎に（この外人生徒が行けるような）アメリカンスクールがあるわけではないので受け入れは仕方ない事だと思う。

この保護者は，自分の子のクラスにいるニューカマーの生徒は英語を話すアメリカ人であって子どもにとってためになるはずだ，と思い込んでいるのだろう。

確かにアメリカ人はこの地域で歓迎される傾向にあるようだ。サブリナによるとアメリカ人に見えるブラジル人，つまり白人のブラジル人は，肌色の濃いブラジル人はもちろんのこと日系ブラジル人と比較しても，地域住民との摩擦を経験することが少ないということだった。「日本人はアメリカ人びいき」というのがサブリナの印象のようだ。サブリナの友人の夫は白人ブラジル人で，よく英語で話しかけられるし，まわりからも親切にしてもらっているという。ところが日系ブラジル人の妻のほうは日本語が話せないため，周囲から見下されているのだそうだ。サブリナは，自分たち日系ブラジル人は両親や祖父母から日本人らしくふるまうことを教えられて育ったのに，日本の若い世代はそれとは対照的に「アメリカ的なもの」に夢中になりすぎている，と考えている。サブリナの目にこのように映った日本の若者の印象で思い起こされることがある。学校の国際教室で，あるニューカマーの中学3年生の男子生徒が，筆者（久保田）に「日本人はアメリカ人が好きなの？」と質問してきた。「君はどう思う？」と聞き返すと，この生徒は「そう思う。

日本の女の人はアメリカ人と結婚したいでしょ」と答えた。

　日常の交流の中でも,「日本語を話さない外国人はみな英語話者だ」という思い込みや,外国人ならだれとでも英語で話そうとする行動なども,時折見受けられた。たとえばこんな出来事があった。筆者(久保田)がペルーから来たばかりの中学1年生の男子生徒の支援をするために,ある中学校を訪れた時のことだ。日本語で誕生日を尋ねられたものの,意味がわからず困っているこの生徒に助け舟をだそうと,横に立っていた教頭先生が "Birthday," "When?" などと英単語を発したのだ。本国ペルーで英語を2ヶ月ほどしか学んでいないこの生徒にとって,これが何の助けにもならなかったのは言うまでもない。

　こうしたコメントから国際化,多文化主義,そして英語への屈折した理解が垣間見える。「国際化」は,1980年代ごろから国を越えた交流を意味することばとして広く使われるようになった。「国際化」とは文字どおりには internationalization を意味しているはずだが,実は「西欧化(Westernization)」,さらに正確に言えば,英語の学習を重視した「米国化(Americanization)」を指していることが多い。そして,このような米国化としての「国際化」は,日本文化を尊重しつつも結局は文化本質主義を生み出してしまうという側面を持っている(Kubota 2002a; Schneer 2007; 本章第1章)。前述の意識調査でも,回答者のコメントのほとんどに,英語を話さず白人でもない労働者階級のニューカマーは「国際的」だと認めない態度がにじみ出ている。言ってみれば「英語を話す白人中産階級の人々だけが日本の国際化に貢献できる」ということだ。「ニューカマーが大勢やってくることで起きるいろいろな問題を,日本の子どもたちは英語を学ぶことで克服していこう」という先に挙げた一見意味を成さない提案にも,このような考え方が反映している。またある親にとっては,外国人の生徒と国際化のイメージは拡大解釈されて「英語を話すアメリカ人」と結びつけられているようだ。

　以上の多様なコメントのいくつかは,「国際化」について特殊な認識を露呈している。その認識は,外国籍住民は地域にどのような言語的資源をもたらすのか,日本人の子どもたちはその言語的資源からどんな恩恵が受けられるのか,広がる国際化に子どもたちはどう対処していくべきなのか,といった課題に関わっている。回答者によっては,出稼ぎ労働者を「他者」として捉え,恩恵をもたらすどころか耐え忍ぶべきお荷物として位置づけ,国際化の

概念から除外してしまっている。数こそ少ないが，英語に関するコメントの中には，お互いことばが通じない環境では共通語が必要なので，英語を教え，そして英語使用を推奨するべきだといった信念を吐露するものもあった。しかしこれは地域の言語エコロジーとは矛盾している。このような矛盾を筆者（久保田）がインタビューした地域のリーダーの人たちも経験していた。

2.2 地域リーダーのジレンマ—英語学習者対ポルトガル語学習者—

　ボランティア活動は特にフルタイムの職を持たない既婚女性の間で，語学力を生かして人助けができるという理由で盛んだ。森野県は90年代に，ある国際スポーツイベントを主催した。このイベントをスポーツフェストと呼ぶことにする。このイベントに備えて，地元の人々が語学ボランティアとして貢献できるように無料語学講座が開かれた。この講座を中井さん，本間さん，レイコ（すべて仮名）という3人の女性が受講した。この3人の女性をここで紹介するのは，この女性たちの意見や経験が，自らの英語への投資と地域の人口構成の変化という現実の狭間に立つ矛盾した立場をよく表しているからである。さらに，この女性たちの経験をポルトガル語の学習者であるアキラとセイジ（仮名）と比較してみる。それぞれの語学学習についての経験と意見，さらに地域の一員としての役割を調査するためにインタビューを行った。インタビューは各参加者につき1，2回，時間は2〜3時間にわたった。インタビュー音声は録音したのちに書きおこしをした。さらに，この語学レッスンの参与観察の際にはフィールド・ノートもとった。以下のインタビュー内容で「私」は筆者（久保田）のことを指している。

2.3 中井さん　1942年生まれ　女性　当時65歳

　中井さんは葉州の外国人住民にとってはおそらく一番重要なリーダーだ。中井さんが果たしてきた役割は，葉州国際交流委員会会長，外国籍住民のための日本語サポート・ボランティアグループのリーダー，公立学校で第二言語としての日本語を学ぶ児童生徒のためのニューカマー・プログラム設立，市，県，国各レベルの関係会議への参加などである。

　中井さんがニューカマーの地域支援のまとめ役をしていると聞いて，日本語を教えたいと思った私は直接電話をかけてみた。私の自己紹介を聞いて，中井さんはこう言った。

何年か前までは国際ボランティアをするといったら，英語をしゃべることだったんですよ。でもいまは地域支援をするにはポルトガル語ができないとね。

　これを聞いて私はてっきり中井さんはポルトガル語が堪能で，英語を話す日本人をあまり快く思っていないのだと思い込んだ。ところがこの印象はまったくの誤りであった。
　中井さんは太平洋戦争後の連合国軍占領時代(1952年まで)に育った。米兵はお菓子をくれるので，中井さんはアメリカ人に対してあこがれを抱くようになった。葉州にある私立のキリスト教幼稚園に通うようになった中井さんは，そこでカナダ人の先生から英語の歌を習った。小学校5年生になると英語を日本人の家庭教師から習うようになった。これは当時としてはかなり珍しいことだった。中井さんは自分の家庭教師や他の人の英語の話しぶりについて語るとき，しきりに「発音がいい」ことを褒めた。
　その後中井さんは，東京の大学に進んで英語を専攻し，卒業後は葉州に戻り，ある会社の社長秘書として職場で英語を使った。また退社後は子どもたちに英語を教えたりもした。中井さんは結婚を機に退職したが，英語のレッスンを自宅で30年近く続け，さらに自身も公民館で英語を習っている。中井さんは自分や自分の子どもの経歴をかなり誇りに思っていた。オーストラリアの白人男性と結婚して現地で働いている娘さんのことは，とりわけ自慢のようだった。
　1990年代の初め，中井さんはスポーツフェストの英語研修に参加し，以来ずっとスポーツ関係の催し物でボランティア通訳を続けている。スポーツフェストに参加したのと同じころ，年1回開かれる葉州の国際フェスティバルの企画にも関わるようになり，英語を話す住民と楽しく交流した。しかし葉州の外国籍住民の顔ぶれが変わり始めると，中井さんの活動の中心も英語を話さない住民の支援へと変わっていかざるを得なくなった。
　ニューカマーたちを支えていこうという中井さんのこのエネルギーは一体どこから来ているのか，私は強い関心を抱いた。情熱だろうか。私のこの質問に中井さんはこう答えた。

　何となく成り行きで，情熱でも何でもなくて，成り行きでこういう風に

なったという感じがする。

　中井さんの語りには，英語へのこだわりと中産階級意識もにじみ出ている。たとえばインドや中国，その他アジア各国からの大学院生を，英語が話せるという理由で高く評価している。インドへの研修旅行で英語が役に立ったことについて，中井さんは，英語ができてよかったと思ったのは研修のためだけでなくて，お店やホテルでインチキされないですんだからだ，と話していた。
　小学校の英語必修化についてどう思うか聞くと，中井さんは「発音っていうのはちっちゃいうちに入れておかなければいけないと思う」ので，小学校英語は絶対必要だと答えた。さらに，英語はネイティブから習うことが必須だとも語っている。私は，葉州にはポルトガル語を話す人のほうが英語を話す人よりずっと多いことを指摘し，外国語教育についてどう思っているのかを問うてみた。中井さんの答えはこうだった。

　　でもポルトガル語しゃべったって，世界にはばたけられない（はばたけない）。だから，中国の留学生も英語が話せる。自分たちの研究がブラッシュアップしたいと思ったら，アメリカとかカナダに行く。ポルトガル語で日本を充実させたところで世界にはばたけられません（はばたけません）。うん。そこです。

　英語以外の他のことばも勉強したくないかと尋ねると，中井さんはにっこりしてこう答えた。「この歳じゃね。」言語を勉強するには若いうちが一番と，中井さんは念を押した。話をしていて，私の中井さんへの初めの印象は完全に消えうせた。

2.4　本間さん　1946 年生まれ　女性　当時 61 歳
　本間さんとは日曜日の日本語教室で初めて会った。この教室は子どもや成人に日本語の個別レッスンをするボランティアグループであり，本間さんはグループのまとめ役だった。彼女はまたこの地域で教育の指導者的な立場にあり，担ってきた数々の役割は，葉州市教育委員会の委員ならびに委員長，葉州青少年育成協会会員，青少年文化協会の会長，裁判所の調停委員，小学

校の日本語ボランティアなどだった。私が個別レッスンをしたいと申し出たとき，本間さんの言ったことは中井さんの言ったことと驚くほど似ていた。

> 以前は英語が話したいとか英語圏の人と友達になりたいとかで，地域のボランティアする方たくさんいたんですけどね。最近では国際交流の主な人たちはブラジル人ですからねえ。たくさんボランティアの方やめちゃって，そういう人たちはもう戻ってこないですね。

本間さんと中井さんはプロフィールがよく似ていることもわかった。2人は友人同士で，共通する経験がたくさんある。葉州市に引っ越してきたオーストラリア人一家と知り合いになったことがきっかけとなって，中井さんと本間さんは一緒にオーストラリアに旅行したこともある。本間さんはさらに北米に研修旅行したこともある。本間さんには香港で働いている既婚の娘さんがいてこの点でも中井さんと共通するものがある。中井さん同様本間さんも，アメリカ文化や西欧の生活へのあこがれがあったという。本間さんは「パパはなんでも知っている」("Father Knows Best")というアメリカのコメディードラマに強い影響を受けた。このドラマで描かれる父親像は，ロマンスグレーの魅力的な男性であり，日本の典型的な父親像とは大違いだった。おまけに家には，広い居間，大きな冷蔵庫，オーブンに食器洗い機まであるキッチン。中学で英語を習い始めたとき，本間さんは教師の発音とつまらない教科書の中身にがっかりしたという。高校に入ると，英語をネイティブスピーカーから習いたくて地元の聖書研究会に通った。本間さんは「本物の英語」が聞けてうれしかったものの，だんだん説法じみた教会の布教活動に居心地が悪くなり半年でやめてしまった。

東京にある女子大の英文科を卒業した後，本間さんは帰郷して自宅で子どもたちに英語を教えながら高齢の両親の介護をした。結婚後いくつかの高校で英語を教えた後，先に述べたようなさまざまな役職につくことになる。英語は，オーストラリア人家族の世話をしながら彼らから習い，それからずっとグループレッスンで勉強を続けている。

中井さん同様，本間さんもスポーツフェストのための英語研修を受けた。ちょうどそのころ本間さんは，外国籍住民相手に日本語の個別レッスンも始めていた。初めのうちは英語を使って日本語を教えることに期待していた本

間さんだったが，英語話者に日本語を教えるチャンスは減少の一途だった。本間さんにどうして日本語教育に興味を持ったのか尋ねてみた。

> 日本語を教えることに興味を持った，というか持たざるを得なくなったというか，私はやっぱり，英語を勉強したいから，ね。あの，その，英語を介して日本語を教えられるんだったら，自分にもメリットがあるし，っていう感じだったんだけれども，だんだんにそういうことはできなくなったんだけど，かといって，するメリットがないからやめるって言うわけにはいかないじゃないですか。やっぱりね，そういう人たちが必要としているというわけであれば，そういうことでずるずると来ているわけ。（笑）

小学校英語について聞くと，本間さんは小さいときから英語に触れることに賛成だという。英語以外の外国語を学校で教えることについても尋ねてみた。

> それは親の方の希望が多分英語と言うでしょうね。いくら多言語でいろいろあったとしても，まずは，英語っていう風に思うんじゃないかな，みんな英語の方に飛びついていくんじゃないかと思いますよ。…(中略)…（多言語を学ぶ）価値はあると思うんだけれど，それだけの余裕があるかどうかがね。

たとえば，スペイン語を習いたい人はスペインに興味があるから習いたいと思うのだと本間さんは考えている。「何にもなくって，そういうポルトガル語習いたいとかスペイン語を習いたいとかというのは，日本のこういう状況では，ちょっと考えられないと思いますね。」本間さん自身は，娘さんの結婚した相手が香港に住む広東語を話す人なので，機会があれば広東語を習いたいそうだ。

2.5　レイコ　1959年生まれ　女性　当時48歳

レイコは「ETGというボランティアグループの創立に指導的役割を果たした人」ということで紹介してもらった。ETG(English Tour Guide)とは葉州市に来る旅行者に無料で英語案内をする団体だ。レイコも，地元の小学校

ではボランティアで，企業や地域センターでは仕事として英語を教えていた。さらにパートタイムで地域の有線放送のアナウンサーもしていた。「私，話すことが大好きなんですよ。小さいときからアナウンサーになりたいと思っていて」とレイコは言った。レイコは学生時代，英語の勉強がきらいだったという。大学では小学校の教職と中学の国語の教職科目をとっていた。それなのになぜ30代半ばでまた英語を習い始めたのか聞かれて，レイコはこんなふうに答えた。

> 私，英語と犬と，3つ嫌いなものを挙げろと言われたら，犬と英語と水泳。今，実は全部克服しているんです。でこのまま，私苦手なものがあって人生終わるのは嫌だなと思っていたの。…(中略)…（英語は）最大の苦手だった，ほんとに苦手だったんだけど，外国人見ただけで顔そむけたくなっちゃうくらいだったんだけれども。

　息子が幼稚園に通い始め，自分も何かすることを探していたところだった。そんなとき，スポーツフェストの英語研修を見つけ，これが彼女の英語キャリアの出発点となった。スポーツフェストが終わった後，レイコはETGを立ち上げた。しかし旅行ガイドの申し込みは年に1，2度しかなく，結局ETGの主な活動はネイティブスピーカーから英語を学ぶことになってしまったという。団体のメンバーもガイドをするより英語を習うことに関心を持っていた。

　レイコ自身は公民館や英会話学校で英語のレッスンを受けていた。英語が上達してくると，他の人にも英語でコミュニケーションする楽しさを知ってほしくて英語を教え始めたのだった。英語を教えることは英語を使う機会にもなった。最近は，通信教育で中学・高校の英語の教員免許も取得した。

　しかし，小学校に教えに行くと，先生たちから「ネイティブを連れてこい」とよく言われる。レイコは自分の方が訓練を受けていないネイティブスピーカーよりうまく教えられると思っていたが，インタビューではこう語った。

> そうなの。(ネイティブの)存在自体が異文化だから，そこにふだん滅多に見かけない，そんなことも，まあ葉州もそこまでひどくないけど。子どもたちにとって存在自体がアトラクティブなんだけれども，やっぱり

それだけじゃね。やっぱりそれだけじゃ。

では，そのネイティブスピーカーとはどんなイメージなのだろうかという私の問いに，こう答えた。「この地域の多くの人にとって，外国人は違う顔している人だな。」私は「顔が違う外国人たち」とは白人のことかと尋ねた。レイコは同意した。

中井さん，本間さん，レイコはそれぞれみな地域ボランティア活動に参加しているが，レイコだけ違う道を選んだ。しかし，彼女は中井さんや本間さんのように日本語をニューカマーたちに教える方が，正当な方向だと思っている。

> 葉州市の現状で，困っている人たちを助けなければと思うんですよ。でも私は自分が英語を勉強したいからETGのグループの人たちもほとんどそうであるように，やっぱ英語苦手なまま終わりたくなかったっていうスタートのもとに，苦手から始まった英語だからまだ克服したいっていう気持ち，…(中略)…まだ高めたいという気持ちと合わせて，その気持ちとボランティアでだれかの役に立つというのと両方あってのもので，…(中略)…またそれ(日本語を教えること)が仕事になれば別なんだろうけど，やっぱ時間限られた中では，って言うとなかなかできなくって，私，捨てきれないから。

レイコはそう語った。小学校英語の必修化について明らかに賛成はしているものの，レイコは少し複雑な気持ちも抱いていた。

> 外人ってそんなにいないし英語はほとんどいらないんですよね。だから外国人と仲よくしたいんだったらポルトガル語を話せる方が役に立ちます，たぶんなんで英語なの？ってことですよね。でも英語は国際共通語になっていってるし，むしろあたしの3軒先はブラジル人とフィリピン人ですよ。でもフィリピン人とは時々英語で話したりするけれども，やっぱタガログ語の方が得意だろうし，ブラジルの方は英語なんか話したって全然通じないわけだから，必要性からいけば，みんなポルトガル語でも第二言語で勉強した方が，多文化共生のね，社会で生きていくの

に。そう。(筆者:理念では?)ただ一般教養だな,英語とパソコンは。もうちょっとできないと。

3人の女性はそれぞれ英語を学ぶことに多大な投資をしている。「国際語としての英語」神話が作り出した葉州市の人口構成における矛盾を,この3人は身をもって感じていた。一方,3人の女性と対照的に,アキラとセイジという2人の独身男性が,社会貢献のためにポルトガル語を勉強していた。

2.6 アキラ　1969年生まれ　男性　当時38歳

私が初めて毎週日曜日に開かれる日本語教室に行ったとき,アキラはちょうど地元のブラジル学校の先生(ポルトガル語が母語の白人女性)と話している最中だった。私はアキラの横に座って日本語とポルトガル語の入り混じった会話に耳を傾けた。アキラのポルトガル語はまだ初級レベルといった感じだったが,日本語力がゼロに近いこの女性と何とかコミュニケーションができていた。その日教室が終わると,アキラは私にobrigada(ありがとう)というポルトガル語を教えてくれた。「ポルトガル語習いに来たらいいのに。楽しいですよ」とアキラは私に言った。1ヶ月後,私は実際,地域のポルトガル語教室に通うようになった。アキラは日本語のボランティアだけでなく,聴覚障がい者のための要約制作のボランティアや,引きこもりの子どもと大人の相談ボランティアもやっていた。現在母親と同居中で,ふだんは農家でバイトをしているとのことだった。ポルトガル語の勉強についてアキラに聞いてみた。

> 3年前から習ってます。動機は結局,何つうかやっぱり,ブラジル人の方がこれほどいるんだから,習っておけば,将来,仕事というんじゃなくて,お手伝いできるのはあたりまえっていうか。今やっておけば自分にとって有益だっていうか。あとは社会参加というか。

アキラは工業高専を卒業して自動車整備士の資格を取得した。2年ほどカーディーラーで働いたものの,同僚のライフスタイルやつきあいになじめなくて仕事を辞めた。自分は「変わり者で人づきあいが苦手」だとアキラは言う。しかし,ボランティアとして地域貢献をしている自分の役割に対しては明

確な考えを持っていた。今の社会は豊かになりすぎていて、若い人が高級車や携帯電話にどんどんお金を使っている反面、そういう豊かさの恩恵を受けられない人がいる、そんな人たちのために何かしたいのだ、と語った。20代のはじめに父を亡くし、母はアキラが10代のころに脳の手術を受けた。そんなこともあって人生で一番大切なものは何なのかと考えさせられた。ポルトガル語学習は、ブラジルやブラジル文化にあこがれているからではない。アキラはただ純粋に地域貢献がしたかったのだ。

> だからちょっとほかの国の、たまたま結局それがブラジルだったわけですよね。あんまり強い思い込みはないわけですけど。人とのつながりは一番大切に、結局社会参加っていうか、結局旅行したいとかかね、そういうのはあんまりない。

アキラの考えは、本間さんの「人は文化に関心があるからその土地のことばを学ぶ」という見解とはまったく異なる。

学歴や育った家庭に比較的恵まれた3人の女性と比べると、アキラのたどってきた人生は順風満帆ではない。3人の女性の場合英語を習う最大の理由は自分自身の利益であるのに対して、アキラにとって語学学習は地域ボランティア活動のためであった。さらに、女性たちの語学学習への投資は排他的二言語主義で英語習得だけを志向しているのに対して、アキラの語学への関心には多言語主義の態度が表れていた。実際、アキラがペルー人や中国人の学習者と話をしているとき、彼らからスペイン語や中国語を習おうとしていた。インタビューの中でも他の言語にも興味があると話していた。

2.7 セイジ　1965年生まれ　男性　当時42歳

セイジはポルトガル語教室のもうひとりの学習者で、市の廃棄物処理課で事務の仕事をしている。離婚して両親とも死別、今はひとり暮らしをしている。セイジも英語は長く勉強していた。彼もまた英語学習には相当投資しているし、英語はネイティブに習うのが一番という考えだが、語学学習の目的は相互理解のため、というオープンな考えを持っている。

セイジは東京にある大学で法学を専攻した。大学時代NPOでアルバイトをしていたが、そこでは英語力が必要だった。海外旅行にも興味があり、そ

れが英語を学ぶ動機づけになった。卒業後はそのNPOの正規職員になり，4年間働いた後，故郷に戻ってきた。

　セイジの課ではゴミ処理とリサイクル問題を取り扱っている。ゴミは種類によって分別収集がなされていて，分別の規則がかなり細かく決まっている。正しく分別されていないゴミは収集されないでゴミ置き場に放置されるため，それをめぐって日本人と外国籍住民の間でのいざこざがよく生じる。セイジは，ポルトガル語を話す外国人に規則を説明し，さらにこの人たちの言い分も聞いてあげることで，もめごとを減らしていければと願い，ポルトガル語を習っているのだった。将来のことについてはこんな風に語った。

　　やりたいのは教員をめざしていたので，教育関係。教育委員会の中に学校教育課があるんです。希望出したんだけどね，なかなかね。…(中略)…いろいろ外国の人は悩みもあるじゃないですか。子どものことばの悩みもあるし，仕事の悩みもあるし，あと病院関係ね，健康の悩みがあるでしょう。それに応じてあげられるような仕事をしていきたいと思うんです。だからポルトガル語をやる必要が出てきたんです。英語はもちろん必要だから，共通語だから。

　「英語は共通語」という理解は旅行の経験から来ているのかもしれない。すでに20カ国を旅したことのあるセイジは，英語が役に立つと感じている。それでも3人の女性たちとは異なって，セイジは複数の言語に興味を持っている。たとえば，韓流ドラマや韓国旅行が好きになれば韓国語学習教材をたくさん買うし，タイに行ってタイ人の友達ができたときには，タイ語が勉強したくなったという。セイジは続けてこう語った。

　　コミュニケーションを考えたら，どの言語も大事ですよね。それぞれの文化もあるし歴史もあるし，それを理解するにはやっぱりその国のことばでないと捉えられない部分ってありますよね。…(中略)…やっぱり現地のことばしゃべれると気持ちが伝わる場合が，日本語で言うよりは，そんなんで，片言でもいいから話したいなというのはあらゆる言語に対してあるんですよ。

セイジは小学校英語には賛成だが，他の言語も教えるべきだと思っている。なぜならいろいろな言語を勉強すれば子どもたちが地元の外国籍住民のことを理解しようという励みになるし，外国人に親近感も持て，偏見も減るからだ。さらにセイジは英語学習が必ずしも国際協力を推進するとは限らないと考えていた。彼の観察では，地元の住民は白人で英語を話す人は歓迎するのに，そうでない外国人は遠ざけようとする。人間，伝統，考え方の多様性を理解するための教育が，相互理解を深めていくためには不可欠だとセイジは考えている。

3．考察

葉州市ではニューカマーの増加につれて，地元に長く住む人々は否が応でも地域の多様性について考えなければならなくなった。外国籍市民支援協議会の調査ではニューカマーを歓迎している住民がいる反面，「ニューカマーは国際化に貢献していない」のでありがたくないと考えている住民もいることがわかった。さらに，一部の住民は明らかに「地元の共通語は英語であるべき」で，「ニューカマーから得られる利益は英語学習の機会だ」と信じているようだ。3人の地域リーダーの女性たちにも英語への強いこだわりが見て取れた。それでも中井さんと本間さんは，英語の話せないニューカマーの支援に活動の中心を移すことでこの地域住民のニーズに応えようとしていたが，レイコは英語にこだわり続け，教えることを通じてなんとか英語を使う機会を作ろうとしていた。英語との関わり方はそれぞれだが，この女性たちは3人とも，自分の英語へのこだわりと地域の言語ニーズにはギャップがあることに矛盾や倫理的ジレンマを感じている。対照的に2人の男性アキラとセイジは，ニューカマーを支援するという確固とした自分自身の目的を持っている。この女性3人と男性2人の根本的な相違点は，多言語主義，とりわけ英語以外の言語を習うことへの関心の度合いだ。

インタビューに応じてくれたこの5人の英語に対する意識の違いはジェンダーに起因するものだと結論づけることも不可能ではない。しかし本研究はもっと微妙な差異に注目した見解をとる。ジェンダーと言語欲望は言語習得の一要因として論じられてきている（例：Kobayashi 2002, 2007; Takahashi 2013）が，本研究ではジェンダーをコンテクストの観点から捉えたいと思う（McKay & Wong 1996）。Cameron（1992: 40）は「ジェンダーを明白で安定的・画一的なものと捉える見方，そしてそれを形作る外的な力と，その力の

明」は避けるべきだと唱えている。本研究はこの主張と同じ立場をとる。

　この研究の中でインタビューした5人は皆，職業上の理由や地域での相対的地位など，何らかの理由で地域の共同体の中では「疎外」された人々だ。それでいて，この地域の言語ニーズの変化におのおの異なった反応を示している。レイコの場合，ジェンダー・年齢に加えて，他の2人の女性ほど高い社会的地位ではないといった疎外感が要因となって，英語と英語がもたらしてくれるはずの高い価値にこだわっているのかもしれない。このように，インタビューの回答者が皆それぞれ，地元の言語状況に対して独特の反応を示したのは，さまざまな要因の相互作用によるものだと考えられる。

　前述の支援協議会の調査で浮かび上がってきた多種多様な意見を見ても，多様性に対する人々の姿勢が分かれていることがわかる。多様性についての強い関心や肯定的姿勢が表れているものもあれば，あからさまに否定的に捉えているもの，あるいは，さまざまな言語の役割について混乱しているような見解もあった。そこで，こうした多言語状況の中での英語学習の意味について，示唆となる以下の4つのテーマに沿って，次に論じることにする。

(1) 多言語主義推進の妨げになるような英語への執着
(2) 象徴的植民地主義を反映する英語への執着とその社会的・文化的・歴史的背景
(3) 国際語としての英語の階級化および国籍化したイメージ
(4) 国際語としての英語への信望がはらむ単一言語主義

　まず，この研究に登場する3人の女性は，英語だけに多大の投資をし，強いこだわりを持っている。それは英語を話さないニューカマーの人々の支援活動をする中井さんや本間さんも，また，英語ではなくそのコミュニティの言語を勉強すれば便利と，とりあえず認めるレイコも同様だ。本間さんだけは広東語に興味を示していたが，他の2人は英語以外のことばに関心がなかった。英語以外の外国語教育について本間さんとレイコは，重要性を認めながらも特に支持はしなかった。中井さんにいたっては，ポルトガル語では日本の子どもたちが「世界にはばたけない」という理由で，英語以外の外国語教育には真っ向から反対であった。支援協議会の調査の中にも少数意見ではあるが，英語が地域の多様化の問題を解決してくれるというものがあった。このような意識と対照的なのが，前述の女性たちと比べると社会的には

あまり恵まれていないアキラやセイジが示したような，英語以外の言語やその言語を話す人々への純粋な関心。興味深いのは，セイジも英語に投資はしており，国際語としての英語を学びたいと思っていることだ。しかしセイジが3人の女性たちと異なっているのは，英語だけでなくいろいろな言語を使えるようになりたいと考えている点だ。セイジと同様の考えは支援協議会の調査にも少数ではあるが見られた。これは，英語へのこだわりが英語だけへの執着に結びつくとは限らないということを示している。個人が多言語と関わる度合いに影響を与えているのは，その人が持つ社会資本，文化資本も含めて，人生の中での実体験と個人的背景だと思われる。

　2番目に，英語学習者に見られる英語に対する強い親近感は，社会的・文化的・歴史的背景に影響を受けていると思われるが，この背景に反映されているのは英語・アメリカ文化・白人の優位性といった象徴的植民地主義だ。中井さんと本間さんの場合，英語への愛着は戦後のアメリカ文化に接したことに強く影響されている。おそらく2人の場合，この文化に対する強い欲求とあこがれが，戦後の「英語は最重要言語」という外国語教育カリキュラムの影響とあいまって，「英語こそが学ぶべき言語だ」と信じるに至ったのだろう。本間さんは，文化的な関心や「英語話者グループの一員になりたい」という統合的動機があるからこそ語学習得ができるのだと信じているが，本間さんのこのような意識は，アキラのような統合的動機以外の目的での他言語学習の可能性とは相容れない。レイコの場合，本間さんのような強い文化へのこだわりはそれほどはっきり見受けられないものの，「英語を学ぶことは白人と交流することだ」という関連づけが無意識のうちになされていることがうかがえる。白人中心主義の英語観は，日本の英語学習者の間にも広く見られる(Matsuda 2003)。日本で外国人が英語を教えるということは人種と切り離せない社会的活動であり，教師として好まれるのは白人の英語母語話者だ。英語への強い親近感は象徴的植民地主義を反映している。この象徴的植民地主義は米国中心の連合軍による占領の歴史と，英語を白人・アメリカ人と関連づける言説とによって構築されている。本研究が示唆するのは，こうした英語へのこだわりがネイティブスピーカーの優位性をさらに強め，英語学習者から英語以外の言語での(第二言語習得でいうところの)「意思疎通しようとする意志」を奪ってしまう可能性があることだ。ここで，今まであまり検証されてこなかったひとつの疑問が浮かび上がってくる。それは，

英語を学習したいという意志は，英語以外の言語を話す人々と「意思疎通しようとする意志」に相反するものなのかどうかという問いである。Yashima (2002)およびYashima, Zenuk-Nishide and Shimizu(2004)は，日本人の「意思疎通しようとする意志」と相関しているのは国際的問題・交友・活動への興味だと指摘している。そこでさらなる疑問として浮かんでくるのは，こうした国際的興味は英語だけで事足りるという「単一言語主義志向」を示しているのか，それとも文化や言語あるいは人種の多様性についての「コスモポリタン的見識」の反映なのか，ということだ。

3番目に，英語話者のイメージは，人種的固定観念だけではなく社会階級や国籍についての固定観念にも縛られる傾向がある。特に中井さんの語りの中では「英語を話す人」と「国際的高学歴エリート」が結びついていた。英語が話せるから海外旅行も楽しめる。英語ができれば世界にはばたける，という考え方は，英語ができたら日本以外の職場でも働けるということを象徴している。しかし，中産階級の出身者は元来そのような職業につく機会に恵まれている。この機会そのものが中産階級の証だともいえる。すなわち「英語が話せる」ということは，国際化の表象であると同時に「中産階級」という地位をも表している。支援協議会調査にあったコメントの中に「葉州市の外国人は国際化に貢献していない」，あるいは「表面的な国際化など不要だ」というものがあったが，こうした認識はニューカマーに対する位置づけとおそらく無関係ではないだろう。つまり，ニューカマーの大半が労働者階級の出稼ぎ者で，英・米・豪・カナダなどの国以外の出身であり，したがって英語話者ではないという位置づけである。支援協議会調査やブラジル人らのコメントにもあったとおり，葉州市における理想の外国人はアメリカ人であるというイメージが存在するようだ。

4番目に，英語の権威を信じることは，一方で日本人の日英バイリンガリズムを賛美し，他方では英語を話さないニューカマーを英語による仮想的国際コミュニケーションから排除し，日本語単一言語主義へ同化させることにつながる(Kanno 2008参照)。支援協議会調査に表れた批判的コメントのうち，ニューカマーを厄介者と見なしたものもあれば，ニューカマーが地元社会に同化することを求めたものもあった。相手の言語を通してお互いに歩み寄ったコミュニケーションを支持するコメントは少数であった。インタビューした3人の女性は異文化間コミュニケーションを支持はしているも

のの，あくまで「国際語としての英語」言説の範囲内での支持だ。その手段として英語を日本人の（そしてニューカマーの）子どもたちに教え，日本語をニューカマーに教える。これはアキラ，セイジが追及していた国際コミュニケーションとは対照的である。ここで価値が認められているのは，排反的バイリンガリズムあるいはダブル・モノリンガリズムだと考えられる。排反的バイリンガリズムとは英語と母語の2言語だけを重要視することであり，ダブル・モノリンガリズムは日本語と英語双方，そうでなければ片方のみが流暢に使える一方，それ以外の言語は話さないという状況をさす[5]。

　総じて言えば，英語の権威への思い入れが「想像の国際共同体」で使われることばは英語であるというイメージを構築している。ただし，その共同体は英語圏に住んでいる中産階級の高学歴者ばかりの共同体である（McKay & Bokhorst-Heng 2008 参照）。そして同時に，これによって英語以外の言語を学ぶ価値は低められてしまう傾向もある。しかし，アキラやセイジ，そしてアンケートの無記名の回答者の中にも見られたように，多言語主義を支持し，世界や地域コミュニティにいる非英語話者と交流するため，多言語の能力を持とうとする地域住民も確かに存在しているのだ。

4. 本研究が示唆すること

　英語教育や英語学習に力を入れることによって日本に英語の使用が広がっていっても，日本語が脅かされるようなことはありえない。葉州市のような地域では，ニューカマーに対して単一言語主義・同化主義的な施策が取られているために，むしろ日本語の方がポルトガル語のような出稼ぎ労働者の継承語を脅かしていると言える（Kanno 2008; Vaipae 2001）。それだけではなく地域の住民が英語以外の言語を学び，少数集団の言語や継承文化を学ぼうという意欲までもが脅かされ，削がれてしまっているようだ。

　いくら若い世代が全員英語を学ぶ経験をしても，英語以外の言語への無関心，海外からの移住者に日本語を強いる単一言語主義的・同化主義的な期待，移住者への忌避感といった状況は，日本社会のダブル・モノリンガリズムを象徴しており，皮肉にも中心円の国々の単一言語主義と相等しい[6]。そ

---

(5) ダブル・モノリンガリズムの異なった意味合いについては，Heller (2002)参照。
(6) 高等教育で外国語学習が重視されなくなったことは，一般教養・外国語・体育を必修から除外した1991年の大学設置基準改正に表れている。この改正の結果，英語以外の外国語科目は履修者が減少した。

して，いくら国際理解が英語教育の一部として強調されても，英語教育の裏に象徴的植民地主義とともに潜むこの単一言語主義のために，地域住民は言語的・民族的な多様性を手放しで肯定することはできなくなってしまう。

　地球規模で移住が繰り広げられている時代に，言語と人種の多様性が地域コミュニティで広がっている現象は，日本に限ったことではない。たとえば台湾・韓国・中国などの都市部では，英語教育が一段と重要視されてきている一方で，日本と同様の多様化にも直面している。このような多様性をはらんだ社会状況では，各言語・各民族間の上下関係は複雑に構築され維持されていく。台湾を例に挙げれば，同じ家政婦であっても，フィリピン人女性とインドネシア人女性とでは，社会経済的にも言説的にもあきらかな格差があり，フィリピン出身者はインドネシア出身者より優位な立場にいる。特に，英語を話すフィリピン人は，学校で英語を習っている子どもたちの世話のようなそれほど重労働でない仕事を当てがわれることが多い。これに対しインドネシア人の女性は，たとえ北京語が堪能でも病人や高齢者の介護のような重労働をさせられる傾向にある (Loveband 2006)。Shin (2006: 155) によれば，韓国では英語が「(想像の)国際エリート共同体における唯一の言語」として構築されているのに対し，その他の言語には価値がない，あるいは正統ではないと判断されているという。英語の広がりを研究する上で，英語が他の言語の脅威となるかどうか，もしくは英語が混種で流動的で不均質な接触言語としてどのように使われているかを研究するだけではもはや不十分だ。今後はそうした問題に加えて，英語が他の言語や文化との関係において，どのように人々の主体性を構築していくのかを探求することが重要である。そのためには，さらなる研究を進め，人々は英語学習によって，英語以外の言語，文化，さらに人種化された人々がもたらす「多様性」に関してどのような認識や経験を持つのか，また，英語学習によって，母語と英語間だけでなく，他の言語間における人種・言語・文化の不平等な権力関係はどのように維持されたり変化させられたりするのか，といった問題を検証しなければならない。英語教育の専門家として，私たちは自分自身の英語へのこだわりについて反省する必要がある。そうすることによって以下のような言説を構築することができるのではないだろうか。

- あらゆる種類の多様性を肯定する。
- 非英語話者とコミュニケーションをするにあたって必要な，言語に対する意識・態度・スキルを育む。

・不平等な権力関係を蔓延させる人種・階級・言語・文化に対する偏見を見極める。

　こうした見地から考えられるひとつの方向性は，英語教育の授業で「言語意識」を教え，状況や目的に応じて，また，さまざまな母語を持った話者に応じて言語形式をすり合わせ調節する能力を養うことである(Canagarajah 2007b; Seidlhofer 2004)。リンガフランカとして英語を教える議論の中で，Seidlhofer(2004)は学校の教科としての英語を「言語意識」という科目に置き換えてはどうかという大胆な提案をしている。この「言語意識」の授業では，リンガフランカとしての英語について意識を高めることに重点が置かれるのだが，多言語アプローチを通したコミュニケーション・ストラテジーや相手に順応するスキルの育成がここに含まれる。さらにこの「言語意識」の授業では，リンガフランカとしての英語の中核的用法をまず教え，学習者が将来，ネイティブまたはノンネイティブの用法を学ぶことを奨励するのに加えて，以下のコミュニケーション・ストラテジーも取り入れる。つまり，言語以外の合図を利用すること，共有知識を見つけそれに基づいた会話をすること，対話者の言語的レパートリーを推測し，それに順応すること，相手を尊重する聴き方をすること，理解できなかったとき相手の顔を立てながらわからないというサインを出すこと，繰り返しや言い直しなどを求めることなどである(Seidlhofer 2004: 227)。このような方策は学習者の母語で育成することも可能である。

　さらに，Seidlhoferの提唱するアプローチをさらに一歩踏み出すことを提案したい。「人はいつも英語でコミュニケーションをする」という前提に基づくのではなく，むしろ英語が共通語ではない状況に直面する可能性を考えて，その中でどうやって前述のような「方策」を育んでいくか探求しなければならない。英語が共通語ではないという状況に置かれれば，学習者は言語的な方策も非言語的な方策も両方使い，他にも使える方法は何でも探して「コミュニケーションする意志」を育てていかなければならない。また，こうした状況で出会う対話者というのは，学習者にとってなじみのない人種・民族・言語・文化・社会経済階層の人々である場合が多い。そこで多様性を受け入れ，肯定し，多様性に積極的に関わっていく気持ちを育んでいくことが欠かせない。

　このような状況で教師・生徒双方に必要なのが「批判的言語意識」だ。批

判的言語意識とは，言語や文化にとどまらず人種・性別・階級その他の社会集団の中の権力関係の不平等を理解し，これに挑んでいくために必要な意識である。このような批判的言語意識を持つことで，言語をめぐる「主流の言説」を精査し，アイデンティティ，イデオロギー，グループ間の階層的権力関係の複雑な絡み合いを検証することができるようになる。批判的言語意識を支持する Kanpol(1994), Janks(1997), Osborn(2005), Wallace(1997) が提唱する批判的教育学(critical pedagogies)に基づいて，Reagan(2004: 54) は以下のように論じている。

> 言語というのは社会的・政治的・経済的・歴史的・イデオロギー的状況において使われるものであり，その状況において，言語はメタ言語的，メタ認知的に理解されざるを得ない。このような状況下では「言語意識」は不可欠である。…(中略)…もっと言うならば，批判的な言語意識は批判的教育学の副産物であるだけでなく，外国語環境においては，批判的教育学の必須項目として理解されるべきだ。

批判的言語意識の立場から改めて葉州市の中学校の状況を考えてみると，困惑せざるを得ない。一方で，白人の英語ネイティブ教師が教える英語の授業の中に作り上げられた「想像の共同体」があり，他方，非英語話者のニューカマー生徒が不十分な支援体制の中で苦労して日本語を学んでいる「現実の共同体」があり，両者の間には大きなギャップが横たわっているのである。インタビューに参加してくれた5人について言えば，この両者のギャップを感じているだけの者もいれば，逆に疎外されたニューカマーの人々と新たな方法で積極的にコミュニケーションしようとしている者もいる。さらに，葉州市の住民は人口構成の変化をどう考えたらいいのかを探っているようだ。英語教師は，この想像と現実の2つの「共同体」の橋渡しの役目を果たすことができる。そのためには，多言語主義を奨励し，相互に歩み寄りのできるコミュニケーションしやすい環境を作り，真の「共同体」を再構築するための批判的言語意識を高めることが重要となる。そのための第一歩が，英語は多言語状況で国際的共通語ではない場合が多々あるということ，にもかかわらず英語が見えない象徴的権力をふるっているということを自覚することなのではないだろうか。

第 2 部

日本語教育の
クリティカルなアプローチ

7章 批判的アプローチによる日本語・日本文化の指導[1]

はじめに

　第二言語および外国語としての日本語教育と日本語学習は，言語学，応用言語学，教育学など多岐にわたる分野と密接に関連しており，これらの分野は過去20年程の間に大きな転機を迎えた。たとえば，Kumaravadivelu（2006a: 70）[2]は英語教育（TESOL）における近年の批判的アプローチへの変化について，次のように述べている。

> 1990年代にTESOLの分野は明らかに批判性へと舵を切った。おそらく人文学や社会科学の分野では最後に批判的転換を行った領域だっただろう。簡潔に言えば，その転換により言語は単なる体系としてではなく，イデオロギーとして認識されるようになった。ことばが外界とつなげられたのである。その転換とは，教育の範囲を音韻論，統語論，語用論のみに制限せず，言語使用の社会的・文化的・政治的力学として捉えることである。…（中略）…その転換とは，教師と学習者の実体験を理解可能にしてくれる文化の形ならびに政治性を見極める知識を創出することなのである。

　同様に，北米の外国語教育にも批判的視点が取り入れられ始め，外国語教育における社会政治的問題や批判的教育学，他者性の構築，言語と文化の規範（たとえば，スペイン人の話す標準スペイン語に対するメキシコ系アメリカ人の話すスペイン語）など（Kubota et al. 2003; Leeman 2005; Reagan & Osborn 2002）[3]について議論がなされるようになってきた。日本語教育

---

[1] Kubota, R. (2008). Critical approaches to teaching Japanese and culture. In J. Mori & A. S. Ohta (Eds.), *Japanese applied linguistics: Discourse and social perspectives* (pp. 327-352). London: Continuum.（翻訳協力：瀬尾匡輝，瀬尾悠希子）
[2] TESOL分野の批判的立場については，たとえば以下を参照されたい。Benesch (2001), Canagarajah (1999a), Morgan (1998), Nelson (2006), Norton & Toohey (2004), Pennycook (2001, 2004a)。
[3] ヨーロッパの背景に関しては，たとえばGuilherme (2002) 参照。

の分野でも，批判的教育学や文化指導の批判的アプローチ，ジェンダー表現や敬語表現の見直しなど(Kubota 1996, 2003; Matsumoto & Okamoto 2003; Okamoto & Shibamoto Smith 2004; Tai 2003; 久保田2015第3章)の議論が行われるようになってきたものの，そのような批判的視点は北米の日本語教育では，いまだに周縁にとどまっている。しかし，批判的アプローチは言語・文化・アイデンティティの新たな視座を作り出し，それらのカテゴリーを固定された一元的なものではなく，動態的で多様なものとして捉えることができる。批判的応用言語学にはさまざまな解釈やアプローチが存在するが，その中でも，ポストモダニズム・ポスト構造主義・ポスト植民地主義はポスト基礎づけ主義的アプローチ(postfoundational approaches)と呼ばれ(St. Pierre & Pillow 2000 参照)，普遍的真実を科学的アプローチに基づいて追究する実証主義・啓蒙主義・西洋中心主義によって構築されてきた知識に対して疑問を投げかけている。批判的研究はこれまで当然とされてきた世界観に疑問を呈し，人種・文化・階級・ジェンダーの差異について本質化された知識が先験的に存在しているのではなく，言説と権力によって構築されていることを明らかにしている。そして，批判的研究は，平等な社会的関係や言語の新たな使用法を創出する可能性を探求する。

本章では批判的応用言語学に焦点を置き，(1)批判性についてのさまざまな解釈を概観しながら，この研究の概念的アプローチと主要な論点をいくつか紹介し，(2)日本語教育における3つの主要なトピック(言語・民族性・文化)が批判的応用言語学の概念と枠組みを用いてどのように概念化できるかを探る。だが，その前に言語に関して当然視されながらも矛盾を露呈している考え方の例として，日本語教師たちがオンラインで交わした議論を紹介したい。

1.「間違って発音されている日本語の単語」

SenseiOnlineという日本語教師のためのメーリングリストで「間違って発音されている日本語の単語」という話題に関して活発な意見交換が行われたことがあった。最初に投稿したのは米国の教師で，日本語の規範的発音についてのワークショップを開く予定なので(聴衆は日本語学習者か一般人か，だれを対象としたワークショップなのか具体的には書かれていなかったが)，日本語の単語(KyotoやHiroshimaなど)で英語式に間違って発音されてい

る例をいろいろ教えてほしいというものだった[4]。これに対して30を超える回答が寄せられた。そのうちの多くがこのプロジェクトを面白いと述べ, 英語の中でよく使われる単語(例:karaoke, origami, futon)やフレーズ(例:konnichi wa)から商品名(例:Pokemon, Toyota, Nissan)や人名(例:Aoki, Naomi)などの固有名詞まで幅広い例が挙げられた。しかし, ある投稿者は, これらの単語が英語の文章の中で使われている場合は英語なのではないかと指摘し,「日本語に起源があり, 日本では違う発音だが, 英語では正しく発音されている英語の単語である」と主張した。また, 同様な意見を持つ投稿者は, 発音は聞き手(日本語がわからない英語話者, 日本語話者など)によって変えるべきであり, 日本語式の発音に固執していては現地の人たちから反発を受けるのではないかと主張した。しかし一方で, karaokeのような単語はあくまで日本語であり, 話者がどこにいようと日本語式に発音されるべきだという意見や, 外国語起源の単語は常にできるだけ元来の音に近い発音をするべきだという意見もあった。だが, もしこの論理に従うのなら, 日本語の授業の実践と矛盾するのではないか, つまりhamburgerという単語をハンバーガーと発音するのは英語起源の単語を間違って発音していることになるのではないかという指摘もあり, 本来の発音を守るべきだという主張の矛盾が浮き彫りになった。さらに, この立場を忠実に守るなら,「カラオケ」という単語は「空オーケストラ」の縮約であるので「カラorchestra」というようにorchestraの部分を英語式に発音しなければならないことになる。このように回答者たちの意見は割れたが,「間違って発音されている日本語の単語」に対しだれもが困惑した感情を抱いているようであった。そして, 状況によるという立場の者たちはさらにさまざまな反例を挙げた。

　この事例は, 普遍主義と相対主義という2つの異なる言語観を表している。普遍主義的な見方では文脈に関係なく本来の発音の普遍性が守られているのに対し, 相対主義的な見方では言語の枠を超えた基準は流動的だと考えられている。これら2つの見方は言語学的規範にどのぐらい忠実かという点では異なるが, 実は両者とも言語にはある規範が存在するということを前提にしている。しかし, 規範や言語という概念自体を問題視するさらに別の見方も存在する。次節以降ではその見方について詳しく述べていく。

---

(4) 最初の投稿者と返信者の言語的背景を判断するのは難しいが, 名前から判断するかぎり, 最初の投稿者は日本語の非母語話者で返信者は母語話者・非母語話者両方のようであった。

2. 批判的応用言語学(critical applied linguistics)

　批判的応用言語学について理解するためには,「批判的」とはどういうことなのかを考察しなければならない。「批判的」という用語は,応用言語学とその関連分野におけるさまざまな研究領域でそれぞれ異なる意味を持つ。Pennycook(2004a)は,応用言語学に見られる「批判的」という単語について4つの解釈を示している。(1)批判的思考(critical thinking),(2)社会的関連性(ジェンダー,人種など社会集団と状況への注目),(3)解放をめざすモダニズム(批判的談話分析—critical discourse analysis: CDA—に見られるようなイデオロギーと政治性への批判),(4)慣習の疑問視(ポスト基礎づけ主義の考え方による批判的応用言語学)である。「批判的」という用語に対するこれらの異なる解釈は,理論的そして政治的にも異なるスタンスを生む。

　まず,批判的思考を養う教育は応用・分析・統合・評価といった,いわゆる高次思考能力に関わる個人の認知力の発達に関係している。この解釈では,批判的であることと社会の中の権力関係や政治的側面を深く吟味できることの間に直接的なつながりはない。第二の社会的文脈と社会集団に焦点を当てる解釈では,ジェンダー・地域・状況などと言語教育との関連性についての研究でも見られるように,リベラル多元主義と構成主義(constructivism)に基づいていることが多い。このような考え方では言語と社会との関係を疑問視する場合もあれば,しない場合もある。一方,第三のアプローチであるCDAは言語がどのように構築され,社会的不平等を正当化するかについて明確に疑問を呈している。CDAは,テクストの批判的分析を通して,不平等な権力関係がさまざまな形で社会的不公平を構築し再生産していることを精査し明らかにする。CDAのイデオロギー批判は新マルクス主義的アプローチを踏襲しており,テクストが反映しているイデオロギーは現実に対する虚偽意識あるいは誤った理解であることを前提とし,イデオロギーを排し客観的現実に置き換えることを分析の目的としている(Pennycook 2001, 2004a)。第三のカテゴリーに属するもうひとつの研究領域は言語政策と言語計画である。これらは言語の標準化,公用語の指定,教科指導の媒介言語に関する政策(Ricento 2006; Shohamy 2006; Spolsky 2004; Wright 2004 参照)や言語帝国主義(Phillipson 1992)ならびに言語権(Skutnabb-Kangas 1998)に関する問題を扱っている。しかし,これらの学術的研究は本来批判的なものであるとは言えない。批判的研究に値するためには,権力がどのように行使さ

れ，特権とそのアクセスの差別化を生み出しているかを探求する必要がある(Pennycook 2004a)。また，次に述べる第四のアプローチ(慣習を疑問視する観点)から見ると，言語帝国主義と言語的ジェノサイドへの批判は，支配者と被支配者の関係を固定化する傾向がある。それに対して，非固定的なアプローチでは，言語使用者を権力のある言語にただ支配されるだけの存在ではなく，それを占有して抵抗の声を上げアイデンティティを表現することができる者として捉えている(Butler 2000)。

　現在の応用言語学における批判的研究では第三のアプローチが脚光を浴びているが，第四のアプローチ(慣習を疑問視する批判的応用言語学)は，客観的・先験的・普遍的真実の存在を否定するポスト基礎づけ主義的研究に立脚している。これらの研究も言語，文化およびアイデンティティの流動的で多元的な性質を認め，権力や知識，言説に疑問のまなざしを投げかけている。この見方では，アイデンティティと行為主体性が，言語・ジェンダー・民族性・性的アイデンティティの厳格な枠組みで定義されるのではなく，どのように遂行されて(performed)いるのかを探り，また，社会的・教育的・政治的文脈の中でどのように多元的な意味が創出できるのかを探究する。また，新しい意味づけやアイデンティティを表現するために，言語をどのように占有したり曲げたりできるのかも探る。このアプローチの核心は，社会批判と社会変革を目的とし，言語と社会の関連性を単に検証するだけではなく，そこに疑問を投げかけることである。それゆえ，第四のアプローチは「アクセス・権力・格差・願望・差異・抵抗に関する批判的問いかけ」(Pennycook 2004a: 797)である。植民地主義の覇権によって構築された規範的知識と支配的言説を問題視し，それらを改変するポスト植民地主義の研究課題を反映しているのである(Luke 2004)。この観点から考えると，言語という概念自体を問題にする必要が出てくる。言語の体系は，これまで主に単一の客観的現実を前提とする実証主義的枠組みの中で記述・分析されてきたが，ポストモダンの枠組みでは言語を社会的・政治的構築物として捉え，ある言語の定義や境界は時間や空間によって移り変わるとされている(Reagan 2004)。すなわち，「ある言語を他の言語と区別する具体的な境界は基本的に恣意的なもの」(Reagan 2004: 45)として捉えられるのである。

　だが，批判的応用言語学の第四のアプローチは，単純な相対主義に陥る危険性をはらんでいる。つまり，すべての見方が等しく正当であると認めた

り，あるいは，別の立場を唯一正統なものとして全面的に是認してしまったりするかもしれない。それゆえ，この見方の支持者は「状況に即した倫理」の重要性を強調し，批判的応用言語学も含めたすべての知識を疑いながら常に自己内省しなければならないと説いている。

これら4つのアプローチのうち，1つ目の批判的思考と2つ目の社会文化的要素のみに焦点を置くアプローチの研究は，政治性にはほとんど触れない。一方，他の2つのアプローチは大きい違いはあるものの，どちらも明らかに社会政治的要素に焦点を置いている。いずれにせよ批判的アプローチと見なされるものは，言語とアイデンティティが政治にどのように関連しているかを問うのである[5]。応用言語学研究の中の主要な研究分野は言語指導と言語学習だが，これらの批判的アプローチは教育実践にどのように影響を与えているのだろうか。次節では，批判的教育学について論じたい。

3. 批判的教育学

批判的教育学に最も影響を与えた人物と言えば，おそらく Paulo Freire だろう。Freire はブラジルの教育者・研究者であり，ブラジルや他地域の貧困層のための識字運動に従事した。批判的教育では，自身が被抑圧的あるいは特権的地位にいることを学習者に気づかせ，その地位が社会政治的・経済的権力関係によって構築され，維持されていることへの理解を促す 。そして，教育を通して学習者が不平等な状態を自ら変革できる主体者になれるよう力づけるのである。「ことばと世界を読む」(Freire & Macedo 1987)ための批判的意識は，預金口座に資金を入れるように教師が学習者の空っぽの頭脳に知識をただ注ぎ込むだけの「銀行型教育」(Freire 1998)によってではなく，課題提起と対話によって高められるとされている。Freire の批判的教育は，アメリカ合衆国で Michael Apple, Henry Giroux, Joe Kincheloe, Donaldo Macedo, Peter McLaren, Ira Shor, Christine Sleeter やその他の研究者たちによって推進されたマルクス主義的アプローチの教育と結びついた。Kincheloe(2005)によると，批判的教育学の中心理念には，教育と学習には本来，政治性があるという考えがある。つまり，教育と学習の政治性をいくら矮小化したり中和したりしようとしたところで，いかなる教育実践も政治

---

[5] 応用言語学の分野で他に問題とされたものに言語テスト(Shohamy 2001)，学術目的の英語(Benesch 2001)，比較修辞学(Kubota & Lehner 2004, 久保田 2015 第7章)がある。

性から逃れることはできないのである。カリキュラムや教科指導や教育政策は，しばしば特定の知識を正当化し，不平等な権力関係を存続させる。その中で，批判的教育は社会的正義と平等を確立し，人種，階級，性別，およびその他の差異による差別や抑圧を根絶しようとしている。そうするために，識者である教師は，自身が置かれた環境の複雑さを理解し，「支配的文化や批判的教育学そのものから排除されている可能性がある新しい声を常に探そうとする」(Kincheloe 2005: 24)ことで自己内省と状況に即した批判的実践に努めなければならない。

　批判的教育学の原則は他の教育研究分野にも取り入れられてきた。たとえば多文化教育分野では，「英雄と祝日」を学び祝うアプローチに見られるように，文化的差異をただ表面的に理解して賞賛する教育活動が盛んに行われているが，これは政治的に無頓着であると批判されている。それゆえ批判的多文化教育では，「差異」がなぜどのようにして「我々」対「彼ら」という二項対立を作り出す目的で構築・本質化・利用され，特定の集団が周縁に追いやられたり特権化されたりしているのかという問題に取り組む(Nieto 2004)。これはすべての学習者に必要な反人種差別教育であり，カリキュラム全体にわたって浸透させるべきである。さらに，この視点は第二言語教育分野全般にとっても非常に重要であり，本質化され当然視されてきた文化的・言語的差異を綿密に吟味しなければならない(Kubota 2004, 久保田 2015 第4章)。

　その他の研究分野として批判的リテラシーが挙げられる。Canagarajah (2005)は第二言語としての英語(ESL)学習者の批判的アカデミック・リテラシーに関する論点をまとめた。そして，批判的学問においては，学習者が自身の声を表現するために標準語としての書きことばとどのように折り合いをつけているか，読み書きしたものをどう批判的に考察するかが探究されてきたと述べている。言語と読み書きという行為の間の動態的な関係を鑑みれば，学習者の置かれている状況や学習者のニーズを無視して，ある教育アプローチを一様に適用することに疑問が生じる。ライティングのプロセス・アプローチや学習者ストラテジー・トレーニング，タスク重視アプローチなどのようなもてはやされた指導方法も，状況を考慮せずに実施すれば学習者にとって害になることもある。TESOLにおいても近年，教授法は確固とした規範的方法ではなく，より状況に適した実践として概念化されるようになっ

た(Kumaravadivelu 2006b)。北米の大学では，通常の講義の受講に必要な英語力を身につけさせるために開設されている英語講座(English for academic purposes など)があるが，Benesch(2001)はこの講座に課されたサービス的役割を批判している。つまり Benesch は，この英語講座が持つ学問的な訓練の重視と実用志向の傾向を問題視し，英語講座の目標は通常の講義を受けることができるようになることではなく，この講座を受けること自体にあるとし，学習者の「ニーズ分析」だけではなく学習者が持つ「権利分析」も必要であると主張した。これらの議論は日本語教育にも通じる。たとえば，ESL や他の外国語教育のために開発された教授法を修正せずにそのまま適用することに疑問が投げかけられている(Kubota 1998b; Walton 1991)。つまり，上記の英語講座のサービス的役割は北米の大学や高校における日本語教育の状況と類似しているのだ。日本文学を読んだり，大学の日本語クラスを履修したりすることが日本語教育の最終目標だと捉えられてしまっているのである。

　以上をまとめると，応用言語学を批判的に考察するアプローチはいくつかあるが，言語と文化の社会政治学的側面に明確な焦点を置いていないものもあり，すべてが批判的なものとしての要件を満たしているわけではない。批判的アプローチには科学的パラダイムからイデオロギーを批判しようとするものもある一方で，科学的真実の存在を疑問視するポスト基礎づけ主義に基づくものもある。ポスト基礎づけ主義は，さらに言説や権力に関して当然と見なされてきた知識を脱構築し，文化・言語・アイデンティティの多様かつ流動的意味を探究する。批判的教育は，実践面では，課題提起と対話を通して支配と従属を生み出す日常の社会状況への気づきを促し，そのような状況を変革する方法を探求するよう提言している。これらの概念的枠組みは日本語教育・学習研究に応用することができる。次節以降では，多くの研究トピックの中でも特に批判的内省を要する3つのテーマ—日本語・日本人・日本文化—に焦点を置く。

4. 日本語を再考する

　前述の間違った日本語の発音に関する議論を振り返ると，そこには相反する2つの立場があった。すなわち，普遍・純粋主義的見方と相対・状況主義的見方である。普遍主義的立場は，ある言語での唯一の正しい標準的発音が他の言語にも普遍的に使われるべきだと考える。逆に，相対主義的立場は借用によって言語移行が起きることを認め，それぞれの言語には異なる規範

があるとしている。だが、借用語もその言語の辞書に示された慣例的な発音を守るべきだ(たとえば、karaoke の発音は "carry-oh-key" である)という相対主義の考え方も疑問視しなければならない。つまり、ある言語内での多様性や言語使用の潜在的な創造性と遂行性を認識する必要があり、言語体系と規範は単一であるとする相対主義に潜んだモダニズム的考えに疑問を投げかけなければならない。この懐疑的立場は批判的応用言語学と一致するが、一般的には特定の規範を想定している前者2つの立場が優勢である。

　日本語や他の言語を教えることは、さまざまな社会的実践に規範を設定し維持する規範主義から影響を受けている。模範として教えられる言語が非常に限定されたものであることは、以下のような問いを立てればすぐに気づくだろう。つまり、「方言・母語としての日本語・非母語としての日本語などを考えると、どの日本語の変種がアクセント・語彙・表現の点で理想的か」「敬語表現やジェンダー表現に関して、授業や教材で示されている使い方と実際に人々が使っていることばとの間にずれはあるのか」などの問いである。これらを問うことで、東京方言の母語話者の言語が教科書や視聴覚教材で指導上の模範とされていることがわかる。さらに言語の変種が本質主義的な方法で教えられていることにも気づく。たとえば、男性の話し方と女性の話し方は固定的で二項対立的なものとして提示されている。言語の多様性を考えれば、このような特定の規範は恣意的に選ばれたわけではない。多くの日本語教師は標準語を選んだ理由を聞かれたら、標準的なことばが最も広く受容されていて便利なので、それを正しく適切に使えるようになることが学習者のためになるし、実際に学習者もそれを望んでいると答えるだろう。筆者の個人的体験でも、母語話者の標準語が理想的だと思われている場合がよくある。たとえば、講師を雇うとき(例：「X さんの訛りが心配です」という発言—X さんは母語話者でも非母語話者でもありうる)、慣習を正当化するとき(例：「母語話者のような話し方や書き方を学ぶことは学習者のキャリアに役立ちます」)、日本語学習について一般の人たちと何気なく話しているとき(例：「日本語はとても難しいことばだから、母語話者から習うのが一番いいんでしょう？」)などである。

　しかしながら、言語的規範は先験的に存在しているわけではなく、歴史的・政治的・イデオロギー的に構築されていることを理解すべきである。実際に日本語教育の研究者たちは、日本語の規範の歴史的・社会政治的側面に

疑問を投げかけてきた。次に，(1)標準語，および(2)「国語」と「日本語」の誕生という2つのテーマについて議論していく。

4.1 標準語

　日本語学習者や教師の多くは標準語を学ぶことが最良だと考えているだろう。しかし，標準語には文化的・歴史的な背景があることはあまり認識されていない。Matsumoto and Okamoto(2003)は北米で広く使われている日本語の教科書を分析し，標準語がまるで唯一の変種であり中立的な規範であるかのように提示されている傾向を明らかにしている。ここで問題となるのは，言語が持つ豊かな多様性が無視されていることだけではなく，特定の変種が標準とされていくイデオロギーが覆い隠されてしまっていることである。Matsumoto and Okamoto(2003: 38-39)は次のように述べている。

> 現代日本語の標準化の根底に横たわるイデオロギーに関する近年の議論（イ 1996; 安田 1999)を見過ごすことはできない。これらの議論では，日本人すべてが学校で教えられている「標準的な」変種を受け入れていると考えること自体が標準化推進のイデオロギーに基づく政治的判断であると指摘されている。地域的変種を話す多くの者にとって，標準語は国家の言語政策によって強要されたものであり，特に太平洋戦争前から終戦にかけて方言を使う学生が厳しく罰せられたという歴史的な記憶が残っていることを我々は肝に銘じておかなければならないだろう(安田 1999)。

　事実，歴史を見ると標準語が作られたことで正統と見なされる言語が優位となり，正統な言語が話せない者は排除され，沈黙を強いられてきた(Bourdieu 1991)。そして，方言話者は正統な教師ではないという見方は，標準語を正統なものとして特権化する言説に埋め込まれており，この言説は過去から現在に至るまで流布している。日本の帝国主義下，植民地だった台湾と朝鮮では日本語を教えるために日本のさまざまな地域から日本語教師が採用され，教室にそれぞれの地方訛りを持ち込んだ。たとえば，アクセント研究で知られる寺川喜四男は，植民地である朝鮮や台湾の人々が話す日本語の変種は「方言」であるとする理論を打ち立てた。そして，日本語の朝鮮方言や台湾方言が発達したのは，地方から来た教師たちの訛りのせいで「正

しい」発音が教えられなかったからだと1945年に論じている(安田1999)。ここでも、前述した講師採用過程での候補者の訛りに対する態度と同様、教師たちの地方訛りは間違いであり問題だと見なされてしまっている。

　冒頭で紹介した「間違って発音される日本語の単語」についての事例の背後には、近代日本の国家形成時に標準語(後の共通語)が構築される過程に見られた規範主義的考えが存在する。近代国家形成の過程で、地域方言は標準化を妨げるもので、修正や排除されなければならないと考えられていた。そして、標準語との対比から植民地の非母語話者による逸脱した発音は「誤っている」とされ、方言であると見なされた(安田1999)。つまり、非母語話者のことばを誤っているとしながらも方言として日本語の体系の一部として取り込んだのだ。しかしそれと同時に、標準語を正統なものと定め、方言を周縁化したのである。この見方とkaraokeを"carry-oh-key"と発音することは間違いであるとする現代の事例は酷似しているのではないだろうか。

　20世紀前半に、日本語は帝国主義を原動力として普及していったが、現代では主に日本の経済発展と1980年代のグローバリゼーションの進展によって日本語が普及するようになった。そして、これに伴って日本語の国際化に関する議論が巻き起こった(例: 鈴木1995)。しかしながら、イギリス中心の言語規範に疑問を呈し、英語を国際的共通語として推進する動きや、旧植民地の人々が宗主国の言語を使って新たな声を表現しようとするポスト植民地時代における言語の占有の動きに比べると、日本語の標準語の規範については十分に議論されているとは言い難い。むしろ、日本語の国際化に関する議論では、日本(文化や社会など)を世界に発信することに焦点が置かれがちである。たとえば、鈴木(1995)は日本語を国際化するためには、日本語の美しさと使いやすさを尊び、誇りを持って国際社会の中で自分を表現する武器として用いなければならないと論じている。ここでは、非母語話者が話す言語形式を認め、多様化するという可能性は考慮されず、むしろ国家の利益のみが注目されている。安田(2003)が主張しているように、このような議論は、個人より国家、自由より統制が重視された明治時代以来、絶えず言語政策に潜在し続けてきた国家主義の言説に根ざしている。明らかに日本語の国際化は、規範を変え新たなものを考案するといった「日本語を国際化する」ものではなく、「国際化と日本」(いかに日本語を武器にして国際化に挑むか)という枠組みの中で論じられてきたのである(安田2003)。「日本語

を国際化する」ことへの関心の欠如は，大野晋の『日本語練習帳』や斎藤孝の『声に出して読みたい日本語』がベストセラーになったことに見られるような言語的愛国主義に反映されているのではないだろうか（小森 2003）[6]。このような書籍が人気を得たのは，おそらく標準的な日本語を話さない外国人居住者が増えたことにより，日本語の正しい使い方への関心が日本語話者の間で高まったためではないかと小森は推測している。

4.2 「国語」と「日本語」の誕生

　「間違って発音される日本語の単語」についての3つ目の見方は，言語的規範や言語という概念そのものに疑問を投げかけている。言語的慣例は辞書や教科書に反映されてはいるが，先験的に存在しているのではなく想像され作り出されたものであるという見方である。つまり，慣例は人間がことばを使い始める前には存在せず，他の言語体系と区別するために独立した体系として発明され，記述されたものなのである。したがって，日本語は先験的に存在したのではなく，明確な境界を持った実体として想像されたものであり，日本の国家と文化を想像の共同体として構築するために利用されたと考えられる（イ 1996，酒井 1994）。「国語」と「日本語」という2つの概念の展開がこの表れである。

　「国語」という概念は，日本人としての民族的・文化的アイデンティティを含んだ国家の言語として1900年前後に生み出された。1894年，上田萬年は「國語と國家と」と題した講演において，日本人はまるで家族のようにまとまった人々であると主張し，国家と国民精神と国語には直接的なつながりがあると述べた（Tai 1999，イ 1996，安田 1999 参照）。Tai（1999: 507）は上田の主張を次のようにまとめている。「国語は日本人の精神的血液そのものであり，『国家の本質を成す道徳観』である国体はこの精神的血液にこそ支えられている。」つまり国語は，純正な用法で国民のことばを統制し，天皇への忠誠心と愛国心を表す言語として，国家を統一するために創出されたのである。そして，国民精神が宿るとされる国語は日本の植民地の人々に強要された。

　「国語」が国家形成の過程で発明されたのに対し，「日本語」は大日本帝国

---

(6) 1999年に出版された『日本語練習帳』は日本語の構造について書かれた一般書である。2002年出版の『声に出して読みたい日本語』は音読を目的として選ばれた古典文学・現代文学の文章に解説が付してある。

による言語政策の過程で形成された。1940年頃，大日本帝国政府は大東亜共栄圏創設のため東南アジアへの侵略を進める中で，占領地の人々に日本語と日本精神を広めるための新たな策略を考え出す必要性に迫られていた。その一因として，占領地での独立運動の広がりがあった。帝国政府は，ヨーロッパによる植民地時代の言語から占領地の人々を解放する手助けをするとともに，日本語を通して帝国精神を植えつける必要があったのだ。その結果，現地語が維持されると同時に，日本語はコミュニケーションの手段や，宮城遥拝や国旗掲揚などの儀式で使うための共通語としての役割が与えられた。こうして，東アジアの共通言語としての「日本語」の概念が作り出されたのである(例：安田2003)。「国語」が「国民精神」を普及させるために植民地の現地語に取って代わったのとは異なり，「日本語」は「日本精神」を占領地域に広めるための共通語としての機能を果たした。このようなイデオロギーを背景に，コミュニケーション上の効率性と利便性を高め，民衆に広く浸透させるために日本語の簡素化が提案された。しかし，この簡素化された変種は非母語話者が使う正統な日本語ではなく，純粋な標準語に移行する過程の言語であった(安田2003)。

「国語」と「日本語」にはそれぞれ多少異なる政治的意図が含まれていたものの，どちらも他者(方言話者や植民地の人々)を同化すると同時に排除する役割を担っていた。つまり，他者は慣例に従うよう強いられ，慣例に合わない言語形式を使えば排除されたのである。このことは，朝鮮と台湾の非母語話者が話す日本語を方言と見なしたことからもうかがえる。酒井(1994)が論じているように，文法体系には2つの機能がある。ひとつは，言語の正しい用法を作り母語話者を特権化する機能と，もうひとつは，方言話者や非母語話者が使う混成的で非標準的な用法を拒絶する機能である。

以上，近代化と帝国主義が推進される中で，国民と帝国を統合する目的で日本語が作り出されたことを概観してきた。言語と正統な言語という概念は歴史的・政治的な産物なのだ。「間違って発音される単語」の事例に見られたように，特定の言語的規範を確立し維持したいという願望は，過去から現在まで連綿と存続しているイデオロギーの観点から理解されなければならない。さらに言えば，「日本人」という概念もまた作り出されたものなのである。「日本人」の創出という見方は，言語と民族アイデンティティが密接に関連し合うという前提に疑問を投げかける。

5.「日本人」を再考する

これまでの議論で見てきたように,「国語」と「日本語」は国家(帝国)を統合するためにイデオロギー的に作り出され,日本語・日本人・日本の精神を本質的に結びつけた。しかし,多くの研究領域において,言語と民族的・文化的アイデンティティの間には本質的なつながりはないとされている(May 2004)。May(2004: 39)は Barth(1969)を引用し,このように述べている。

> 言語や祖先,歴史といった文化の特徴—Barth(1969)はそれを民族性の「文化的要素(cultural stuff)」と表現した—が民族性を決定づけるという"原初的な"考え方は具象的かつ本質主義的であり,否定される。…(中略)…この観点に立つと,民族性は文化的特性よりむしろ社会との関係性によって形作られるものである。なぜなら,「民族的集団と文化的類似性・相違性の間には相関関係はない」(Barth 1969: 14)からである。

このように民族性を批判的に捉えると,「日本人」の定義に対して疑問が生じてくる。次節ではこの問題について(1)「日本人」とはだれか,(2)母語話者の概念とは何か,という2つの面から議論する。

5.1 「日本人」とはだれか

「日本人は単一民族である」という考え方は広く人々の間に浸透しているが,実は政治性を帯びた概念である。日本の政治家たちがこのような趣旨の発言を繰り返すたびに,少数者団体は抗議してきた。だが,この考え方を歴史的に検証してみると,興味深い言説が見えてくる。日本人の民族アイデンティティに関する研究を行った小熊(1995)は,主流の言説が時代とともに変化したことを明らかにしている。小熊によると,太平洋戦争の終焉と同時に,混合民族論から単一民族論へと論調が180度転換したのである。1900年前後,日本は近隣諸国への帝国支配を進めており,アジア地域の人々の支配と共存を実現させなければならなかった。そのためには植民地である朝鮮の人々と民族的ルーツが同じであるという言説は,植民地を民族的・文化的に同化し,支配する上で都合のよい論拠となったのである。つまり,この混合民族論は「日本人」を狭義の民族集団に限定する考え方とは正反対で,日本は古くから多くの民族と接触し,アジア地域のさまざまな民族との混血を

繰り返しており，天皇家も朝鮮に起源を持つという説である。この考えは，植民地や占領地域の人々を同化する能力があるという優位性の正当化に利用された[7]。これとは対照的に，戦後に流布した言説では日本人の特殊性が強調され，日本人が特殊なのは単一民族で他の民族集団とほぼ接触を持ったことがないからだと理論づけられた。それゆえ日本は平和な国家を築けたが，同時に外交や防衛能力に劣っているとされた。この矛盾した自己像は，「日本人」という概念の流動性を示している。つまり，「日本人」は拮抗する言説(さまざまな表現媒体によることばの使われ方)によって作り上げられるのであり，決して客観的な事実として先験的に存在するのではない。

単一民族論は戦後日本で主流になっているが，人口統計学的な裏づけはない。Fukuoka(2000)は，「日本人」の多様性をわかりやすく示すモデルを提案しており，非常に興味深い。表1はFukuokaがいわゆる「日本人」を類型化して作成した枠組みである。

表1 「日本人」「非日本人」の属性の類型的枠組み（Fukuoka 2000: xxx）

類型	1	2	3	4	5	6	7	8
「血統」	＋	＋	＋	−	＋	−	−	−
「文化」	＋	＋	−	＋	−	＋	−	−
国籍	＋	−	＋	＋	−	−	＋	−

このような類型は過度の一般化や固定的な分類につながる恐れもあるが，多様な集団の存在を認識するための枠組みにもなる。ここで「血統」（日本人の血）と「文化」という用語が引用符に入れられているのは，これが絶対的な実体ではなく構築されたものであることを示す。この表は人々を8つの類型に分けている。いわゆる純粋な日本人(類型1)，海外の日系1世(類型2)，帰国子女など海外で育った日本人(類型3)，在日韓国・朝鮮人などで帰化した者(類型4)，海外の日系3世や中国残留邦人など(類型5)，在日韓国・朝鮮人で帰化していない者(類型6)，アイヌ民族などの先住民族(類型7)，いわゆる外国人(類型8)である。

Fukuoka(2000)の枠組みでは，言語は「文化」に含まれている。しかし，May(2004)が指摘するように，言語と文化(あるいは民族)は必ずしも一致

---
(7) 当時，民族性をめぐってさまざまな意見があったことは言及に値する。たとえば，和辻哲郎と柳田國男はそれぞれ季節風気候と稲作文化の独自性から日本の単一民族性を主張した。これらの主張は戦後の単一民族理論に影響を与えた（小熊 1995）。

しない。仮に言語という項目がこの表に加えられたら,「日本人」の姿はますます多様になるであろう。さらに言えば,日本語話者も単一ではない。日本語力や言語的アイデンティティは幅広く,この枠組みはさらに複雑なものになってくる。広く誤解されていることのひとつに,「日本人」は日本語母語話者であり,母語話者が言語教育・学習の模範であるという考え方がある。しかし,この言説は批判的に考察する必要がある。

5.2 「母語話者」とは何か

　母語話者は学習者にとって最良の模範であり,学習者は母語話者のように話したり書いたりできるようになるべきだと一般的には信じ込まれている。しかし,この母語話者像には疑問が投げかけられている。たとえば,Kramsch(1997: 359-360)はこのように述べている。

> 人文学や言語学,人類学の多くの分野でポストモダニズムの考え方が広まっているにもかかわらず…(中略)…,母語話者を理想とするこの考え方はだれも問題にしなかった。だが,母語話者はいつも標準語の規則どおりに話すわけではなく,地域・職業・世代・階級によって話し方は異なってくる。つまり,母語話者は一様ではないのだ。さらに,学習者はたとえ新しい言語に堪能になることはできても,その言語の母語話者には決してなれない。外国語や外国文学・文化に対して学習者が持っている多言語話者としての貴重な視座がなぜ軽視され,理想化されたモノリンガルの母語話者の手本に従わなければならないのだろうか。

　事実,学習者は一般的な規範を知る必要に迫られているのかもしれないが,かといって必ずしも母語話者のように振舞いたいと思っているわけでもない(Spence-Brown 2001)。Kramsch(1997)は,想像の母語話者が使うとされる理想化された標準語を模倣させる教育実践に疑問を呈している。そして,既存の規則を再生産したり規範を強化したりするのではなく,新たな意味づけやアイデンティティを構築するための社会的・文化的実践を通して外国語を教えるよう主張している。

　母語話者信仰は多くの英語教育の研究者によって批判されている(例: Amin 1999; Amin & Kubota 2004; Braine 1999; Brutt-Griffler & Samimy

1999; Kamhi-Stein 2004; Leung et al. 1997; Llurda 2005; Phillipson 1992)。過去から現在にわたる(新)植民地主義によって英語は世界的に広まった。そして，世界のさまざまな人々が話す多様な英語が生み出された。英語が国際的な共通語として広く使用されていく中で，非母語話者同士の交流はさらに盛んになり，母語話者モデルの再概念化が発音指導の分野などにおいて行われるようになった(Jenkins 2000)。だれが母語話者なのかという問いは頻繁に議論されるようになったが，英語母語話者の優位性は教科書や教育機関における実践を通して今もなお広められている。そして，非母語話者は正統ではないというイメージが教員採用時の差別や学習者の偏見などを引き起こしている(Amin 1999; Golombek & Jordan 2005)。近年の研究では，母語話者と非母語話者を言語面で二項対立化することから脱却し，人種差別と言語の関係に焦点を当てることによって，「正統な教師」という考え方や有色人種の教師(たとえばアジア系アメリカ人の英語母語話者教師)を排除したり周縁化したりするメカニズムがいかに作られているのか論じられている(Kubota & Lin 2006; 久保田 2015 第5章)。

　日本語教師(特に特権に恵まれている北米の学習者を教える教師)の中には，外国語として日本語を教えることは英語を教えることとは異なり，母語話者信仰や人種差別に関する議論は当てはまらないと言う者もいるかもしれない。しかし，日本語教育においても，母語話者モデルは多くの教材に蔓延しており，Fukuoka(2000)による類型が示すように非常に多様な「日本人」が存在するにもかかわらず，理想とされる話者像が作り出されている。国家と民族と言語は直接関連し合っているという考え方は，今やいっそう非現実的になっており，民族や国籍上だれが母語話者なのか，また学習者は一体だれと日本語で話すのかという問いに対して，従来の母語話者モデルで答えることはもはや難しくなっている。また，ひとつ記憶に留めておかなければならないことがある。それは，日本の植民地主義の名残と国内における根強い人種差別や人種的不平等が，外から来た者を同化しつつ排除するという矛盾を抱えた言語政策を構築し続けてきたということである。そして，人種差別的な理想化された母語話者概念がこの構造を強固なものにしている。すなわち，母語話者モデルを学習者に再生産させ，日本人の血が流れている「日本人」だけが母語話者であるというメッセージを送り続けているのである。

　母語話者概念は言語と人種・民族性だけではなく文化に対する規範的な見

方とも深く結びついており，母語話者は真正な日本文化を身につけていると一般的に考えられている。しかし，日本文化の概念に対してもさまざまな学問分野で疑問が投げかけられている。

6. 日本文化を再考する

文化は言語教育・言語学習の重要な側面である。しかし，教育実践において文化は本質的で固定化された実体として扱われる傾向がある。第二言語教育分野では，文化を本質主義的に捉えるこうした傾向への批判が高まっている（英語教育では，Kubota 1999a, 2001a; Kumaravadivelu 2003; Pennycook 1998; Spack 1997; 久保田 2015 第1章，第2章など参照 。日本語教育では，Heinrich 2005; 川上 1999; Kubota 2003; Tai 2003; 河野 2000; 久保田 2008 など参照）。

日本語教育から日本文化に関する一般論考に目を転じると，いわゆる日本人論（日本人の特殊性に関する理論）についての膨大な議論とそれに対する批判を見つけることができる。端的に言うと，日本人論は，日本がなぜ戦後の経済復興を果たすことができたのかという点に国内外からの関心が集まり，その原因として日本の文化的特色，特に社会的な民族調和と単一性に焦点が当てられたことから生まれた（Befu 2001; Sugimoto 1997; Yoshino 1992）。日本人論では，日本人や日本文化のイメージがしばしば西洋のものとのみ比較され，日本文化の長所と短所が強調される。日本人論に対する批判では，これらの文化的イメージが虚構を作り上げ，社会的に優勢な集団が政治的・経済的利益を得るのに有利な言説になっていると指摘されている[8]。すなわち，この言説は，対外的には日本が独自の立場を取る理由として政治的・経済的交渉に使われる一方で，対内的には肯定的な自己イメージを作り出すことで国民の団結を促し，日本文化では調和が重んじられるという考えを人々に植えつけ，社会的軋轢が起きないよう利用されているのである。つまり，「国語」や「日本語」，「日本人」の概念が作り上げられたように，「日本文化」の特徴も作られたものなのである。

日本文化は独特だという言説は，さらに日本語や日本人のコミュニケーション・スタイルも特殊であるという言説を生み出した。そして，日本語や

---

(8) 日本人論は土居(1971)，中根(1967)，最近では Davies & Ikeno(2002) などが代表的である。

日本人のコミュニケーション・スタイルが遠回しであいまいであるとか，沈黙が好まれ，非論理的，非言語的，感情的であるなどという特質が，日本文化は調和的で均質であるという言説を補強している(Kubota 2001a 参照)。先に述べたように，これらの特質は主にヨーロッパの言語と対比されている。ヨーロッパ言語が，論理性・直接性・明快さ・ことばによる伝達の重視などで特徴づけられることによって，さらに日本語との違いが強調されている。応用言語学の分野でも，比較修辞学(contrastive rhetoric)によって日本語と英語の文章に対するこのような二項対立的で本質化されたイメージが強められてきた(Kubota 2002b; Kubota & Lehner 2004; 久保田 2015 第 7 章参照)。文化の二項対立化は植民地主義やオリエンタリズムの名残である(Said 1978)。支配する者とされる者の間に言語や人種および文明の違いという点から厳格な境界線が引かれ，植民支配される人々自身も往々にしてその境界を是認してしまっているのである(Fanon 1967 参照)。日本は実質的には植民者であると同時に象徴的な被植民者という二重の立ち位置にあり，不安定で矛盾した立場にいる。だが，文化・言語・民族的特徴に関する言説が支配や抵抗という政治的な目的を達成するためにさまざまな方法で利用されていることは明らかである。

　文化は実体がなく漫然としている。この性質に注意を払うと，広く行われている教育実践において文化(および言語や民族性)が客観化された単一の実体と見なされていることの問題が浮かび上がる。また，目標文化(学習の対象となっている文化)と自身の文化を比較対照させるという方法もよく見られるが，これに対しても疑問が浮かぶ。なぜなら，このアプローチでは目標文化だけではなく学習者自身の文化までも客観的な対象として本質化してしまうからである(Harklau 1999)。米国では外国語教育の指標であるナショナル・スタンダーズ(National Standards in Foreign Language Project 1999)にも見られるように，言語学習における比較対照アプローチが推進されてきている。日本でも，日本事情を教える際の焦点が日本精神の育成という植民地主義的なものから，異文化間能力，つまり日本と学習者自身の文化の交渉能力を高めることにシフトし，これに比較対照アプローチがよく使われるようになってきている(長谷川 1999, 田中 2005)。西川(2002)は，日本語教育では学習者と教師が文化に関する情報を求める双方向的な需要が生じており，大量の日本人論が生産・消費される場になっていると指摘している。このよ

うに文化を均質的で区別可能な客観的実体として捉える言説は根強い。しかし，日本文化を教える際には批判的アプローチからこの言説に疑問を投げかけ，脱本質化する必要がある。

7. 批判的教育学と批判的応用日本語学への視座

　本章では，日本語教育・日本語学習を構成する3つの主要な要素（日本語・日本人・日本文化）について批判的に論じ，これらがすべて政治・イデオロギー・歴史によって構築された概念であり，客観的・単一的・永続的な真実を具現したものではないことを示した。これら3つの要素は特定の知識や社会的慣習，権力関係を広く浸透させ生み出していく言説を作り出すのである。しかし，だからといって日本語・日本人・日本文化は存在しないという主張につながるわけではなく，またつなげるべきでもない。そのような考え方は，モダニズム的な二分法による世界観をただ強めてしまうだけである。むしろ，これらの概念はとりとめのない漫然とした性質のものであることを認めた上で，すべての知識を疑い，特定の権力関係を構成，維持し，ときには変質させようとする政治的・思想的プロセスとどのような関係にあるのかを問い続けなければならない。また，それぞれの研究の枠組みや前提にはどのような限界があるのかを考えることも必要である。それは，たとえ権力に異議を唱えようとする研究であっても同様のことが言える。

　たとえば，言語帝国主義・言語権・言語エコロジー（例：Phillipson 1992; Skutnabb-Kangas 1998）に関する議論は善意に基づく言説批判と社会運動に立脚している。しかし，これらはみなモダニズム的な前提に立っている。つまり，おのおのの言語や文化を境界内で完結した体系と見なし，人権を普遍的に理解し，言語と民族の関係を固定的に捉えている。つまり，新しい言語形式や意味，アイデンティティ，社会的現実を創造するためにことばを使用する可能性は見逃されているのだ（May 2004; Pennycook 2004a）。もうひとつの例として，日本文化の教え方が挙げられる。筆者は他稿で日本文化を批判的に教える際の4つの視点（4D）を提唱した。これらの視点とは，(1)文化を規範的ではなく記述的（descriptive）に理解すること，(2)文化の中の多様性（diversity）に注目すること，(3)文化の可変性（dynamic）を認識すること，(4)文化がいかに言説的（discursive）構築に関わっているかを考察することである（Kubota 2003, 久保田 2008）。最初の3つのポイントに焦点を当てるこ

とで，文化や言語についての学習者の理解は確実に広がるであろう。たとえば，日本のさまざまな地域に住む人々の話し方の違いを検証し，日本文化が多様な民族文化によっても成り立っていることを考えれば，標準語や単一文化の定説に疑問の目を向けることができるだろう。だが，このような探究も，言語や民族性には(複層的ではあっても)境界線が存在するというモダニズム的前提のもとで行われるかぎり，批判的な分析を十分に深めることはできない。すなわち，言語や文化的多様性をただ検証したり奨励したりするだけでは，規則を持った新たな類型を作り出すだけの結果に陥ってしまう。一方，批判的応用言語学は言語や文化を生きた有機的なものと捉える視点を提供し，有機的な言語や文化を媒介にさまざまな個人的・社会的・政治的な目的に即した創造的イノベーションを可能にしてくれる。

しかし，ポスト基礎づけ主義の批判的アプローチが万能であり最も優れたパラダイムだというわけではない。Canagarajah(2005: 946)は，「固定的な規則や原理で批判的教育学や批判的研究を定義づけてしまうこと，特に現場の実践に携わっていない研究者がそうすることで硬直化したPC(politically correct, つまり政治的に正しい)アプローチの片棒をかつぐパラダイムになってしまうだろう」と警告している。研究者は，批判的応用言語学におけるポスト基礎づけ主義的アプローチを常に注意深く吟味し，評価し続けなければならないのである。同時に，「批判的」アプローチはプラクシス(praxis)，つまり批判的内省と行動(Freire 1998)を伴わなければ，すぐに中身のない陳腐な議論に成り下がってしまうことも念頭に置かなければならない。

北米の日本語教師や日本語学習者の中には「日本の植民地主義は北米の日本語の教師や学習者には関係ないのではないか」と言う者もいるだろう。しかし，植民地主義は社会的・政治的・経済的システムだけではなく，言説を通しても人々に影響を与える。前述したように，日本の植民地主義の言説は日本人の優位性を掲げ，日本精神を植民地の人々に植えつけるための役割を果たした。反対に，戦後の言説である日本人論はヨーロッパの植民地主義の一要素であるオリエンタリズムとともに作用し，日本文化の独特性をさらに強調させた。つまり，学習者が得る知識はこれらの言説によって構成されているのである。学習者たちが将来それぞれの職業分野のリーダーになることを考えれば，教師は授業でこれらの言説を維持もしくは変革させる立場にあるという責任感と自己の役割を自覚することが重要であろう。

先に概観したように，批判的教育学の主な目的は，教育と学習が政治的な性質を持つことを認識し，社会的不平等と不公正を維持する権力関係を変革する点にある。言語教育の根幹をなす言語・民族性・文化・教授法が持つ政治性は歴史によって証明されている。言い換えると，日本語を教えたり学んだりするかぎり，その政治性から逃れることはできないのだ。この点について Tai(1999: 532)は以下のように述べている。

> 「日本語」ということばの再現に対して，日本語教育に携わる研究者の多くは植民地の歴史に関心がないようである。これは帝国主義という不正行為を認めず近隣諸国の怒りを買った日本の政治家達の行動に酷似している。

日本語教師はこのような状況におり，自分たちの仕事が政治的に重大な意味を持つことを十分認識しなければならない。そのためには，日本の近代史において「日本語」の概念がどのように展開されてきたかを知り，個々の教師の目標の中に知らぬ間に入り込む政治的意図に無意識のうちに加担しないようにしなければならない。日本の現在の政治状況は日本語・日本人・日本文化の持つ意味を人々に検証させないようにしている。2006年に改正された教育基本法で文化・伝統・国家・母国を意味することばが定義されることなく使われているのがその好例である。教育の目標は「伝統と文化」を尊重し，「伝統」を守ることであるといった表面上は問題がないように見える文言に出会ったとき，批判的に物事を考察する姿勢を身につけている応用言語学者や教師は，これらの文言が実際に何を意味するのかを問うだろう。この問いはきわめて重要である。なぜなら私たちの歴史において，国内に向けた帝国主義的教育政策と海外に帝国主義を推し進めるための日本語教育実践は，直接つながっていたからである。どのようなスタンスを取ろうとも，政治性から逃れることはできない。一見すると問題のなさそうな「間違って発音される単語」についての議論でさえ，言語規範に関するイデオロギーのせめぎ合いとその歴史的痕跡を表している。日本語教育者は，言語と文化の案内人として専門分野，および社会の将来を切り開いていくという自覚を持つことが重要である。

戦争の記憶[1]
―被害・加害関係の視座を問う批判的内容重視の日本語教育―

はじめに

2011 年 5 月　中国，上海

1938 年 4 月 17 日，原在虹桥路的日本同文书院亦相继侵占我校校舍，摘下"交通大学"校牌，改挂"东亚同文书院"布招。日方对交大内部房屋任意拆卸改造，器用杂物均被运走，或被烧毁。

1938 年 4 月 17 日，もと虹橋路にあった日本同文書院は本学の校舎を占拠し，校門に掲げてあった「上海交通大学」の看板を取り外し，「東亜同文書院」の看板に取り替えた。日本人は上海交通大学キャンパスの校舎を勝手に改造し，破壊した。機材やその他の取り外しのできる物は全て撤去されるか焼却された。（翻訳）

この注釈は古い白黒写真の下に印刷されていた。その写真には大学管理棟を背景に校門が写っている。門の看板には，「東亜同文書院」という上海にあった日本の大学の名が刻まれている。私の祖父はそこで学び，のちに教鞭をとったのだった。この写真は中国の上海交通大学の校史博物館に展示されていた。中国語ができない私も，漢字からこの注釈の要点を理解することができた。しかし，「占拠」ということばは私の記憶になかった。少なくとも 1950 年に 23 歳で子どものいない叔母夫婦の養女となった母からは聞いたことがなかった。

祖父，つまり母の養父は，私が 1 歳になる前に亡くなったので記憶にはないが，1916 年から 1944 年まで中国の上海に住んでいた。祖父ははじめ

---

(1) Kubota, R.(2012). Memories of war: Exploring Victim-Victimizer Perspectives in Critical CBI in Japanese. *L2 Journal*, *4*, 37-57. Available from http://escholarship.org/uc/item/2c88h039（翻訳協力：青山玲二郎，芝原里佳）

東亜同文書院[2]に留学した。東亜同文書院は日本の高等教育機関で，日本の青年に中国やその他の土地で商業と貿易を行う実務知識や技術を身につけさせることを使命とし教育を施していた（Reynolds 1986）。8年にわたる日中戦争の引き金となった1937年の盧溝橋事件のすぐ後，もとの虹橋キャンパスの校舎は焼失した。そのため東亜同文書院は別の大学の建物を「借用」したのだと私は理解していた。

だが，東亜同文書院が進歩的で国際精神を掲げていた機関であるという私の理解は，明らかに一面的なものだった。戦時中の加害者としての日本を軽視する日本の主流の国家言説に，無意識に影響を受けていたのだろう。

1988年8月　アメリカ，ハワイ

「…（略）…我々はこの悲惨な歴史を二度と繰り返してはならない。新たな惨事を防ぐために，我々は軍事力を強化しなければならない。」

驚きも冷めぬまま，真珠湾にある米国戦艦アリゾナ記念館の映写室を出た。日本軍の真珠湾攻撃を映した短編ビデオは，恐ろしい破壊行為のイメージを私の脳裏に焼きつけた。しかしもっと恐ろしかったのは，新たな悲劇を防ぐために国は軍事力を強化しなければならないというビデオの最後のことばだった。私がホノルルにいたのは，アメリカ本土で修士課程の勉強を始める前に，TESOL夏期セミナーのコースを履修することにしたからだった。29歳の未熟な留学生の私にとって，この論理は1960年代から70年代に日本で聞いて育った平和に関する言説とは相容れないものだった。聞き慣れた語りでは，「新たな惨事を防ぐために」の後に「平和を希求しなければならない」あるいは「再び戦争を許してはならない」といったフレーズが続くはずである。これは日本が防衛力を持たないという意味ではない[3]。しかし，この聞き慣れた語りは戦争の放棄を謳う現行の日本国憲法（1947年施行）を反映している。第九条は次のように規定している。

---

(2) 東亜同文書院は1900年に設立された。公式には1921年に専門学校として，1939年には大学として認可された（Reynolds 1986参照）。

(3) 自衛隊の前身は，米国占領下，朝鮮戦争の勃発直後の1950年に組織された。現行の制度は1954年に成立した。

日本国民は，正義と秩序を基調とする国際平和を誠実に希求し，国権の発動たる戦争と，武力による威嚇又は武力の行使は，国際紛争を解決する手段としては，永久にこれを放棄する。
　前項の目的を達するため，陸海空軍その他の戦力は，これを保持しない。国の交戦権は，これを認めない。

　学校教育，マスメディア，そして大衆文化の中で私が聞き慣れていた語りからすると，日本の戦争関与に関する議論は，戦争や核兵器のない平和を希求することを強調して終わるのが常である。平和の希求は確かにアメリカの主流言説に含まれてはいるが，その達成手段が大きく異なっている。平和は優勢な軍事力の土台があってこそ達成されるのだ。この日本国平和憲法も，もし日本がアジア太平洋戦争に負けていなければ，書かれることはなかっただろう。つまり平和の解釈は，戦争の勝者と敗者の間では大きく異なるのだ。この時初めて私は，不平等な権力関係が生み出す，ものの見方の根本的な違いを実感した。

1. 本章のテーマと目的

　この２つの体験談から，歴史上の出来事に関する知識，解釈，感情が国家間で大きく異なることがわかる。このように歴史について相反する語りは，被害・加害関係の二元性だけでなく，経済，政治，人種，文化の面で支配・従属グループの間で歴史的に構築されてきた権力関係に起因する。
　先の２つの話は，政治や歴史に対する個人の見方が国家言説によって構築されていることも示している。私は海外旅行や留学を通して別の語りを知ることができた。しかし，私たちが教える北米の中高生や大学生は，どのようにして普段接することがないなじみのない語りを理解することができるだろうか。すべての学生が私のように旅行できるわけではない。それゆえ，外国語教室は国境やその他の境界を超えて，新しい見方を学ぶのに最適な機会を提供してくれるのである。
　私は現在教えているカナダの大学の上級日本語講座で，内容重視の授業を行う予定である。その準備として，本章では日本において過去から現在まで語られてきたアジア太平洋戦争に着目し，教材として選んだ資料の内容について議論しながら，歴史上の出来事をクリティカルに解釈・理解してみたいと思う。そのような批判的理解は，学習者が学習対象の文化のみならず自文

化に対する理解を深めるのにも役立つだろう。本章は内容重視の授業でどのように歴史を教えるかということを議論するものではない。むしろコース準備に向けて、歴史上の出来事のクリティカルな解釈がいかに可能かを探ることをめざしている。戦争という不当で理不尽な出来事に対して倫理的な理解をするために、歴史的に内在する被害と加害の関係に焦点を当て、被害者および加害者の複層的な立場について詳察したい。被害と加害の関係は、特定の権力関係を生産・維持すると同時に、それを反映しているからである。

　本章で論じる教育目標は、異文化理解と異文化対応能力(例：Byram, Nichols & Stevens 2001)の育成と言ってよい。だがさらに、日常のコミュニケーションにおける中立的な意味での「異文化」を越えて、地域社会およびグローバル社会の一員としての道徳的責任を教師と学習者が追求することをめざし、人間の残忍性や残虐行為、搾取といった問題を正面から取り扱いたい。そのような探求の過程では、言語と文化を単なる教育の客観的対象物として捉えることはできない。歴史の記憶や捉え方はひとつではないことを理解し、いわゆるシンボリック・コンピテンス(Kramsch 2009: 201)を教師と学習者がともに養っていく必要がある。シンボリック・コンピテンスとは「出来事の記憶や語り方、議論の仕方、どう他者と共感し、どう他者の未来と自分の未来を想像するか、成功と失敗をどう定義し、どう評価するかなどの点で今とは別の方法」を想像してみる能力である。この視座は批判的外国語教育に通底するものである。批判的外国語教育は、当然と見なされている文化的な規範を問題視すると同時に、そこに政治的意図があることを認識し、言語は意味を伝えるための単なる道具だとする言語学習観を越えるものである(Kubota 2003, 2008; Reagan & Osborn 2002, 久保田 2008, 本書第7章)。このような教育的視点から戦争の記憶を扱うとき、教師は自然と批判的内容重視の教育活動を行うことになる。

　次節では、歴史的事象を理解するにあたり、被害・加害の二元性という概念を議論し、続いて批判的アプローチによる内容重視の言語教育について簡単に論じる。次に、教育内容の例として、(1)広島と長崎の原爆投下、(2)原爆製造におけるカナダの役割、(3)福島第一原子力発電所の2011年の事故、(4)日本で使用されている国語と歴史の検定教科書における平和と戦争に関する表現という4つのテーマを提示する。本章の内容は新設の上級日本語講座の計画段階で書いたため、講座で使えそうな教材あるいは補助教材として

ふさわしい読み物(例：インターネットや紙上の記事・児童文学・教科書・映画)を意図的に選んだ。本章で示す議論や解釈および取り扱う教材は，網羅的なものではないし，専門的な理論でもない。むしろ，内容の専門家ではない私が批判的内容重視の言語教育を行うにあたり，何ができるかを模索するものである。

2. 被害・加害関係

　上海とハワイで経験した相反する見方や解釈は，被害・加害の位置取りが，歴史の中で構築された権力関係と絡み合っていることを示している。1つ目の例では，上海交通大学のキャンパスを「借用した」という植民者側の理解が，被害者の「占拠された」という見方を打ち消していた。同じようなことは他の場所でもよく見られる。後で議論するように，大日本帝国軍がアジア諸国を侵略した加害責任をほとんど認識しないような解釈の仕方は，現地の人々が被った被害の記憶を軽視あるいは否定するものであり，逆にヨーロッパの植民列強から彼らを開放するものであったとその行為を賛美するものである。同様に，戦勝国であるアメリカには，広島と長崎の原爆投下が戦争終結のために必要で，それゆえ有益なものであったとする見方がある。それに対し，日本にとって原爆投下は非人道的で耐え難いものなのである。

　ある集団が加害者である場合，加害責任を逃れるための間接的な手段として，自己が被害者であるという立場を強調することがよくある。たとえば，真珠湾でのビデオは，攻撃を受けた被害者の立場で作られていた。9.11事件とそれに続くアフガニスタンとイラクへの軍事攻撃の裏側にも同様の論理がある。「ノー・モア・ヒロシマ」の言説で示される日本の戦争に関する主流の語りは，被害者の視点からのものであり，加害責任が回避されてしまっているが，原爆の直接の被害者にとって自己の加害責任を問われることは複雑な感情につながる(藤原2006)。後述するが，このことは被害・加害関係の複雑さを表している。自己を被害者とする一方的な見方は，自己の加害責任を過少に捉え，直接あるいは間接的に他者の加害者性を強調する。

　さらに被害と加害の関係は，2国間の出来事において見られるだけでなく，国の内部にも存在することを，国内の語りからうかがうことができる。国内における被害と加害の関係は，まさしくそこでの権力構造を反映している。後で詳しく述べるが，犠牲という観念が美化され，愛国的な動機からそれが

国家再建の礎として語られるとき，被害実態は均質化され，立場によって多様であったはずの苦難が忘れ去られてしまう。たとえば，韓国人原爆被害者慰霊碑が1999年になって初めて広島平和公園内に移されたことに象徴されるように，広島と長崎の原爆被害者は日本人だけであったと考えられがちである。たいてい戦争被害を訴える言説では，100万人以上の朝鮮人が帝国臣民として働かされたという事実は語られない。また権力をバックとした被害と加害の関係は，広島の原爆投下以前から一般市民と日本軍の間にもあった。たとえば，建物疎開がある。空襲時に火災が広がるのを防ぐ緩衝地帯を作るために，一般市民の家々が破壊されたのだ(藤原2006)。

　さらに，このような国内における権力不均衡は，共時的にも通時的にも連続性がある。つまり民族，言語および社会的・経済的階層間で，支配集団と従属集団間のせめぎ合いは今日まで続いており，似通った支配と従属のパターンが他の多くの国や地域でも見られる。

　このような複雑な権力の相互作用を鑑みると，北米の外国語としての日本語学習者に複数の視点から批判的省察を身につけさせ，シンボリック・コンピテンス(Kramsch 2009)を養わせるためには，単純に他者の主流言説(例：原爆による苦しみ)と自己の立ち位置(例：原爆使用の正当化)を並置するだけでは不十分であることがわかる。なぜなら単純な並置は，加害者としての責任や過去から現在に至るまで連続している権力関係を見落とし，歴史的記憶を単に被害者の立場から本質視してしまう危険性があるからだ。したがって，本章では被害・加害関係の根底にある複雑さに焦点を当てる。

3. 内容重視の日本語教育：批判的省察の可能性

　日本語上級コースで戦争の記憶について教えることは，1つのテーマに焦点を当てているため内容重視教育の一例と言える。専門的内容と言語発達の統合をめざす内容重視の言語教育は外国語教育において重要なアプローチとなってきた(Stryker & Leaver 1997)。上級の外国語コースにおける内容重視教育では一般的に生教材を使用し，学習者が目標言語社会における複数の視点に触れ，主題や目標言語文化全体に対して批判的省察と理解ができるようになることをめざしている。日本語教育では言語と専門的内容を統合するためのさまざまな取り組みがなされている(近松2008, 2009, 2011; Chikamatsu & Matsugu 2009)。専門的内容としては，歴史・舞台芸術・文学・ポップ・

カルチャー・地域研究・政治・経済などが取り扱われている場合が多い。

　内容重視教育のいくつかの種類の中で，近松(2009)は保護モデル(sheltered model)と援助モデル(adjunct model)の2つが理想的だと述べている。保護モデルでは学問分野専門の教師が非母語学習者のみを対象に教える。援助モデルでは学問分野専門の教師が言語教師と協働で，母語学習者と非母語学習者の両方を教える。しかし英語母語話者にとって日本語学習は膨大な時間がかかるため，これらのモデルを実施することは簡単ではない。学習者の言語能力と生教材の難易度の開きを狭めるために，近松(2009)は言語教師が目標言語と専門的内容の両方を外国語学習者に教える混合モデルを提唱している。近松はこのモデルを使い，アメリカのデュポール大学日本語上級コースで内容重視の教育を実施した。

　本章は，近松(2008, 2011)が開設した「戦争と日本人」という内容重視のコースを参考にしている。このコースはアジア太平洋戦争に焦点を当てており，学習者が日本の検定教科書や他のメディアに表象されている歴史的視点を理解し，自分の意見(例：平和への提言)を表現するのに必要な言語力を養うことをめざしている。前述した学習者の言語力と生教材との間のギャップを埋めるために，教材として，検定教科書の比較的やさしい読み物の他に，アニメや漫画も使用されている。学習活動としては，アマゾンレビューのような映画のレビューを読み比べたり，個人で鑑賞した映画のレビューを書いたり，戦争と平和に関するアンケート調査を日本語で行い，回答を分析し，それをもとに平和を実現させるための提案を書いたりする。さらに，学習者はゲストスピーカーと意見を交換したり，地域の行事に参加したりする。近松は，これらの活動を通して学習者は教材に批判的に向き合い，著者の意図を解釈し行間を読むことができるようになったと報告している。

　近松(2008)が紹介しているこれらの主題，教材，学習活動は「批判的内容重視教育」として捉えることができる。前述した教材や活動は，学習者にとってなじみの深いアメリカの主流言説とは異なった感情や視点を喚起する。この授業を通し，学習者は既存の知識を問い直し，戦争について多様な見解を構築する権力関係を精査し，自分自身の平和の語りを探ることができる。その過程において，学習者は戦争に関する聞き慣れた主流言説を批判的に省察し，戦争というテーマだけでなく，それに関連する問題に関しても新しい言説を構築していく。

批判的内容重視教育を行うにあたり Kramsch が観察した外国語としてのドイツ語授業は示唆を与えてくれる(Kramsch 2011)。その授業では，第二次世界大戦中の米国によるドレスデン爆撃についての読み物を扱っていた。しかし，平和主義者であるドイツ人著者が文章の中で一切米国を非難しなかったことは授業中，議論に全く上らなかった。Kramsch は，語られないこと，そして語ることができないかもしれないことをクリティカルに考えることこそが深い文化理解を養う出発点になると主張する。

戦争史観を扱うことは，被害者としての立場が明るみに出るだけでなく加害者としての立場も暴きだすため，語りづらいかもしれない。本章で紹介する日本語上級コースでは，このような歴史の複雑さとあいまいさに焦点を当てる。次節では授業で使う予定である本・インターネット・新聞・雑誌の記事や映画などをもとに，歴史上の出来事について理解を深めたい。

4. 原爆と加害

『夕凪の街　桜の国』は，こうの史代(2004)の漫画が原作であり，後に実写映画化された。この作品は原爆投下後の広島における家族の生き様を3世代にわたって描いており，被爆による長期にわたる健康・精神被害について訴えかけている。物語は1955年の広島で始まる。主人公の皆実は若い女性で，原爆ドームに近い原爆スラムに母とともに暮らしている。陽気な事務員として描かれているが，実は心の傷にさいなまれている。

> わかっているのは「死ねばいい」と誰かに思われたということ
> 思われたのに生き延びているということ
> そしていちばん怖いのは
> あれ以来
> 本当にそう思われても仕方のない
> 人間に自分がなってしまったことに
> 自分で時々気づいてしまうことだ

この意味深長な独白の中で，皆実はだれが「加害」を引き起こしたのかを特定せず，加害者を責めもしない。その代わりに彼女は重々しい恐怖や不安を表現している。皆実は自分が生きるに値しないと感じているため，同僚の

男性からの愛情を受け入れることができない。父，姉妹，そして何千人もの人々が灼熱の中で消えていった恐ろしい記憶が，「おまえの住む世界はここではない」と思い起こさせる。皆実は被曝の後遺症により23歳で命を落とす。しかし原爆の被害はその死によって終わることはない。被曝の影響は恐怖として現実として次世代まで及んでいる。

　生存者の罪悪感もしくは「生きていて申し訳ない」という感情は『父と暮らせば』など他の作品にも繰り返される主題である。『父と暮らせば』は井上ひさしによる舞台作品であり，後に映画化された (Norimatsu 2010 参照)。この二人芝居は原爆生存者である若い図書館員の美津江と，原爆で死んだ彼女の父・竹造の幽霊との間の対話で構成されている。美津江も皆実と同じように幸せを求めることができない。この舞台作品の中で平和主義者の著者は竹造を通してこう語る (井上 1998: 103-104)。

竹造　（ぴしゃり）聞いとれや。あんときおまいは泣き泣きこよにいうとったではないか。「むごいのう，ひどいのう，なひてこがあして別れにゃいけんのかいのう」…。覚えとろうな。

美津江　（かすかに頷く）

竹造　応えてわしがいうた。「こよな別れが末代まで二度とあっちゃいけん，あんまりむごすぎるけえのう」

美津江　（頷く）

竹造　わしの一等おしまいのことばがおまいに聞こえとったんじゃろうか。「わしの分まで生きてちょんだいよォー」

美津江　（強く頷く）…。

竹造　そいじゃけえ，おまいはわしによって生かされとる。

美津江　生かされとる？

竹造　ほいじゃが。あよなむごい別れがまこと何万もあったちゅうことを覚えてもろうために生かされとるんじゃ。

　ここでの「罪悪感を生きる意志へと変えよ」という竹造の美津江への励ましは，原爆の残虐さに対する非難と永久平和を希求する平和主義の信念と重なる。これは，私がハワイの真珠湾で改めて自覚した平和主義の言説と同じである。生存者も被害者であるが，死んで行った人と同じ目にあわなかった

ことに罪悪感を抱いてしまう。これは人間が体験する被害のパラドックスだと言えるだろう。

井伏鱒二の原作による『黒い雨』(1989)などに代表される原爆映画の多くは，原爆病で死んでいく従順で美しい未婚の女性被爆者を主役にする傾向があることも強調しておきたい。これは女性らしさ，忍耐強さ，純真さを美化し，結婚と子育てをめざすという理想の女性像を作り出している(Todeschini 1996; Yoneyama 1999)。女性被爆者の苦しみは共感を呼ぶのだが，それが結果的には女性全体への抑圧として作用してしまっている。このように被害の表象はジェンダーと密接に絡み合っている。

上記の作品で語られていないのは加害者に対する直接的な怒りである。被害者の怒りよりも生存者の罪悪感が表現されるのは，占領者と被占領者の権力関係と無関係ではないだろう。米国の占領下[4]では米国の施政に対する批判は検閲され，被爆者は沈黙を強いられた。さらに米国政府と日本政府は被爆者の身体検査はしたが治療は施さなかった。原爆投下から1年後の1946年，米国政府は原爆傷害調査委員会(ABCC: Atomic Bomb Casualty Commission)を設立し，被曝による健康被害の研究を実施したが，被爆者に治療を施すことはなかった。米国政府は加害者としての責任を回避しただけではなく，それを巧みに利用したのだ。驚くべきことに(驚くようなことではないかもしれないが)日本政府もこの研究に加担していた。笹本(1997)は日本が独自に委員会を設立したにもかかわらず，その使命は米国の原爆傷害調査委員会を援助することであり，生存者を援助することではなかったことを明らかにしている。米国はこの研究の一環として制作した映画を，来るべき核戦争に備えるために使っている。笹本(1997)は，核抑止のレトリックと政策を支持しつつ米国に加担した日本を非難している。日本政府は，被爆者の体と心の傷を治療したり，残虐な原爆投下の責任を追及したりすることを怠ったどころか，逆に占領国である米国を支援していたのだ。この日本政府の行動は占領下においては止むを得ないことだったかもしれないが，その後の日本の政策においても残念ながら似通ったパターンが繰り返されている。

日本政府が行った，または行わなかったこのような施策を考えると，生存者が社会的に周縁化されてしまったことは驚くべきことではない。被爆者に対する差別は日常的であった。たとえば，漫画『はだしのゲン』で原爆の残

---

(4) 1945年から1952年の間，米国主導の連合国軍は日本本土を占領した。

酷さを生々しく描いた中沢啓治は，東京で友人に自らの広島での被爆体験を話したときに，いやな目で見られたと語っている（中沢2008）[(5)]。また，小説『黒い雨』（井伏1970）の出版は，女性被爆者への結婚差別を増長させた（中条1986）。被爆者に対する差別は残念なことに福島第一原子力発電所事故の後でも繰り返されている。

　笹本（1997）の批判は，被害・加害が固定した関係ではなく，複雑な政治的せめぎ合いであることを明確に示している。そのことに気づけば，被害と加害の単純な二項対立に陥ることなく，いかに被害者の立場の者が加害者の側に加担するのかがわかる。このような理解によって差別の実態をさらに詳細に見ることができる。実際，被爆者の中には日本の植民地支配下（1910-1945）で労働のために日本に強制的に連行された多くの朝鮮人が含まれていた。推計で7万人の朝鮮人が広島と長崎で被爆し，そのうち4万人が亡くなった（Norimatsu 2010）。それにもかかわらず，韓国・朝鮮人やその他の外国人被爆者は，長い間日本政府の救済支援の対象から外されてきた。日本政府は外国人被爆者が治療目的で来日する際に条件を課してきたが，最近になってようやくその条件を撤廃した。しかし北朝鮮の被爆者に至っては，日本と北朝鮮の間に国交がないという理由で，今もその存在が認知されていない。

　後ほど詳しく述べるが，文学・舞台芸術・映画・国語の教科書に見られる原爆や戦争にまつわる悲劇の語りは，多くが日本を被害者として位置づけている。それらの語りはアメリカを直接非難する代わりに，非人道的行為がもたらした悲惨な影響を中心に描いているが，日本の加害責任については一切言及していない。

　しかし，日本を加害者として位置づけている作品もある。たとえば，先に述べた『はだしのゲン』（中沢1975, 1980）では，広島のゲン一家の隣人に，朴という朝鮮人が登場する。ゲンの父が反戦・反差別主義活動家として投獄されている間，ゲンの父を慕う朴は，食料を差し入れ，ゲン家族を支えていた。しかし原爆の後，重症の父が朝鮮人だという理由で，どの救護所でも治療をしてもらえず，怒りをぶつけるエピソードがある。また，ゲンの病気の母親を往診した日本人医師がABCCに行って診てもらうよう勧めるエピソードの中で，作者は日本とABCCとの共犯関係を描いている。ゲンの母

---

(5) 中沢啓治の以下のインタビューを参照。http://www.japanfocus.org/-Nakazawa-Keiji/2638

はABCCで検査を受けるものの,治療を施してもらうどころか,「標本」としてその病状を記録される。それに対して日本人医師は,ゲンの母親を紹介した見返りに無料で新薬を受け取り,それを患者に売っていたのである。このように『はだしのゲン』では複数の加害者に対する怒りが描かれている。

児童文学作家の和田登は,『悲しみの砦』(和田 1980),『キムの十字架』(和田 2004),『思い出のアン-青い目の星座』(和田 1984)などの作品を書いている。最初の2作品では,アジア太平洋戦争末期,大本営地下壕を設営するために強制労働を強いられた朝鮮人を描いている。作者は長野県に未完成で残存している松代大本営について調べ,1作目を日本人の視点から,2作目を朝鮮人の視点から書いた。3作目は『思い出のアン』(1984)という題で実写映画化された。この映画は,1930年代の軍国主義と宗教弾圧,そして1941年のアジア太平洋戦争勃発によって,日本人牧師の息子とカナダ人医師の娘の恋心が引き裂かれる悲劇を描いている。物語全体を貫くテーマは,大日本帝国が日本人と外国人に対して犯した罪である。この物語／映画の特徴は,病院で働く朝鮮人医師や朝鮮人逃亡者などを登場させることによって,被害・加害関係をより際立たせていることである。しかし残念ながら,このような独創的な作品はあまり広く知られていない。

5. カナダの原爆をめぐる加害責任

原爆をめぐる加害と被害の問題に関しては,アメリカと日本だけが当事者であるように見える。だが,カナダもこの問題に無関係ではない。端的に言うと,カナダは原爆製造に深く関わっていたのだが,その責任についてはカナダの歴史認識から完全に抜け落ちてしまっている。最近出版されたヴァン・ウィックの『原子力のハイウェイ(The Highway of the Atom)』(2010)ならびに,2本のドキュメンタリー映画『未亡人の村(Village of Widows)』(1999)と『ソンバ・ケ—カネのなる土地—(Somba Ke: The Money Place)』(2009)は,この問題を鋭く洞察した作品である。

1940年代,アメリカがマンハッタン計画を実施するにあたり,カナダはベルギー領コンゴと並んで主要なウラン供給地であった。ウラン鉱石はカナダのノースウェスト準州にあるグレートベア湖付近のポート・ラジウムで採掘され,オンタリオのポート・ホープへ精製のために輸送された。ポート・ラジウムでの採掘は,1930年代,エルドラド鉱業有限会社を所有するギル

バート・ラビーンが、そこで瀝青ウラン鉱を発見したことから始まっていた。しかし 1930 年代には、夜光塗料やガン治療などの医療目的に使用されたラジウムと比べて、ウラン需要はずっと低かった。その後ラジウムの世界市場が飽和状態になったため、1940 年にポート・ラジウムのエルドラド鉱業は閉鎖された。しかし、アメリカでのウラン需要の高まりとともに鉱山は再開され、1944 年に国営企業となった。

　このようにカナダはアメリカの原爆開発に確かに加担していた。原爆投下の背後にあったとされる人種差別もまた共通している。たとえば、当時の首相マッケンジー・キングは 1945 年 8 月 6 日の日記に「もしドイツの科学者が原爆開発競争に勝っていたら、イギリス人種に何が起こったかがよくわかる。が、幸いにも原爆はヨーロッパの白人種ではなく日本人の上に落とされた」と記している (Jones 2010: 21)。さらに問題視すべきことは、カナダ国内で先住民族とカナダ政府との間に被害・加害の権力関係が生じたことである。

　デリネはグレートベア湖にある先住民族サートゥ・デネー族の自治区で、ポート・ラジウムの西 250 キロに位置している。長老の証言によると、エルドラド鉱業の時代、デネーの人々はウランの詰まった袋を担いで運び、鉱夫に食料や木材、寝具、衣料を提供するなど、さまざまな形でヨーロッパ系カナダ人の労働者を支援していた。その当時、デネーの人々も他の労働者も放射性物質の危険性については知らされていなかった。

　デネーの人々がガンで亡くなるようになったのは、鉱山が閉鎖された 1960 年ごろのことだった。このことを受け、1998 年にデネー族はカナダ政府にウラン採掘が健康や環境に与えた被害を調査するよう求めた。カナダ政府は 2005 年にカナダ・デリネ・ウラン円卓会議最終報告書を発表し、次のようにまとめた。

> コミュニティ内の失望を記録するのは悲痛な作業である。だが調査の結果、遺憾ではあるが、エルドラド鉱業のためにデネー族が従事したことと、地域のガン発症を関連づけるには、証拠が不十分であるという結論に達した。　　　　　　　　　　　（van Wyck 2010:182-183）

　デリネは約 500 人が暮らす小さなコミュニティである。デリネの住民たちは仲間の多くが放射線関連の病気で亡くなっていくのを見てきた。しかし

カナダ政府は，サンプル数が少なすぎるため病気とウラン採掘との関連を探る調査はできないという判断を下したのである。この出来事から，数世紀にわたってカナダの植民政策に翻弄されてきた先住民の人々が今も継続して虐げられ見捨てられていることがわかる。実際，先住民は戦争の間接的な被害者である。被害と加害の関係は国家間の衝突として認識されがちであるが，被害と加害の関係が同時にひとつの国境内にも存在しており，無力な人々の命を脅かしていることも事実である。

　ところが，デネーの人々は自分たちが被害者であるにもかかわらず，加害者としての責任を自覚していたのだ。『未亡人の村』(Blow 1999)(この題名は多くの女性が夫をガンで亡くしたことからつけられた)は1998年の広島における平和記念式典にデネーの代表者一行が参加する様子を映し出している。デネーの人々は自分達の土地で採掘されたウランが広島と長崎で十数万人の人々の命を奪ってしまったことに責任を感じていた。この映画の中でデネーの女性は以下のように語っている。

　　私たちにとって土地や資源は神聖なものです。これらがあるからこそ私たちは生き続けることができるのです。ですが，まさにその資源が他の人々を傷つけてしまった事実は理解しがたいことです。私たちはその償いをしたいのです。

　デネーの代表者はさらに入院中の在日韓国・朝鮮人被爆者たちを訪れた。デネーの長老であるジョージ・ブロンディンはその病院で「私たち先住民はあなたがたの悲しみを共有しています。だれもがあなたがたのきょうだいです」と励ました。映画はこのようなデネーの人々の尊厳ある考えや行動を映す一方，被曝による死者や廃鉱後も残る有害な放射性物質に対して責任を取ろうとしないカナダ政府の態度も映し出している。

　もうひとつのドキュメンタリー映画『ソンバ・ケ―カネのなる土地―』(2009)は10年後の2009年に作られた。この映画はウラン汚染に苦しむ先住民コミュニティを描き，カナダとアメリカ政府のコミュニティへの対応を比較している。米国ではナバホ族の土地でのウラン採掘が2005年に禁止された。また1990年に制定された放射線被曝賠償法に基づいて，ナバホの鉱夫と輸送労働者に賠償金が支払われている。一方，カナダは採掘禁止も賠償

金の支払いも行っていない。それにもかかわらず，被害者であるデネーの人々は広島を訪れ被爆者への償いをしたのだが，米国政府やカナダ政府は，国家としてまだこのような誠意ある対応をしていない[6]。米国政府とカナダ政府の対応は，日本政府が隣国アジアの戦争被害者個人に賠償をしようとしない無責任な立場と共通している。

　デネー族一行の広島訪問は，たとえ被害者の立場にあっても，自らの加害責任から逃れてはいけないという教訓として受け取れよう。原爆の語りのように，被害者として経験を語ることは比較的容易だが，自らの加害責任を自覚することは難しい。だがすべての人間と自然は神聖であり，お互いにつながり合っているというデネーの人々の信仰では，被害と加害は縫い目なく重なっている。この信仰は，自己の加害を自覚しその責任を引き受ける大切さに気づかせてくれる。

　しかし，デネーの人々も経済的機会を見逃すことはできなかった。広島訪問から10年も経たないうちに，デリネのコミュニティはポート・ラジウム近くの新しいウラン鉱の採掘を開発業者に許可してしまった。『ソンバ・ケ―カネのなる土地―』に出てくるように，2000年代初頭から始まった原子力ルネッサンス，つまり地球規模での原子力エネルギー再興の動きによって，ウランの価格は上昇している。そのためカナダのウラン採掘産業は生産量拡大に乗り出した。この状況はデリネのコミュニティにかつてと同様，雇用の機会をもたらしている。

　今日のカナダはカザフスタンに次ぐ世界第二位のウラン輸出国であり，現在のウラン鉱山の多くはサスカチュワン州にある。日本は原子力エネルギー生産のためにウランを最も消費している国のひとつであり，ウランの30%以上をカナダから輸入している[7]。もしかしたら，福島の原発事故で日本と世界の環境を汚染しているのは，カナダのウラン（そしてカナダのウランから生産されるプルトニウム）かもしれない。デネーの人々はこの自然資源がもつ潜在的危険性について現在どのような思いを抱いているのであろうか。

　原爆の記憶をクリティカルに省察すると，被害と加害の関係は複層的であることがわかる。被害と加害の関係は，だれが被害者でだれが加害者かというように単純に二項対立化はできない。国家間や国内における権力関係に複

---

[6] 米国駐日大使は2010年に初めて広島の平和記念式典に参列した。
[7] http://www.fukui-kan-ene.net/energy/pdf/1syou.pdf を参照。

雑に埋め込まれているからである。だからこそ被害・加害の両面を理解し，国内および世界の中で自己がどのような役割を果たしているのかを批判的に省察する必要がある。次項で論じる福島の原発事故は戦争のテーマには関係していないものの，複雑な被害・加害関係を映し出していると言える。さらに言えば，被害の様子や政府・メディアの対応は戦争の記憶を彷彿とさせる。

6. 福島の原発事故

　世界で唯一の原爆被爆国である日本が，壊滅的な原発事故に苦しんでいるのは皮肉である。3.11後の日本は大地震と巨大津波という自然災害の犠牲者であるように見える。しかし，なぜ唯一の原爆被爆国が17箇所の原子力発電所に54基もの原子炉を建設したのであろうか。なぜ広島や長崎の市長もしくは日本被団協(日本原水爆被害者団体協議会)は，福島原発事故が起きる前に核エネルギーに抗議してこなかったのであろうか[8]。現実には，平和目的のために原子力を利用するという政策は，米国が冷戦時に着手し，のちに日本の政財界によって推進された。つまり原発事故は自然災害によって引き起こされたが，本当の加害者は原子力利用を推進した国内外の既成勢力だと言える。McCormack(2000, 2011)，Tanaka and Kuznick(2011)，田中・カズニック(2011)らは原子力平和利用の歴史的過程を検証している。

　原子力の平和的利用という考え方は，アイゼンハワー米国大統領が1953年に国連総会で行った「平和のための原子力(Atoms for Peace)」という講演にまでさかのぼる。冷戦のさなかにおいては，核兵器を開発し反共産主義陣営を味方につけることが不可欠となっていた。そのためにはまず原子力に対する人々の恐怖心を和らげる必要があった。米国は戦略として原子力を軍事用としてではなく他の有益な目的に利用することを提言した。それにより，長崎型爆弾に使うプルトニウムを生産するために建設されていた原子炉が，発電に使われるようになった。1954年にはビキニ環礁での水爆実験が引き金となり，日本で本格的な反核運動が始まった(この事件をきっかけに日本被団協が発足した)[9]。しかし米国と日本の既成勢力は原子力の平和利用を推進し続けた。1955年に両国は原子力の共同研究開発に関する協定を

---

(8) 2011年7月の報道によると，広島と長崎の市長は2011年平和式典の講演で原子力への依存を低減することを提案し，日本被団協は原子力に対する立場を賛成から反対に転じた。
(9) それまでは日本における反核運動は連合国軍当局によって抑制されていた。

締結した。元読売新聞社主で後に政治家となった正力松太郎(不起訴のA級戦犯でもある)が，原子力推進キャンペーンに大きな役割を果たした結果，キャンペーンは大成功を収めた。福島の原発事故が起こるまで，ほとんどの日本人は日本の原子炉がメルトダウンを起こしたり放射性物質を漏出したりするとは思ってもみなかった。そもそも国の消費電力の約3割を原子力に負うほど，多くの原子炉が国内に存在していることさえ知らなかった。それほど原子力の平和利用という考えが人々の常識として浸透していたのだ。

　官僚や政治家などの既成勢力は，原子力施設を建設するため地方の人々も説得する必要があった。電力需要の高い人口密集地域から遠く離れた，経済的に恵まれない地方都市には，交付金などによる経済機会と引き換えに原子力施設が誘致された。誘致の結果，莫大な資金が地方都市に提供され，贅沢な公共施設が建設された。経済機会を求めたデネーの人々と同じく，これら地方都市の人々も，原子力発電所が職の安定と経済的豊かさをもたらしてくれると考えた。だが，それは短期的な約束でしかなかったのだ。

　原子力産業の繁栄は，目先の約束，汚職，データの改ざん，事故の隠蔽，その他の虚偽の慣行によって築き上げられてきた[10]。このような不正は，福島第一原発のトラブル隠蔽や，その他の原発の問題処理において継続している。

　この問題の被害者と加害者はだれだろうか。ことの経緯を国際的な視野で眺めると，米国が間違いなく扇動者としての役割を果たしてきた。しかし，より直接的な加害者は日本の既成勢力である。政府，地方・国会議員，電力会社，原子力産業，財界，メディア，科学者を含む集団が現在も原子力利用を推進し続けている。そして最も直接的な被害者は，福島や周辺の県に住む人々であり，福島第一発電所で復旧作業に従事している人々だ。

　福島，ポート・ラジウム，そして沖縄のような長い抑圧の歴史に苦しむ多くの地域で起きたことの間には憂うべき共通点がある。それは経済的および(または)民族的に周縁化された地域住民や労働者階級の人々が国家権力によって犠牲にされているということである。たとえば，2011年7月13日の毎日新聞の記事によると，福島第一原発の復旧作業のため約600社の下請け会社から派遣された数千人の作業員のうち，422人は連絡先が不明であっ

---

(10) 1つの例として最近判明した原子力安全・保安院(旧)の関与が挙げられる。政府の原子力安全・保安院は，原子力発電に関する公開説明会(たとえばプルトニウムを含む核燃料の導入)で，反対意見を抑えるために原子力産業の現地従業員を動員していた。

た(11)。東京電力および下請け会社は作業員の連絡先を保管していないため，彼らの健康をモニターすることも，保証することもできていない。これはデネーの置かれた状況と似通っている。ポート・ラジウムにおけるデネー労働者の雇用記録も，採掘会社やカナダ政府から手に入れることができない。実際，多少の情報は存在するのだが，それが政府の準公文書扱いから私企業の情報へと移譲された後は，ほぼ入手不可能となってしまった。

　沖縄も，国家による市民の犠牲を論ずるとき，欠かせない存在である。沖縄では太平洋戦争末期に激しい戦闘で数万人の民間人が命を落とした。その多くは実に大日本帝国軍の犠牲者であった。人々は防空壕から追い出され，自殺を強要され，でっち上げのスパイの罪で逮捕され，殺され，食料を奪われた(新城 2001)。『マブニのアンマー―おきなわの母―』(赤座 2005)という絵本では，母親が息子の死を知り，「どんなことがあろうと，ヌチドゥタカラ(いのちこそたから)，いのちはたいせつと，いうのはむろん，おもうことさえゆるされなかったなんて…」と嘆いている。現在もなお，沖縄には在日米軍基地の 75% が集中しており，地元の人々は負担を強いられている。過去・現在を問わず既成勢力は周縁の人々をあやつり，人々を搾取し，そして見捨てる。

　政治的および経済的利益を追求した結果，福島の原発事故が起きたと考えると，経済機会やプロパガンダや愛国心に訴えるさまざまな策略によって，市民がいかに脆くあやつられてしまうかがわかる。教育はしばしばこのような操作に加担している。教育はまさしく戦争と平和の記憶を(再)生産する言説がせめぎあう場である。次に国語検定教科書におけるいわゆる平和教材と，歴史教科書におけるアジア太平洋戦争の記述という検定教科書の 2 つの側面に焦点を当てる。

7. 教科書の中の戦争と平和

　国語教科書における平和教材は戦争にまつわる読み物であり，その多くは短編である。近松(2008)は，「戦争と日本人」をテーマとしてアメリカの大学で教えたコースで，小学 3 年生の教科書に掲載されている『ちいちゃんのかげおくり』(あまんきみこ作)を使用している。これは戦時中の幼い少女

---

(11) 読売新聞によると，東京電力は 2011 年 7 月に，2011 年 3 月と 4 月に働いていた 8338 人の作業員のうち，198 人と連絡がとれないと報告した。

の物語で、父親が前線に送られる前日の場面から始まる。父親は青空に自分たちの影が映る様子を想像するという遊びを子どもたちに教える。しかし空襲はついに少女と家族の命を奪ってしまう。『おとなになれなかった弟たちに…』(米倉斉加年作)は中学1年生の教科書に掲載されている。著者は見知らぬ遠い村で学童疎開をしていたとき、栄養失調で弟を亡くしてしまった経験を語る。この物語は野坂昭如の小説を原作にして制作されたアニメーション映画『火垂るの墓』と響きあう。映画では孤児である少年とその妹がなんとか生き残ろうとするが最終的に飢えて死んでしまう。『ヒロシマのうた』(今西祐行作)は6年生の教科書に掲載されている。物語は広島の原爆投下直後、被爆者を救護するために派遣された日本の海軍将校によって語られる。将校は息絶えた母親の腕から赤ん坊を救い出し、避難する別の夫婦に託す。長年を経て、著者と少女が奇跡的に再会し彼女の出自が明かされ物語は終わる。小学6年生の教科書に載っている『平和のとりでを築く』(大牟田稔作)というエッセイは、広島原爆ドームのユネスコ世界遺産指定について書かれたものだ。エッセイは、原爆ドームが平和と核兵器廃絶のシンボルとして、私たちにメッセージを送り続けていると結んでいる。

　爆撃がもたらした残酷な悲劇と、多くの命を奪った飢えに関するこれらの物語は、犠牲者に対する同情を喚起するとともに、いかなる戦争にも反対する意思を表している。これらの物語には、日本国憲法の精神や、私が見た真珠湾のビデオの締めくくりと対照的な日本の一般的な平和言説が反映されている。しかし、アメリカでのドイツ語授業で議論された第二次世界大戦中のドレスデン空爆についての文章(Kramsch 2011)がそうだったように、爆弾を落としたのはだれかということは、文中のどこにも書かれていない。さらに言うと、これらの読み物は日本の被害を強調するが、日本の加害責任については何も語らない。日本軍によるアジア太平洋諸国侵略、朝鮮人・台湾人・中国人・その他の人々への暴虐、あるいは沖縄戦での残虐行為については何も語っていないのだ[12]。それはおそらく連合国軍(米軍)占領の名残り、今日の日米軍事同盟、また戦争責任に関する言論の低調さ、さらに教育の政治性など、さまざまな理由が絡み合った結果であろう。そして政治的せめぎ合いの場としての教育の本質は、次に議論する歴史教科書の問題においてさらに瞭然としている。

---

(12) 例外は五木寛之の随筆「私が哀号とつぶやく時」(五木 1994)だ。著者は自分が育った植民地支配下の朝鮮での個人的なエピソードを語っている。

日本の歴史教科書は，常にその記述内容および表現が議論されてきた。出版社は教科書出版にあたって，文部科学省の教科用図書検定に合格しなければならない。教科書の出版が国の管理下にあるため，その内容は国内の政治や外交情勢に大きく影響される。特にアジア太平洋戦争時の出来事に関しては，近隣諸国が日本の加害責任を明記するよう求めることもあり，その結果，論争が起きる。1つの例が，戦時中に日本軍の性奴隷にされた「慰安婦」の問題である。推計で少なくとも8万人から10万人の女性達が，主に朝鮮（80％）を始めとして，台湾・中国・フィリピン・インドネシア・マレーシアで動員された（Tanaka 2002）。この組織的な性奴隷制度に関する事実は長い間隠蔽されてきたが，1980年代後半になってようやく勇気ある生存者の証言で明るみに出た。1991年には，韓国人の被害者の金学順が記者会見で自身の経験を証言した。被害者らが日本政府を相手取り訴訟を起こした後，公式記録が見つかったため，日本政府は1993年ついに大日本帝国軍が慰安施設の運営に関与していたことを認め，それらの事実が記憶に留められるよう歴史教育を通して努力することを約束した。その結果，中学校と高校の歴史教科書で慰安婦について言及されるようになった。1997年までには，ほとんどすべての中学校，高校の歴史教科書において慰安婦に関する短い記述が掲載された（McCormack 2000; Nozaki 2005, 2008）。検定に合格した1992年と1996年の東京書籍の中学校歴史教科書を比べてみると，その変化は明らかである。しかし，2001年版の教科書からは慰安婦に関する記述が消えている。

　1980年代，近隣諸国や沖縄から猛烈な批判を浴び，日本は加害責任を歴史教科書に記述するようになった。その結果，南京大虐殺と沖縄戦に関する記述が掲載されたのだが，1990年代になると，これに保守勢力が反発したのである。1995年に社会教育学者の藤岡信勝によって設立された自由主義史観研究会は，日本軍の戦争犯罪に言及する歴史教科書を「自虐史観」に染まっていると批判し，保守修正主義史観を主張した。1996年，修正主義者らのグループは『新しい歴史教科書をつくる会』を結成し，2001年には最初の歴史教科書を出版した。この保守化への揺り戻しの中で，各出版社は自主的に慰安婦への言及を教科書から削除してしまったのである（Nozaki 2008）。

　最近出版された藤岡信勝らによる中学校教科書（自由社）を，修正主義史観によらない教科書（帝国書院）と比較してみると，戦時のアジア近隣諸国に関

する説明を2ページほど読み比べるだけで，どの内容が言及されているのか，またはされていないのか，そして，ひとつの事件に関する記述の仕方がどのように違うのかがよくわかる。前者は日本の加害責任を矮小化し，日本のアジア近隣諸国に対する行為をヨーロッパ列強からアジアを開放するものだったと正当化し，さらにアジアの人々（例：イギリス領マラヤ住民）には感謝までされたと記述している。逆に後者は，現地住民に対して行われた日本語と日本文化への同化政策や強制労働について詳しく説明し，日本軍の圧政を批判するインドネシアの教科書からの抜粋も掲載している。

　このように学校の教科書を調べてみると，戦争と平和の記憶が言説のせめぎ合いの中で政治的に構築されていることがよくわかる。日本の戦争責任を強調する教科書があれば，矮小化する教科書もあるように，歴史教科書に記述される戦争の記憶は明らかに政治的に構築されている。それとは対照的に，国語教科書においては日本を加害者として捉える視点がほとんど見られない。感動的な物語を通して読み手の感情に訴えようとはしているのだが，加害者としての視点の欠如は現状を正当化する効果を生むと言えるかもしれない。つまり「戦争は悪い」と訴えるセンチメンタルな語りには，実際の加害者がだれなのかを読者が特定させずに済むという効果があるからだ。

　ここまでの論点は多様な方法で指導に役立てることができるだろう。前述のように，教育実践は現在進行中ではあるが，以下，いくつかのアイデアを紹介したい。

8. 授業のアイデア

　具体的な授業のアイデアを議論する前に考慮すべきことは，どのような学習者がクラスにいるかということである。なぜなら学習者の属性によって，批判的内容重視の授業で考慮すべき「教育場面に即した倫理」が異なってくるからである。特に，このことはアジア圏出身の学習者が多い日本語プログラムでは重要である。実際，北米の日本語教室ではアジア出身者が大半を占める場合が多い。たとえばアジア系学習者にとって従軍慰安婦や南京大虐殺について学ぶことは，ヨーロッパ系学習者が学ぶのとは違い，感情を大きく揺さぶられる可能性がある。したがって，教材の選択や授業計画においては，杓子定規なアプローチをとるのではなく，さまざまな視点を深く理解できるよう，学習者の実情に合わせた活動を行うことが必要である。はじめに

学習者同士の話し合いを持たせて，異なった意見に直面する可能性に気づかせること，そして互いの意見を尊重しながら深い対話ができるようなクラスの雰囲気を作るにはどうしたらいいか，アイデアを交換することが大切である。学習者の民族的・教育的バックグラウンドについて知っておくことも，感受性と教育場面に即した倫理を実践するために不可欠である。

　授業案としては，先に述べた近松(2008, 2011)が提案する活動が本論文のテーマに適している。教材には，本章で取り上げた資料(記事・本・漫画・映画)が利用できる。表1は，ブリティッシュコロンビア大学で4年生が履修する内容重視の日本語コースのための資料と活動の例である。

表1：教材と活動の例

資料	活動	目標
小学校の日本史教科書(日露戦争から第二次世界大戦終結まで)	主要な歴史的事件について読み，理解する。内容，および受動態と能動態の使い分けに注目し，それらによって日本がどう位置づけられているか(被害者か加害者か)を議論する。(近松2011)	背景知識を培う。被害者・加害者に関する文章に見る立場と，歴史教科書の政治性を認識する。
『ヒバクシャの世紀―ヒロシマ・ナガサキ・ビキニ』(藤原2006)の，加害責任と被爆者の語りの記述の抜粋	インターネットでブラボー核実験とそれに関連する事件の資料を視聴する。資料を読み，内容に関する質問の答を小グループで考える。	歴史に関する知識を広げる。著者の視点と広島の原爆に関わる被害・加害関係の複雑さを理解する。
『夕凪の町　桜の国』(こうの2004)の漫画と映画(第1部まで) 映画のレビュー(インターネットのカスタマーレビューと雑誌のメディアレビュー)	漫画と映画を鑑賞し，被爆者の心情について議論する。広島弁の特徴に注目する。映画のレビューを読み，それらの視点の違いを確認する。コースのテーマに関連した映画を見てレビューを書く。	被害者の複雑な心情を理解する。被害と加害がどのように表現されているか考える。広島弁の特徴を知る。評論文における視点の違いを認識する。評論文を書く。

『The Highway of the Atom(原子力のハイウェイ)』(van Wyck 2010)からの抜粋 『先住民族と日系カナダ人』(田中 2009)からの抜粋 ドキュメンタリー映画『Village of Widows(未亡人の村)』(1999)とブロウ監督のトーク	カナダのウラン採掘の歴史に関する英語と日本語の説明を読み，被害と加害の問題を議論する。映画を鑑賞し，監督の談話を聞き，監督への質問を考える。	カナダの原爆への関与を知る。デネーの人々による「被害者」の捉え方を，他の一般的な捉え方と比較する。ウラン採掘と原住民の関わりの背後にある社会的・経済的問題を考える。
漫画『はだしのゲン』(中沢啓治 1975／1980)からの抜粋	漫画を読み，被害と加害がどのように表現されているかに注目する。	被害と加害の表現を，他の資料と比較する。

　その他のトピックと読み物として，沖縄戦(赤座 2005, 新庄 2001)，福島原発事故(新聞記事)，歴史教科書論争(たとえば帝国書院と自由社または育鵬社の教科書の比較)，そして国語教科書の「平和教材」を取り入れることができる。

　コースの始めには，被害と加害の相対関係について扱うのがよいだろう。具体例として，本章の始めに述べた，東亜同文書院による上海交通大学キャンパス使用についての相反する解釈―「借用」か「占拠」か―のエピソードを用いることができる。アジア系の学習者が主であるカナダの教室では，このエピソードが効果的だろう。被害・加害に関する学習者個人の理解の深まりを評価するには，歴史的事件や時事問題における被害・加害の関係について評論文を書かせるのがよいだろう。学習者のシンボリック・コンピテンスの育成と評価は，架空の文脈でロールプレイをさせたり，作文を書かせたりすることによって行うことができる。その文脈の中で，異なる意見を持つ他者と対峙しながら，社会的・個人的・情緒的にも効果的な相互理解を達成することが期待される。

9. 結論

　外国語学習の目的のひとつは，世界観を広げることである。それは，学習者が社会と目標文化に対する多角的な視座を獲得することで可能になる。歴史に関する論争や相反する歴史的記憶(例：上海とハワイでの体験談)を考察

することは，学習者自身の歴史認識を点検し，記憶の再構築を促すことにつながる。批判的内容重視の日本語教育で扱うテーマと資料を提示してきたが，それらを通して日本史上の主要な出来事に関する知識を学習者に提供するだけではなく，歴史上の出来事には，支配と従属と抵抗の形をとった政治的・経済的・社会的権力関係が内包されていることに理解を促すこともできる。テクストやその他の媒体をクリティカルに読み，さらに学生，教師，専門家，コミュニティの人々との対話を通して，隠された意味を明らかにしていくことによってさらに理解が深まるだろう。

　権力関係とそこに隠された意味は，被害・加害関係を吟味することによって理解できる。このような視点は外国語教育へのクリティカルなアプローチに欠かせない。このアプローチは，歴史の記憶の多元性と政治性を認識すると同時に，権力・知識・言説に対して問題提起を行う。さらに，批判的内容重視の言語教育は，さまざまなグループ間における支配と従属という抑圧的関係や環境破壊という過去と現在の不正義に立ち向かい，差別，抑圧，戦争，環境破壊のない公正で持続可能な社会をめざす。

　これらの目標を達成するために，知識人である教師は，指導内容とその根底にある政治思想やイデオロギーをクリティカルに省察し，教材の多元的な解釈の可能性を探ることが必要である。内容の専門家でなくても，言語教師は同僚やコミュニティの人々，およびさまざまな資料から情報や知識を得ることができる。言語教師による批判的内容重視の教育は，内容の掘り下げや理論形成の点において，内容の専門家による授業と同レベルには至らないかもしれない。だが，資料をクリティカルに扱うことによって，学習者はさまざまな見解の裏に潜む政治性を模索できるだろう。そして，どのテーマの理解にも必要な，批判的省察の方法を身につけることによって，自分が将来取り組む専門分野の研究に備えることができる。

　本章で取り上げたテーマは議論する上で決して単純ではない。社会の構成員としての教師や学生が加害責任を認識し，議論することは特に難しい。しかし，論議を引き起こす内容を扱う批判的内容重視の言語教育によって，学習者は物事を多角的に解釈し，自己と他者の歴史の記憶を再構築させることができるだろう。

参考文献

≪英語文献≫

Alim, H. S. (2005). Critical language awareness in the United States: Revisiting issues and revising pedagogies in a resegregated society. *Educational Researcher, 34*(7), 24–31.

Amin, N. (1999). Minority women teachers of ESL: Negotiating white English. In G. Braine (Ed.), *Non-native education in English language teaching* (pp. 93-104). Mahwah, NJ: Lawrence Erlbaum Associates.

Amin, N., & Kubota, R. (2004). Native speaker discourses: Power and resistance in postcolonial teaching of English to speakers of other languages. In P. Ninnes & S. Mehta (Eds.), *Re-imagining comparative education: Postfoundational ideas and applications for critical times* (pp. 107-127). New York: Routledge Falmer.

Anderson, B. (2006). *Imagined communities: Reflections on the origin and spread of nationalism.* London: Verso.

Apparudai, A. (1990). Disjuncture and difference in the global cultural economy. In M, Featherstone (Ed.), *Global culture: Nationalism, globalization and modernity* (pp. 295–310). London: Sage.

Auerbach, E. (1993). Reexamining English only in the ESL classroom. *TESOL Quarterly, 27*, 9-32.

Bailey, K. D. (2002). *Living in the eikaiwa wonderland: English language learning, socioeconomic transformation and gender alterities in modern Japan* (Unpublished doctoral dissertation). University of Kentucky, Lexington, Kentucky.

Bailey, K. D. (2007). Akogare, ideology, and "Charisma Man" mythology: Reflections on ethnographic research in English language schools in Japan. *Gender, Place and Culture, 14*, 585–608.

Barth, F. (1969). Introduction. In F. Barth (Ed.), *Ethnic groups and boundaries: The social organization of culture difference* (pp. 9–38). Boston, MA: Little, Brown and Co.

Befu, H. (2001). *Hegemony of homogeneity: An anthropological analysis of Nihonjinron.* Melbourne, Australia: Trans Pacific Press.

Benesch, S. (2001). *Critical English for academic purposes: Theory, politics, and practice.* Mahwah, NJ: Lawrence Erlbaum Associates.

Blackledge, A. & Creese, A. (2010). *Multilingualism: A critical perspective.* London: Continuum.

Blackmore, J. (2006). Unprotected participation in lifelong learning and the politics of hope: A feminist reality check of discourses around flexibility, seamlessness and learner earners. In C. Leathwood & B. Francis (Eds.), *Gender and lifelong learning: Critical feminist engagements* (pp. 9–26). London: Routledge.

Block, D. (2002). 'McCommunication': A problem in the frame for SLA. In D. Block & D. Cameron (Eds.), *Globalization and language teaching* (pp. 117–133). London: Routledge.

Block, D. (2007). Niche lingual francas: An ignored phenomenon. *TESOL Quarterly, 41*, 561–566.

Blow, P. (Director)(1999). *Village of Widows*（寡婦の村）[Motion Picture]. Ontario, Canada: Lindum Films.

Bourdieu, P. (1991) *Language and symbolic power.* Cambridge, MA: Harvard University Press.

Bourdieu, P., & Passeron, J. C. (1990). *Reproduction in education, society and culture* (2nd ed.). Beverley Hills, CA: Sage.

Braine, G. (Ed.).(1999). *Non-native educators in English language teaching*. Mahwah, NJ: Lawrence Erlbaum Associates.

Bruthiaux, P. (2002). Hold your courses: Language education, language choice, and economic development. *TESOL Quarterly, 36*, 275-296.

Bruthiaux, P. (2003). Squaring the circles: Issues in modeling English worldwide. *International Journal of Applied Linguistics, 13*, 159-178.

Brutt-Griffler, J. (2002). *World English: A study of its development*. Clevedon, UK: Multilingual Matters.

Brutt-Griffler, J., & Samimy, K. (1999). Revisiting the colonial in the postcolonial: Critical praxis for nonnative-English-speaking teachers in a TESOL program. *TESOL Quarterly, 33*, 413-431.

Butler, Y. G. (2007). Foreign language education at elementary schools in Japan: Searching for solutions amidst growing diversification. *Current Issues in Language Planning, 8*, 129–147.

Butler, Y. G., & Iino, M. (2005). Current Japanese reforms in English language education: The 2003 "Action Plan". *Language Policy, 4*, 25–45.

Butler, J. (1990). *Gender trouble: Feminism and the subversion of identity*. New York: Routledge.

Byram, M., Nichols, A., & Stevens, D. (Eds.).(2001). *Developing intercultural competence in practice*. Clevedon, UK: Multilingual Matters.

Cameron, D. (1992). *Feminism and linguistic theory*. London: Macmillan.

Cameron, D. (2000). *Good to talk: Living and working in communication culture*. London: Sage.

Canagarajah, A. S. (1999a). *Resisting linguistic imperialism in English teaching*. Oxford, UK: Oxford University Press.

Canagarajah, A. S. (1999b). Interrogating the 'native speaker fallacy': Non-linguistic roots, non-pedagogical results. In G. Braine (Ed.), *Non-native educators in English language teaching* (pp. 77-92). Mahwah, NJ: Lawrence Erlbaum Associates.

Canagarajah, A. S. (2002). Reconstructing local knowledge. *Journal of Language, Identity, and Education, 1*, 243-259.

Canagarajah, A. S. (2005). Critical pedagogy in L2 learning and teaching. In E. Hinkel (Ed.), *Handbook of research in second language teaching and learning* (pp. 931-949). Mahwah, NJ: Lawrence Erlbaum Associates.

Canagarajah, A. S. (2007a). Ethnographic methods in language policy. In T. Ricento (Ed.), *An introduction to language policy: Theory and method* (pp. 153–169). Malden, MA: Blackwell.

Canagarajah, A. S. (2007b). Lingua franca English, multilingual communities, and language acquisition. *The Modern Language Journal, 91*, 923–939.

Chapman, M. (2003). The role of the TOEIC in a major Japanese company. In *Proceedings of the 2nd annual JALT Pan-SIG conference*. Retrieved June 7, 2015, from http://jalt.org/pansig/2003/HTML/Chapman.htm

Chikamatsu, N., & Matsugu, M. (Eds.).(2009). Bridging Japanese language and Japanese studies in higher education: Report from the Forum on Integrative Curriculum and Program Development. *Occasional Papers: Association of Teachers of Japanese, 9*. Retrieved June 7, 2015, from http://www.aatj.org/resources/publications/occasionalpapers/OccPapers_9.pdf

Cook, V. (2007). The goals of ELT: Reproducing native-speakers or promoting multi-competence among second language users. In J. Cummins & C. Davison (Eds.), *International handbook of English language education, vol. 1* (pp. 237-248). Norwell, MA: Springer.

Crystal, D. (1997). *English as a global language*. Cambridge, UK: Cambridge University Press.(国弘正雄訳『地球語としての英語』みすず書房, 1999 年)

Cummins, J. (2007). Rethinking monolingual instructional strategies in multilingual classrooms. *Canadian Journal of Applied Linguistics/Revue canadienne de linguistique appliquée, 10,* 221-240.

Curtis, A., & Romney, M. (Eds.).(2006). *Color, race and English language teaching: Shades of meaning*. Mahwah, NJ: Lawrence Erlbaum Associates.

Davies, R. J., & Ikeno, O. (2002). *The Japanese mind: Understanding contemporary Japanese culture*. Boston, MA: Tuttle.

Delpit, L. (1995). *Other people's children: Cultural conflict in the classroom*. New York: The New Press.

Educational Testing Service. (2007). *TOEIC Newsletter, 100*.

Educational Testing Service. (2009). *TOEIC Newsletter, 105*.

Fanon, F. (1967). *Black skin, white masks*. New York: Grove Weidenfeld.

Foucault, M. (1980). *Power/knowledge: Selected interviews and other writings 1972-1977*. New York: Pantheon.

Freire, P. (1998). *Pedagogy of the oppressed*. New York: Continuum Press.(三砂ちづる訳『被抑圧者の教育学』亜紀書房, 2011 年)

Freire, P., & Macedo, D. (1987). *Literacy: Reading the word and the world*. South Hadley, MA: Bergin & Garvey.

Friedman, J. (1994). *Cultural identity and global process*. London: Sage.

Friedman, J. (1997). Global crises, the struggle for identity and intellectual porkbarrelling: Cosmopolitans versus locals, ethnics and nationals in an era of de-hegemonization. In P. Werbner & T. Modood (Eds.), *Debating cultural hybridity: Multicultural identities and the politics of antiracism* (pp. 70-89). London: Zed Books.

Fukuoka, Y. (2000). *Lives of young Koreans in Japan*. Melbourne: Trans Pacific Press.

Giroux, H. (2006). Spectacles of race and pedagogies of denial: Antiblack racist pedagogy. In D. Macedo & P. Gounari (Eds.), *The globalization of racism* (pp. 68–93). Boulder, CO: Paradigm.

Goldstein, T. (1996). *Two languages at work: Bilingual life on the production floor*. New York: Mouton de Gruyter.

Golombek, P., & Jordon, S. R. (2005). Becoming "black lambs" not "parrots": A poststructuralist orientation to intelligibility and identity. *TESOL Quarterly, 39,* 513-533.

Gottlieb, N. (2008). Japan: Language policy and planning in transition. *Current Issues in Language Planning, 9,* 1–68.

Graddol, D. (2006). *English next: Why global English may mean the end of 'English as a Foreign Language'*. London: British Council.

Grin, F. (2001). English as economic value: Facts and fallacies. *World Englishes 20,* 65-78.

Grin, F. (2003). Language planning and economics. *Current Issues in Language Planning, 4,* 1–66.

Guilherme, M. (2002). *Critical citizens for an intercultural world: Foreign language education as cultural politics.* Clevedon, UK: Multilingual Matters.

Hashimoto, K. (2000). "Internationalisation" is "Japanisation": Japan's foreign language education and national identity. *Journal of Intercultural Studies, 21,* 39-51.

Hashimoto, K. (2007). Japan's language policy and the "lost decade". In A. B. M. Tsui & J. W. Tollefson (Eds.), *Language policy, culture, and identity in Asian contexts* (pp. 25–36). Mahwah, NJ: Lawrence Erlbaum Associates.

Harklau, L. (1999). Representing culture in the ESL writing classroom. In E. Hinkel (Ed.), *Culture in second language teaching and learning* (pp. 109–130). Cambridge, UK: Cambridge University Press.

Heinrich, P. (2005). Language ideology in JFL textbooks. *International Journal of Sociology of Language, 175/176,* 213-232.

Heller, M. (2002). Globalization and the commodification of bilingualism in Canada. In D. Block & D. Cameron (Eds.), *Globalization and language teaching* (pp. 47–63). London: Routledge.

Hirtt, N. (2009). Markets and education in the era of globalized capitalism. In D. Hill & R. Kumar (Eds.), *Global neoliberalism and education and its consequences* (pp. 208–226). New York: Routledge.

Holliday, A. (2005). *The struggle to teach English as an international language.* Oxford, UK: Oxford University Press.

Holliday, A. (2008). Standards of English and politics of inclusion. *Language Teaching, 41,* 119-130.

Hursh, D. (2005). Neo-liberalism, markets and accountability: Transforming education and undermining democracy in the United States and England. *Policy Futures in Education, 3,* 3–15.

Hyslop-Margison, E. J., & Sears, A. M. (2006). *Neo-liberalism, globalization and human capital learning: Reclaiming education for democratic citizenship.* Dordrecht, The Netherlands: Springer.

Hyslop-Margison, E. J., & Welsh, B. H. (2003). Career education and labour market conditions: The skills gap myth. *Journal of Educational Thought, 37,* 5–21.

Janks, H. (1997). Critical discourse analysis as a research tool. *Discourse: Studies in the Politics of Education, 18,* 329–342.

Jenkins, J. (2000). *The phonology of English as an international language.* Oxford, UK: Oxford University Press.

Jenkins, J. (2003). *World Englishes: A resource book for students.* London: Routledge.

Jenkins, J. (2009). Exploring attitudes towards English as a lingua franca in the East Asian context. In K. Murata & J. Jenkins (Eds.), *Global Englishes in Asian contexts: Current and future debates* (pp. 40-56). Basingstoke, UK: Palgrave Macmillan.

Jones, M. (2010). *After Hiroshima: The United States, race and nuclear weapons in Asia, 1945-1965.* Cambridge, UK: Cambridge University Press.

Juppé, R. Jr. (1995). An incomplete *Perestroika*: Communicative language teaching in Japan. (『現代英語教育』6月号, 18 – 19)

Kachru, B. B. (1986) *The alchemy of English: The spread, functions, and models of non-native Englishes.* Oxford, UK: Pergamon.

Kachru, B. B. (1997). Past imperfect: The other side of English in Asia. In L. E. Smith & M. L. Foxman (Eds.), *World Englishes 2000* (pp. 68–89). Honolulu: University of Hawaii Press.

Kachru, B. B., Kachru, Y., & Nelson, C. L. (Eds.) (2006). *The handbook of world Englishes*. Malden, MA: Blackwell.

Kamhi-Stein, L. D. (Ed.).(2004). *Learning and teaching from experience: Perspectives on nonnative English-speaking professionals*. Ann Arbor: University of Michigan Press.

Kanno, Y. (2008). *Language education in Japan: Unequal access to bilingualism*. London: Palgrave Macmillan.

Kanno, Y., & Norton, B. (2003). Imagined communities and educational possibilities: Introduction. *Journal of Language, Identity and Education 2*, 241-249.

Kanpol, B. (1994). *Critical pedagogy: An introduction*. Westport, CT: Bergin & Garvey.

Kaplan, R. (1966). Cultural thought patterns in inter-cultural education. *Language Learning, 16*, 1–20.

Kincheloe, J. L., & Steinberg, S. R. (1997). *Changing multiculturalism*. Buckingham, UK: Open University Press.

Kariya, T. (2010). From credential society to "learning capital" society: A rearticulation of class formation in Japanese education and society. In H. Ishida & D. H. Slater (Eds.), *Social class in contemporary Japan: Structures, sorting and strategies* (pp. 87–113). Abingdon, UK: Routledge.

Keeley, B. (2007). *Human capital: How what you know shapes your life*. Paris: OECD.

Kelsky, K. (2001). *Women on the verge: Japanese women, Western dreams*. Durham, NC: Duke University Press.

Kincheloe, J. (2005). *Critical pedagogy primer*. New York: Peter Lang.

Kincheloe, J. L., & Steinberg, S. R. (1997). *Changing multiculturalism*. Buckingham, UK: Open University Press.

Kobayashi, Y. (2002). The role of gender in foreign language learning attitudes: Japanese female students' attitudes towards English learning. *Gender and Education, 14*, 181–197.

Kobayashi, Y. (2007). Japanese working women and English study abroad. *World Englishes, 26*, 62–71.

Kramsch, C. (1997). The privilege of the nonnative speaker. *PMLA, 112*, 359-369.

Kramsch, C. (2009). *The multilingual subject*. Oxford, UK: Oxford University Press.

Kramsch, C. (2011). The symbolic dimensions of the intercultural. *Language Teaching, 44*, 354-367.

Kubota, R. (1997). Reevaluation of the uniqueness of Japanese written discourse: Implications to contrastive rhetoric. *Written Communication, 14*, 460–480.

Kubota, R. (1998a). Ideologies of English in Japan. *World Englishes, 17*, 295-306.

Kubota, R. (1998b). Voices from the margin: Second/foreign language teaching approaches from minority perspectives. *The Canadian Modern Language Review, 54*, 394-412.

Kubota, R. (1998c). An investigation of Japanese and English L1 essay organization: Differences and similarities. *The Canadian Modern Language Review, 54*, 475–507.

Kubota, R, (1999). Japanese culture constructed by discourses: Implications for applied linguistic research and English language teaching. *TESOL Quarterly, 33*, 9-35.

Kubota, R. (2001). Discursive construction of the images of U.S. classrooms. *TESOL Quarterly, 35*, 9-38.

Kubota, R. (2002a). Impact of globalization in language teaching in Japan. In D. Block & D. Cameron (Eds.), *Globalization and language teaching* (pp. 13–28). London: Routledge.

Kubota, R. (2002b). Japanese identities in written communication: Politics and discourses.

In R. T. Donahue (Ed.), *Japanese enactments of cultures and consciousness* (pp. 293–315). Norwood, NJ: Ablex.

Kubota, R. (2003). Critical teaching of Japanese culture. *Japanese Language and Literature, 37,* 67-87.

Kubota, R. (2004). Critical multiculturalism and second language education. In B. Norton & K. Toohey (Eds.), *Critical pedagogies and language learning* (pp. 30-52). New York: Cambridge University Press.

Kubota, R. (2008). Critical approaches to teaching Japanese and culture. In J. Mori & A. S. Ohta (Eds.), *Japanese applied linguistics: Discourse and social perspectives* (pp. 327-352). London: Continuum.

Kubota, R. (2010). Cross-cultural perspectives on writing: Contrastive rhetoric. In N. H. Hornberger & S. L. McKay (Eds.), *Sociolinguistics and language education* (pp. 265-289). Bristol, UK: Multilingual Matters.

Kubota, R. (2011a). Immigration, diversity, and language education in Japan: Toward a glocal approach to teaching English. In P. Seargeant (Ed.), *English in Japan in the era of globalization* (pp. 101-124). New York: Palgrave Macmillan.

Kubota, R. (2011b). Questioning linguistic instrumentalism: English, neoliberalism, and language tests in Japan. *Linguistics and Education, 22,* 248-260.

Kubota, R. (2011c). Learning a foreign language as leisure and consumption: Enjoyment, desire, and the business of eikaiwa. *International Journal of Bilingual Education and Bilingualism, 14,* 473-488.

Kubota, R., & McKay, S. (2009). Globalization and language learning in rural Japan: The role of English in the local linguistic ecology. *TESOL Quarterly, 43,* 593–619.

Kubota, R., & Lehner, A. (2004). Toward critical contrastive rhetoric. *Journal of Second Language Writing, 13,* 7-27.

Kubota, R., & Lin, A. M. Y. (2006). Race and TESOL: Concepts, research and future directions. *TESOL Quarterly, 40,* 471-493.

Kubota, R., & Lin, A. M. Y. (Eds.) (2009). *Race, culture, and identity in second language education: Exploring critically engaged practice.* New York: Routledge.

Kubota, R., Austin, T., & Saito-Abbott, Y. (2003). Diversity and inclusion of sociopolitical issues in foreign language classrooms: An exploratory survey. *Foreign Language Annals, 36,* 12-24.

Kumaravadivelu, B. (2003). Problematizing cultural stereotypes in TESOL. *TESOL Quarterly, 37,* 709-718.

Kumaravadivelu, B. (2006a). TESOL methods: Changing tracks, challenging trends. *TESOL Quarterly, 40,* 59-81.

Kumaravadivelu, B. (2006b). *Understanding language teaching: From method to post-method.* Mahwah, NJ: Lawrence Erlbaum Associates.

Labao, W. (2004). When English becomes big business. In K.-K. Tam & T. Weiss (Eds.), *English and globalization: Perspectives from Hong Kong and Mainland China* (pp. 149–167). Hong Kong: Chinese University Press.

Lan, P. (2006). *Global Cinderellas: Migrant domestics and newly rich employers in Taiwan.* Durham, NC: Duke University Press.

Lee, E., & Simon-Maeda, A. (2006). Racialized research identities in ESL/EFL research. *TESOL Quarterly, 40,* 573-594.

Leeman, J. (2005). Engaging critical pedagogy: Spanish for native speakers. *Foreign Language Annals, 38*, 35-45.
Leung, C., Harris, R., & Rampton, B. (1997). The idealized native speaker, reified ethnicities, and classroom realities. *TESOL Quarterly, 31*, 543-560.
Li, M. (2007). Foreign language education in primary schools in the People's Republic of China. *Current Issues in Language Planning, 8*, 148–160.
Lin, A. M. Y., & Martin, P. (2005). From a critical deconstruction paradigm to a critical construction paradigm: An introduction to decolonization, globalization, and language-in-education policy and practice. In A. M. Y. Lin & P. Martin (Eds.), *Decolonization, globalization and language-in-education policy and practice* (pp. 1-19). Clevedon, UK: Multilingual matters.
Lin, A. M. Y., Wang, W., Akamatsu, N., & Riazi, A. M. (2002). Appropriating English, expanding identities, and re-visioning the field: From TESOL to teaching English for glocalized communication (TEGCOM). *Journal of Language, Identity, and Education, 1*, 295-316.
Llurda, E. (Ed.).(2005). *Non-native language teachers: Perceptions, challenges and contributions to the profession.* New York: Springer.
Love, J. E. (1986). *McDonalds's: Behind the arches.* New York: Bentam Books.
Loveband, A. (2006). Positioning the product: Indonesian migrant women workers in Taiwan. In K. Hewison & K. Young (Eds.), *Transnational migration and work in Asia* (pp. 75–89). Abingdon, Oxon: Routledge.
Luke, A. (2004). Two takes on the critical. In B. Norton & K. Toohey (Eds.), *Critical pedagogies and language learning* (pp. 21-29). New York: Cambridge University Press.
Luke, A. (2009). Race and language as capital in school: A sociological template for language-education reform. In R. Kubota & A. M. Y. Lin (Eds.), *Race, culture and identities in second language education: Exploring critically engaged practice* (pp. 286-308). New York: Routledge.
Madison, D. S. (2005). *Critical ethnography: Method, ethics, and performance.* Thousand Oaks, CA: Sage.
Maher, J. C. (2005). Metroethnicity, language, and the principle of cool. *International Journal of the Sociology of Language, 175/176*, 83-102.
Matsuda, A. (2000). *Japanese attitudes towards English: A case study of high school students* (Unpublished PhD thesis). Purdue University, West Lafayette, Indiana.
Matsuda, A. (2002). Representation of users and uses of English in beginning Japanese EFL textbooks. *JALT Journal, 24*, 182-200.
Matsuda, A. (2003). The ownership of English in Japanese secondary schools. *World Englishes, 22*, 483–496.
Matsumoto, Y., & Okamoto, S. (2003). The construction of the Japanese language and culture in teaching Japanese as a foreign language. *Japanese language and literature, 37*, 27-48.
May, S. (2004). Rethinking linguistic human rights: Answering questions of identity, essentialism and mobility. In D. Patrick & J. Freeland (Eds.), *Language rights and language survival: A sociolinguistic explanation* (pp. 35-53). Manchester, UK: St Jerome.
May, S. (2009). Critical multiculturalism and education. In J. Banks (Ed.), *Routledge international companion to multicultural education* (pp. 33-48). New York: Routledge.
McConnell, D. L. (2000). *Importing diversity: Inside Japan's JET Program.* Berkeley: University of California Press.
McCormack, G. (2000). The Japanese movement to "correct" history. In L. Hein & M. Selden (Eds.), *Censoring history: Citizenship and memory in Japan, Germany, and the*

United States (pp. 3-50). Armonk, NY: M. E. Sharpe.

McCormack, G. (2011). Hubris punished: Japan as nuclear state. *The Asia-Pacific Journal: Japan Focus, 9* (16, no.3). Retrieved June 7, 2015, from http://japanfocus.org/-Gavan-McCormack/3517

McCrostie, J. (2009, August 11). TOEIC no turkey at 30. *The Japan Times.* Retrieved June 7, 2015, from http://www.japantimes.co.jp/community/2009/08/11/issues/toeic-no-turkey-at-30/

McCrostie, J. (2009, August 18). TOEIC: Where does the money go? *The Japan Times.* Retrieved June 7, 2015 from. http://www.japantimes.co.jp/community/2009/08/18/issues/toeic-where-does-the-money-go/

McKay, S. L., & Bokhorst-Heng, W. (2008). *International English in its sociolinguistic contexts: Towards a socially sensitive EIL pedagogy.* New York: Routledge.

McKay, S. L., & Wong, S.-L. (1996). Multiple discourses, multiple identities: Investment and agency in second-language learning among Chinese adolescent immigrant students. *Harvard Educational Review, 3*, 577–608.

Mcneill, D. (2007, December 26). *Nippon no eikaiwa* [Eikaiwa in Japan: It's crazy!]. *Newsweek (Japanese version), 22*(409), 32–40.

Miller, L. (2002). Male beauty work in Japan. In J. E. Roberson & N. Suzuki (Eds.), *Men and masculinities in contemporary Japan: Dislocating the salaryman doxa.* London: Routledge.

Morgan, B. (1998). *The ESL classroom: Teaching, critical practice, and community development.* Toronto, Canada: University of Toronto Press.

Moussu, L., & Llurda, E. (2008). Non-native English-speaking English language teachers: History and research. *Language Teaching, 41*, 315-348.

Mufwene, S. S. (2002). Colonisation, globalisation, and the future of languages in the twenty-first century. *International Journal of Multicultural Societies, 4*, 162–193.

Mufwene, S. S. (2010). Globalization, global English and world English(es): Myths and facts. In N. Coupland (Ed.), *The handbook of language and globalization* (pp. 31-55). Hoboken, NJ: Wiley.

Muñoz, C. (2008). Symmetries and asymmetries of age effects in naturalistic and instructed learning. *Applied Linguistics, 29*, 578-296.

National Standards in Foreign Language Project. (1999). *Standards for foreign language learning in the 21st century.* Lawrence, KS: National Standards Report.

Nelson, C. (2006). Queer inquiry in language education. *Journal of Language, Identity, and Education, 5*, 1-9.

Nettle, D., & Romaine, S. (2000). *Vanishing voices: The extinction of the world's languages.* Oxford, UK: Oxford University Press. (島村宣男訳『消えゆく言語たち―失われることば、失われる世界』新曜社, 2001 年)

Nieto, S. (2004). *Affirming diversity: The sociopolitical context of multicultural education* (4th ed.). New York: Addison Wesley Longman.

Noguchi, M. G., & Fotos, S. (Eds.).(2001). *Studies in Japanese bilingualism.* Clevedon, UK: Multilingual Matters.

Nordheimer, J., & Frantz, D. (1997). Testing giant exceeds roots, drawing business rivals' ire. *The New York Times.* Retrieved June 7, 2015, from http://www.nytimes.com/1997/09/30/us/testing-giant-exceeds-roots-drawing-business-rivals-ire.html

Norimatsu, S. (2010). Hiroshima and Nagasaki at 65—A reflection. *The Asia-Pacific Journal:*

Japan Focus, 8（52, no.3）. Retrieved June 7, 2015, from http://www.japanfocus.org/-Satoko-NORIMATSU2/3463

Norton, B.（2000）. *Identity and language learning: Gender, ethnicity, and educational change*. London: Longman.

Norton, B., & Toohey, K.（Eds.）.（2004）. *Critical pedagogies and language learning*. New York: Cambridge University Press.

Nozaki, Y.（2005）. The "comfort women" controversy: History and testimony. *Japan Focus, 336*. Retrieved June 7, 2015, from http://japanfocus.org/-Yoshiko-Nozaki/2063

Nozaki, Y.（2008）. *War memory, nationalism, and education in postwar Japan, 1945-2007: The Japanese history textbook controversy and Ienaga Saburo's course challenges*. London: Routledge.

Oda, M.（1999）. English only or English plus?: The language（s）of EFL organization. In G. Braine（Ed.）, *Non-native educators in English language teaching*（pp. 105-121）. Mahwah, NJ: Lawrence Erlbaum Associates.

Oda, M.（2007）. Globalization or the world in English: Is Japan ready to face the waves? *International Multilingual Research Journal, 1*, 119–126.

Okamoto, S.（1997）. Social context, linguistic ideology, and indexical expressions in Japanese. *Journal of Pragmatics, 28*, 795-817.

Okamoto, S.（1999）. Situated politeness: Manipulating honorific and non-honorific expressions in Japanese conversations. *Pragmatics, 9*, 51-74.

Okamoto, S., & Shibamoto Smith, J. S.（Eds.）.（2004）. *Japanese language, gender, and ideology: Cultural models and real people*. Oxford, UK: Oxford University Press.

Osborn, T. A.（2005）. *Critical reflection and the foreign language classroom*. Greenwich, CT: Information Age.

Otsuji, E., & Pennycook, A.（2010）. Metrolingualism: Fixity, fluidity, and language in flux. *International Journal of Multilingualism, 7*, 240-254.

Ozeki, C., & Wakisaka, A.（2006）. Japan's growing shadow workforce. In S. E. Gleason（Ed.）, *The shadow workforce: Perspectives on contingent work in the United States, Japan, and Europe*（pp. 203–239）. Kalamazoo, MI: W. E. Upjohn Institute for Employment Research.

Park, J. S.-Y.（2009）. *Unspeakable tongue: Ideologies of English in South Korea*. Berlin, Germany: Mouton de Gruyter.

Park, J. S.-Y.（2011）. The promise of English: Linguistic capital and the neoliberal worker in the South Korean job market. *International Journal of Bilingual Education and Bilingualism, 14*, 443-455.

Pavlenko, A., & Norton B.（2007）. Imagined communities, identity, and English language teaching. In J. Cummins & C. Davison（Eds.）, *International handbook of English language teaching*（pp. 669-680）. New York: Springer.

Peirce, B. N.（1995）. Social identity, investment, and language learning. *TESOL Quarterly, 29*, 9–31.

Pennycook, A.（1994）. *The cultural politics of English as an international language*. London: Longman.

Pennycook, A.（1998）. *English and the discourses of colonialism*. London: Routledge.

Pennycook, A.（2001）. *Critical applied linguistics: A critical introduction*. Mahwah, NJ: Lawrence Erlbaum Associates.

Pennycook, A.（2004a）. Critical applied linguistics. In A. Davies & C. Elder（Eds.）, *The handbook of applied linguistics*（pp. 235-261）. Malden, MA: Blackwell.

Pennycook, A. (2004b). Critical moments in TESOL praxicum. In B. Norton & K. Toohey (Eds.), *Critical pedagogies and language learning* (pp. 327-345). Cambridge, UK: Cambridge University Press.

Pennycook, A. (2007a). *Global Englishes and transcultural flows*. London: Routledge.

Pennycook, A. (2007b). The myth of English as an international language. In S. Makoni & A. Pennycook (Eds.), *Disinventing and reconstituting languages* (pp. 90–115). Clevedon, UK: Multilingual Matters.

Phillipson, R. (1992). *Linguistic imperialism*. Oxford: Oxford University Press. （平田雅博・原聖・浜井裕三子・細川道久・石部尚登・信澤淳訳『言語帝国主義——英語支配と英語教育』三元社，2013 年）

Phillipson, R. (2003). *English only Europe? Challenging language policy*. London: Routledge.

Phillipson, R. (2008). The linguistic imperialism of neoliberal empire. *Critical Inquiry in Language Studies, 5*, 1–43.

Phillipson, R. (2009a). English in globalization, a lingua franca or a linguia frankensteinia? *TESOL Quarterly, 43*, 335-337.

Phillipson, R. (2009b). *Linguistic imperialism continued*. New York: Routledge.

Piller, I., & Takahashi, K. (2006). A passion for English: Desire and the language market. In A. Pavlenko (Ed.), *Bilingual minds: Emotional experience, expression and representation* (pp. 59-83). Clevedon, UK: Multilingual Matters.

Piller, I., Takahashi, K., & Watanabe, Y. (2010). The dark side of TESOL: The hidden costs of the consumption of English. *Cross-Cultural Studies, 20*, 183-201.

Ramanathan, V. (2005). *The English-vernacular divide: postcolonial language practice and politics*. Clevedon, UK: Multilingual Matters.

Reagan, T. (2004). Objectification, positivism and language studies: A reconsideration. *Critical Inquiry in Language Studies, 1*, 41–60.

Reagan, T. G., & Osborn, T. A. (2002). *The foreign language educator in society: Toward a critical pedagogy*. Mahwah, NJ: Lawrence Erlbaum Associates.

Reynolds, D. R. (1986). Chinese area studies in prewar China: Japan's Tôa Dôbun Shoin in Shanghai,1900-1945. *Journal of Asian Studies, 45*, 945-970.

Ricento, T. (Ed.).(2006). An introduction to language policy: Theory and method. Malden, MA: Blackwell.

Ritzer, G. (1998). *The McDonaldization thesis*. London: Sage.

Ritzer, G. (2004). *The globalization of nothing*. Thousand Oaks, CA: Pine Forge Press. （正岡寛司・山本徹夫・山本光子訳『無のグローバル化』明石書店，2005）

Rizvi, F. (2007). Lifelong learning: Beyond neo-liberal imaginary. In D. N. Aspin (Ed.), *Philosophical perspectives on lifelong learning* (pp.114-30). Dordrecht, The Netherlands: Springer.

Rojek, C. (2005). *Leisure theory: Principles and practice*. Basingstoke, UK: Palgrave Macmillan.

Rubdy, R., & Saraceni, M. (2006). Introduction. In R. Rubdy & M. Saraceni (Eds.), *English in the world: Global rules, global roles* (pp. 5-16). London: Continuum.

Said, E. (1978). *Orientalism*. New York: Pantheon Books.

Seargeant, P. (2009). *The idea of English in Japan: Ideology and the evolution of a global language*. Bristol, UK: Multilingual Matters.

Seidlhofer, B. (2004). Research perspectives on teaching English as a lingua franca. *Annual Review of Applied Linguistics, 24*, 209–239.

Shin, H. (2006). Rethinking TESOL from a SOL's perspective: Indigenous epistemology and decolonizing praxis in TESOL. *Critical Inquiry in Language Studies, 3*, 147–167.

Shohamy, E. (2001). *The power of tests: A critical perspective on the uses of language tests.* London: Longman.

Shohamy, E. (2006). *Language policy: Hidden agendas and new approaches.* London: Routledge.

Shohamy, E. (2007). Language tests as language policy tools. *Assessment in Education, 14*, 117–130.

Skutnabb-Kangas T. (1998). Human rights and language wrongs: A future for diversity? *Language Sciences, 20*, 5-27.

Skutnabb-Kangas, T. (2000). *Linguistic genocide in education—Or worldwide diversity and human rights?* Mahwah, NJ: Lawrence Erlbaum.

Spack, R. (1997b). The rhetorical construction of multilingual students. *TESOL Quarterly, 31*, 765–774.

Spada, N., & Lightbown, P. M. (2008). Form-focused instruction: Isolated or integrated? *TESOL Quarterly, 42*, 181-207.

Spence-Brown, R. (2001). The symbiosis of Japanese studies and Japanese language teaching: A language teaching perspective. *Japanese Studies, 21*, 77-83.

Spivak, G. (1993). *Outside in teaching machine.* New York: Routledge.

Spolsky, B. (2004). *Language policy.* Cambridge: Cambridge University Press.

St. Pierre, E., & Pillow, W. (2000). Introduction: Inquiry among the ruins. In E. St. Pierre & W. Pillow (Eds.), *Working the ruins: Feminist poststructural theory and methods in education* (pp. 1-24). New York: Routledge.

Stebbins, R. A. (1997). Casual leisure: A conceptual statement. *Leisure Studies, 16*, 17-25.

Stebbins, R. A. (2007). *Serious leisure: A perspective of our time.* New Brunswick, NJ: Transaction.

Stryker, S. B., & Leaver, B. L. (Eds.).(1997). *Content-based instruction in foreign language education: Models and methods.* Washington, DC: Georgetown University Press.

Sugimoto, Y. (1997). *An introduction to Japanese society.* Cambridge, UK: Cambridge University Press.

Sungwon, Y. (2007). Globalization and language policy in South Korea. In A. B. M. Tsui, & J. W. Tollefson (Eds.), *Language policy, culture, and identity in Asian contexts* (pp. 37–53). Mahwah, NJ: Lawrence Erlbaum Associates.

Tai, E. (1999). *Kokugo* and colonial education in Taiwan. *Positions, 7*, 503-534.

Tai, E (2003). Rethinking culture, national culture, and Japanese culture. *Japanese Language and Literature, 37*, 1-26.

Takahashi, K. (2013). *Language learning, gender and desire: Japanese women on the move.* Bristol, UK: Multilingual Matters.

Tanaka, T. (2002). *Japan's comfort women: Sexual slavery and prostitution during World War II and the US occupation.* London: Routledge.

Tanaka, T., & Kuznick, P. (2011). Japan, the atomic bomb, and the "peaceful uses of nuclear power." *The Asia-Pacific Journal: Japan Focus, 9* (18 no.1, May 2). Retrieved June 7, 2015, from http://www.japanfocus.org/-Yuki-TANAKA/3521

Taylor, C. (2004). *Modern social imaginaries.* Durham, NC: Durham University Press.

Todeschini, M. M. (1996). 'Death and the maiden': Female *hibakusha* as cultural heroines, and the politics of A-bomb memory. In M. Broderick (Ed.), *Hibakusha cinema: Hiroshima, Nagasaki and the nuclear image in Japanese film* (pp. 222-262). London: Kegan Paul International.

Tomlinson, S. (2005). *Education in a post welfare society* (2nd ed.). Maidenhead, UK: Open University Press.

Urciuoli, B. (2008). Skills and selves in the new workplace. *American Ethnologist, 35*, 211–228.

Vaipae, S. S. (2001). Language minority students in Japanese public schools. In M. G. Noguchi & S. Fotos (Eds.), *Studies in Japanese bilingualism* (pp. 184–233). Clevedon, UK: Multilingual Matters.

van Wyck, P. (2010). *The highway of the atom*. Montreal, Canada: McGill-Queen's University Press.

Wallace, C. (1997). The role of language awareness in critical pedagogy. In L. van Lier & D. Corson (Eds.), *Encyclopedia of language and education, Vol. 6: Knowledge about language* (pp. 241–249). Dordrecht, The Netherlands: Kluwer.

Walton, A. R. (1991). Expanding the vision of foreign language education: Enter the less commonly taught languages. In E. S. Silber (Ed.), *Critical issues in foreign language education* (pp. 160-185). New York: Garland.

Wee, L. (2008). Linguistic instrumentalism in Singapore. In P. K. W. Tan & R. Rubdy (Eds.), *Language as commodity: Global structures, local market places* (pp. 31–43). London: Continuum.

Williams, G. (2010). *The knowledge economy, language and culture*. Bristol, UK: Multilingual Matters.

Wright, S. (2004). *Language policy and language planning: From nationalism to globalisation*. New York: Palgrave Mcmillan.

Yashima, T. (2002). Willingness to communicate in a second language: The Japanese EFL context. *Modern Language Journal, 86*, 54–66.

Yashima, T., Zenuk-Nishide, L., & Shimizu, K. (2004). The influence of attitudes and affect on willingness to communicate and second language communication. *Language Learning, 54*, 119–152.

Yoneyama, L. (1999). *Hiroshima traces: Time, space, and the dialectics of memory*. Berkeley: University of California Press.

Yoshino, K. (1992). *Cultural nationalism in contemporary Japan*. London: Routledge.

≪日本語文献≫

赤座憲久(2005)『マブニのアンマー――おきなわの母』ほるぷ出版

新しい教科書をつくる会(1998)*The restoration of national history: Why was the Japanese Society for History Textbook Reform established, and what are its goals?* Tokyo: Japanese Society for History Textbook Reform.

五木寛之(1994)『ゴキブリの歌』角川書店

井上ひさし(1998)『父と暮らせば』新潮社

井伏鱒二(1970)『黒い雨』新潮社

イ・ヨンスク(1996)『国語という思想――近代日本の言語認識』岩波書店

大石俊一(1990)『英語イデオロギーを問う――西欧精神との格闘』開文社

大石俊一(1993)「「英語支配」終焉にむけての個人的想念」津田幸男(編)『英語支配への異論――異文化コミュニケーションと言語問題』第三書館, pp.69-118

岡本成子(2008)「日本語のおける女性の言葉遣いに対する『規範』の再考察」佐藤慎司，ドーア根理子(編著)『文化，ことば，教育——日本語／日本の教育の「標準」を越えて』明石書店，pp. 83-105
小熊英二(1995)『単一民族神話の起源——「日本人」の自画像の系譜』新曜社
小関一也(1999)「地球時代のアイデンティティ——グローバル教育からの提言」『教育』49, 55-62
川上郁雄(1999)「『日本事情』教育における文化の問題」『21世紀「日本事情」日本語教育から文化リテラシーへ』1, 16-26
久保田竜子(1996)「日本語教育における批判教育，批判的読み書き教育」『世界の日本語教育』6, 35-48
久保田竜子(2008)「日本文化を批判的に教える」佐藤慎司・ドーア根理子(編)『文化，ことば，教育——日本語／日本の教育の「標準」を越えて』明石書店，pp. 151-173
久保田竜子(2015)『英語教育と文化・人種・ジェンダー』くろしお出版
経済産業省(2006)「平成17年特定サービス産業実態調査——外国語会話教室編」経済産業省経済産業政策局調査統計部
こうの史代(2004)『夕凪の街　桜の国』双葉社
河野理恵(2000)「"戦略"的『日本文化』非存在説——『日本事情』教育における『文化』のとらえ方をめぐって」『21世紀の「日本事情」』2, くろしお出版, pp. 4-15
小森陽一(2003)「日本語ブームとナショナリズム」『教育』53(7), 4-8
斎藤貴男(2004)『機会不平等』文藝春秋
酒井直樹(1996)『死産される日本語・日本人——「日本」の歴史・地政的配置』新曜社
笹本征男(1997)『米軍占領下の原爆調査——原爆加害国になった日本』新幹社
佐貫浩(2003)『新自由主義と教育改革——なぜ教育基本法「改正」なのか』旬報社
清水一彦(1999)『教育データランド(1999 - 2000)』時事通信社
新城俊昭・沖縄歴史教育研究会(2001)『高等学校琉球・沖縄史』東洋企画
鈴木孝夫(1995)『日本語は国際語になりうるか——対外言語戦略論』講談社学術文庫
鈴木孝夫(1999)『日本人はなぜ英語ができないか』岩波書店
総務省(2006)「多文化共生の推進に関する研究会報告書～地域における多文化共生の推進に向けて」http://www.soumu.go.jp/kokusai/pdf/sonota_b5.pdf (2014年7月16日参照)
田中里奈(2005)「戦後の日本語教育における思想的『連続性』の問題——日本語教科書に見る『国家』，『国民』，『言語』，『文化』」『WEB版リテラシーズ』2(2), 1-10（http://literacies.9640.jp/dat/Litera2-2-1.pdf (2015年5月3日参照)）
田中利幸・カズニック，ピーター(2011)『原発とヒロシマ——「原子力平和利用」の真相』（岩波ブックレット819），岩波書店
田中祐介(2009)「先住民族と日系カナダ人」『立命館産業社会論集』42(2), 85-103
近松暢子(2008)「日本研究と言語教育の狭間で——上級日本語コンテント・ベースコース「戦争と日本人の考察」」畑佐由紀子(編)『外国語としての日本語教育——多角的視野に基づく試み』くろしお出版, pp. 119-134
近松暢子(2009)「米国におけるコンテントベース授業の試み——米国シカゴ日系人史」『世界の日本語教育』19, 141-156
近松暢子(2011)「ツールを超えた思考プロセスとしての日本語へ——コンテントベースにおける批判的・創造的思考活動の可能性」Journal CAJLE 12, 1-22
津田幸男(1990)『英語支配の構造——日本人と異文化コミュニケーション』第三書館
津田幸男(1998)「英語支配研究——その動向と方向性」津田幸男(編)『日本人と英語——英語化する日本の学際的研究』国際日本文化研究センター, pp. 25-35

角田忠信(1978)『日本人の脳――脳の働きと東西の文化』大修館書店
土居健郎(1971)『「甘え」の構造』弘文堂
中沢啓治(1975/1980)『はだしのゲン』(1巻, 5巻)汐文社
中沢啓治(2008)『はだしのゲンはヒロシマを忘れない』岩波書店
中条一雄(1986)『原爆と差別』朝日新聞社
中根千枝(1967)『タテ社会の人間関係』講談社
中村敬(1989)『英語はどんな言語か――英語の社会的特性』三省堂
中村敬(1999)「言語・ネーション・グローバリゼーション」『日本記号学研究』19, 65-84
西川長夫(2002)『戦争の世紀を超えて――グローバル化時代の国家・歴史・民族』平凡社
日本経営者団体連盟(編)(1995)『新時代の日本的経営』日本経営者団体連盟
パーメンター, リン・富田祐一(2000a)「日本ではなぜ外国語は英語だけなの？」『英語教育』49(1), 40-41
パーメンター, リン・富田祐一(2000b)「なぜ英語教育をおこなうのか？ Part1：生徒の発達のための英語教育」『英語教育』49(2), 40-41
長谷川恒雄(1999)「『日本事情』その歴史的展開」『『21世紀の「日本事情」』1, くろしお出版, pp.4-15
樋口忠彦(編)(1997)『小学校からの外国語教育――外国語教育改革への提言』研究社出版
藤原修(2006)「ヒバクシャの世紀――ヒロシマ・ナガサキ・ビキニ」倉沢愛子・杉原達・成田龍一・テッサ・モーリス・スズキ・油井大三郎・吉田裕(編)『20世紀の中のアジア太平洋戦争』岩波書店, pp.321-345
藤原孝章「外国人労働者問題から外国人問題へ」藤原孝章(編)(1995)『外国人労働者問題と多文化教育――多民族共生時代の教育課題』明石書店, pp.1-14
法務省(2014)「2013年度年報 在留外国人統計」http://www.moj.go.jp/content/001127691.pdf (2014年7月25日参照)
堀部秀雄(1995)「英語帝国主義をどう受け止めるか――ある歴史的パースペクティブから」『現代英語教育』12月号, 26-29
堀部秀雄(1998)「国際理解教育・異文化理解教育への異論」『現代英語教育』35(9), 22-25
松井嘉和(1991)『日本人の考え方――「日本論」への案内』国際交流基金日本語国際センター
松井嘉和・阿部洋子・増田幸子(1994)『日本語教師養成講座テキスト――日本事情』ヒューマンアカデミー
水野稚(2008)「経団連と「英語が使える」日本人」『英語教育』57(1), 65–67
森田俊男(1998)『臨教審と日本人・日本文化論』新日本出版社
文部科学省(1998)「幼稚園，小学校，中学校，高等学校，盲学校，聾学校及び養護学校の教育課程の基準の改善について(答申)(平成10年7月29日 教育課程審議会)」http://www.mext.go.jp/b_menu/shingi/old_chukyo/old_katei1998_index/toushin/1310294.htm (2014年5月17日参照)
文部科学省(2003)「『英語が使える日本人』育成の行動計画」http://www.mext.go.jp/b_menu/shingi/chukyo/chukyo3/004/siryo/04031601/005.pdf (2015年6月7日参照)
文部科学省(2012)「平成23年度学校基本調査(確定値)の公表について」http://www.mext.go.jp/b_menu/toukei/chousa01/kihon/kekka/k_detail/1315581.htm (2015年6月7日参照)
文部科学省(2013a)「『日本語指導が必要な外国人児童生徒の受け入れ状況等に関する調査(平成24年度)』の結果について」http://www.mext.go.jp/b_menu/houdou/25/04/__icsFiles/afieldfile/2013/04/03/1332660_1.pdf (2015年6月7日参照)

文科科学省(2013b)「平成 23 年度高等学校等における国際交流等などの状況について」http://www.mext.go.jp/component/a_menu/education/detail/__icsFiles/afieldfile/2015/04/03/1323948_02.pdf（2015 年 6 月 7 日参照）
安田敏朗(1999)『「国語」と「方言」のあいだ――言語構築の政治学』人文書院
安田敏朗(2003)『脱「日本語」への視座　近代日本言語史再考(2)』三元社
山崎吉郎(2013)「高等学校における複言語教育の現状・展望と大学教育との連携について」『科学研究費助成事業基盤研究(B)研究プロジェクト中間報告書(2012 － 2013)「アジア諸語を主たる対象にした言語教育法と通言語的学習到達度評価法の総合研究』pp.11-22
山田雄一郎(2006)「計画的言語教育の時代」大津由紀雄(編)『日本の英語教育に必要なこと』慶應義塾大学出版会，pp.89-110
吉野耕作(1997)『文化ナショナリズムの社会学――現代日本のアイデンティティの行方』名古屋大学出版会
吉野耕作(1998)「グローバル化とナショナリズム――異文化間コミュニケーションをめぐって」佐伯胖他(編)『岩波講座現代の教育――危機と改革(第 11 巻)国際化時代の教育』岩波書店，pp. 31-49
ラミス，ダグラス(1976)『イデオロギーとしての英会話』晶文社
和田勝明(1999)「英語科における国際理解教育」『英語教育』(5月号別冊)
和田登(1980)『悲しみの砦』岩崎書店
和田登(1984)『想い出のアン――青い目の星座』岩崎書店
和田登(2004)『キムの十字架――松代大本営の地下壕のかげに』明石書店
渡邊寛治(1995)「我が国における外国語(英語)科教育の現状と課題――スピーチやディベートを中心に国語科教育との接点を求めて」『日本語学』14(6)，66-73

翻訳協力者紹介

青山玲二郎（あおやま　れいじろう）
[所属] 香港城市大学専上学院語文学部　専任講師

片山晶子（かたやま　あきこ）
[所属] 東京大学教養学部　特任講師
[論文] Two classes, two pronunciations: Postmodern understanding of power in EFL students' classroom performance. In G. Poole, Y. Imoto, & S. Horiguchi (Eds.), *Foreign language education in Japan: Exploring qualitative approaches.* Rotterdam, The Netherlands: Sense.（共著，2015）

鬼頭夕佳（きとう　ゆか）
[所属] フランス理工科学校（エコール・ポリテクニック）言語文化学部　講師

佐野香織（さの　かおり）
[所属] 早稲田大学日本語教育研究センター　常勤インストラクター
[論文] 「地域における活動実践再分析―参加を分析単位として―」『リテラシーズ』8（2011）

芝原里佳（しばはら　りか）
[所属] マレーシア理科大学言語リテラシー翻訳学部　講師
[論文] 「「異形のことば」は届くか―「ノンネイティブスピーカー」から複言語複文化能力，そしてシンボリック・コンピテンスの保持者へ―」『多言語多文化研究』19(1)（2013）

瀬尾匡輝（せお　まさき）
[所属] 茨城大学留学生センター　講師
[論文] 「香港の日本語生涯学習者の動機づけの変化―修正版グラウンデッド・セオリー・アプローチを用いた分析から探る―」『日本学刊』14(2011)

瀬尾悠希子（せお　ゆきこ）
[所属] 大阪大学大学院文学研究科　博士後期課程
[論文] 「ドイツで育った日本人青年たちの日本語学習経験―海外に暮らしながら日本語を学ぶ意味―」『阪大日本語研究』19(2007)

竹井尚子（たけい　なおこ）
[所属] サイモンフレイザー大学人文科学部言語教育科　専任講師

塚田英恵（つかだ　はなえ）
[所属] ブリティッシュコロンビア大学教育支援センター（学習環境・教材開発）職員

寺沢拓敬（てらさわ　たくのり）
[所属] 日本学術振興会特別研究員PD
[主著] 『「日本人と英語」の社会学―なぜ英語教育論は誤解だらけなのか―』研究社(2015)

著者・監訳者紹介

著者：久保田竜子（くぼた　りゅうこ）

ブリティッシュコロンビア大学教育学部，言語リテラシー教育学科教授(カナダ)。立教大学文学部英米文学科学士号，School for International Training（米国）英語教育修士号，トロント大学オンタリオ教育研究所博士号取得。1980 年代には長野県・神奈川県の公立中高の英語教諭を勤め，1992 年からモントレー国際大学院(米国)，1995 年からノースカロライナ大学チャペルヒル(米国)で日本語および第二言語としての英語の教師教育と日本語教育に携わる。2009 年から現職。著作として *Race, culture, and identity in second language education: Exploring critically engaged practice*（共編）New York: Routledge（2009），*Demystifying career paths after graduate school: A guide for second language professionals in higher education*（共編）Charlotte, NC: Information Age Publishing（2012），『英語教育幻想』ちくま新書（2018），その他多数の論文がある。

監訳者：奥田朋世（おくだ　ともよ）

上智大学外国語学部英語学科卒業後，上智大学言語科学研究科にて修士号(言語学)，ブリティッシュコロンビア大学教育学部言語リテラシー教育学科にて博士号（TESL）を取得。専門は英語教育学，第二言語ライティング，ライティングセンター研究。著作として Policy borrowing in university language planning: A case of writing centers in Japan. J. Crandall & K. Bailey（編），*Global perspectives on language education policies*. New York: Routledge（2018），『ベーシックプログレッシブ英和・和英辞典』（共同執筆）小学館（2010）などがある。その他，*TESOL Quarterly* や *Applied Linguistics Review* などの国際学術雑誌より論文を出版。

久保田竜子著作選　①

グローバル化社会と言語教育―クリティカルな視点から―

2015 年　9 月 1 日　第 1 刷発行
2018 年 10 月 1 日　第 2 刷発行

著　者　　久保田竜子

監　訳　　奥田朋世

発行人　　岡野秀夫
発行所　　株式会社　くろしお出版
　　　　　〒102-0084　東京都千代田区二番町4-3
　　　　　電話：03-6261-2867　FAX：03-6261-2879

装　丁　　折原カズヒロ　　印刷所　　藤原印刷株式会社

©Ryuko, Kubota 2015. Printed in Japan
ISBN978-4-87424-668-9 C3082

本書の全部または一部を無断で複製することは，著作権法上の例外を除き禁じられています。